대한민국 해운참사, 내일은 괜찮습니까?

― 한진해운·세월호 ―

김용준

대한민국 해운참사,
내일은 괜찮습니까? -한진해운·세월호-

| 개정판1쇄 인쇄 | 2019년 05월 20일 |
| 개정판1쇄 발행 | 2019년 05월 27일 |

지은이	김용준
펴낸이	정선균
디자인	이나영
펴낸곳	도서기획 필통북스

출판등록	제406-251002014000068호
주　　소	경기도 파주시 돌단풍길 35
전　　화	1544-1967
팩　　스	02-6499-0839
홈페이지	www.feeltongbooks.com

ⓒ김용준, 2019

ISBN   979-11-6180-109-4   03340

지혜와지식은 교육미디어그룹 도서기획 필통북스의 임프린트입니다.

l 이 책은 저자와의 협의 하에 인지를 생략합니다.
l 이 책은 저작권법에 의해 보호를 받는 저작물이므로
  도서기획 필통북스의 허락 없는 무단전제 및 복제를 금합니다.
l 책값은 뒤표지에 있습니다.
l 잘못된 책은 바꾸어 드립니다.

추천사

김인현 교수 _고려대 법학전문대학원

김용준 변호사는 해상전문 변호사로서 활동해왔다. 본서는 김용준 변호사가 세월호와 한진해운 사태에 관해 해양수산부 정책자문위원과 T/F 위원 등을 하며 몸소 체험한 바를 바탕으로 개선책을 제시한 것이다.

나는 김 변호사가 고려대에서 박사학위논문을 제출했을 때 심사위원으로 참여했다. 세월호 사건을 형사법적으로 연구한 것이 그의 박사학위 주제(해양사고의 형사법적 문제점 및 그 개선방안)였다. 그 후 영국에서 해상법 전공으로 유학을 하고 김 변호사는 나를 찾아와 공익에 기여하는 삶을 살고자 한다고 했다. 나는 그를 말렸다. 공익만 전념하는 변호사가 생계는 어떻게 하느냐고…. 로펌에서 변호사 생활을 하면서도 얼마든지 공익에 기여할 수 있다고 권유했다. 그런데 얼마 전 책을 한 권 가지고 나타났다. 세월호와 한진해운 사태를 경험하면서 자신이 느끼고 생각한 바를 담은 책이다.

세월호 참사의 내용은 자신이 선조위의 자문위원으로 일하면서 작성한 내용을 바탕으로 사고의 원인과 대책을 적은 것이다. 법학도인 만큼 그는 법령제도의 개정 사항을 살펴보고 입법제안을 하고 있다. 또한 한진해운 사태에서는 원인을 살펴본 다음, 해운재건의 관건인 국적선에 대한 적취율을 올릴 방안을 제기하고 있다.

이 두 가지 주제는 전문적인 지식과 연결되어 있는데, 쉽게 독자들에게 다가가기 위하여 알기 쉬운 핵심요약을 먼저 만들어 설명을 하고 있는 점이 특이하다.

이 책은 김 변호사가 해운 관련 공익변호사로서 내딛는 첫 걸음이라고 할 수 있다. 앞으로 우리나라 해운재건에 큰 역할을 할 수 있기를 기대한다.

책을 펴내면서

최근 한국을 뒤흔든 해운참사로는, 대부분 어린 학생들인 304명의 소중한 생명을 앗아가며 온 국민을 깊은 슬픔에 빠지게 한 세월호 참사(2014년 4월 16일)가 있다. 또한 우리나라 수출입의 대동맥 역할을 해온 세계 7위 원양컨테이너선사가 창립 40년 만에 파산한 한진해운 사태(2017년 2월 17일)를 꼽을 수 있다.

세월호 참사의 진상 규명을 위해 '4.16세월호참사특별조사위원회'(특조위, 2015년 1월 1일~2016년 9월 30일), '세월호선체조사위원회'(선체위, 2017년 7월 7일~2018년 8월 6일)가 활동했다. 그리고 이어 가습기살균제사건과 4.16세월호참사특별조사위원회(사참위, 2018년 3월부터 1년간, 1년 연장 가능)가 조사 활동 중이다. 필자 또한 특조위 전문위원과 선체위 집필위원으로 대통령과 국회에 제출한 세월호 참사 공식 보고서(제도 개선)를 작성하고, 사참위 자문위원으로 활동하며 세월호 참사 재발방지 제도 개선에 힘을 보태왔다. 그리고 해양수산부 TF 위원과 정책자문위원으로 활동하면서 한진해운 사태에 대한 문제의식을 갖게되어 이 책의 출판을 결심하게 되었다.

많은 시간과 사회적 비용을 들이며 세월호 참사의 진상을 규명하고자 하는 궁극적인 목적은 무엇일까? 진실을 밝히고 제2의 세월호 참사가 일어나지 않도록 하는 것이다. 특히 아직 피지도 못한 채 떠나간 꽃다운

아이들에 대한 어른들의 약속이기도 하다. 그런데 제2의 세월호 참사가 일어나지 않도록 안전한 제도적 장치를 만들겠다는 어른들의 약속은 지켜졌을까? 그렇지 않다고 판단된다.

한진해운 사태에 대해서는 국민 대다수가 잘 모른다. 한진해운 사태에 대해 관심을 가진 분들이나 실무에서 지침을 찾는 분들에게조차 참고가 될 만한 자료나 책자가 매우 제한되어 있기 때문이다. 특히 일반인의 입장에서 한진해운 사태를 이해하기 위한 자료를 구하는 것은 더더욱 쉽지 않다. 문제는 한진해운 사태가 단순히 하나의 기업이 파산한 과거의 사건에 그치지 않는다는 것이다. 그 파장은 일반 국민 개개인에게 수년 내 물가 폭등의 고통을 안겨줄 뿐만 아니라 한국의 미래 국가경쟁력을 상실케 하는 굉장히 심각한 사태이다.

부존자원 없는 무역국인 한국은 전체 물동량(물자가 이동하는 양) 중 99.7%를 해상으로 수출입하고 있기 때문에, 국민 대다수가 사용하는 무역 유통 생필품의 물가는 한진해운이 대동맥 역할을 해왔던 해운업의 직접적인 영향을 받을 수밖에 없다. 한진해운 파산은 한국의 대동맥이 잘려나간 것과 같다. 한진해운 사태 이후 한국에서는 수조 원의 혈세를 들여 해운재건을 도모하고 있는데, 그 계획은 잘 진행되고 있을까? 그렇지 않다고 판단된다.

온 국민을 눈물과 탄식에 빠지게 한 세월호 참사의 재발방지 대책이나 수년 내 온 국민을 물가 폭등의 고통에 빠지게 할 수 있는 한진해운 사태 대책(해운재건 계획)은 도대체 왜 기대만큼 성과를 거두지 못하는 것일까? 제도적 관점에서 볼 때, 표면적 원인만 개선될 뿐, 근본적 원인은 손대기 어렵기 때문이다.

그렇다면 한국을 뒤흔든 해운참사임에도 불구하고, 근본적 원인에 손대기 어려운 이유는 무엇일까? 진짜 근본적 원인에는 소위 힘 있는 자들(의사결정권자들)의 이해가 얽히기 때문이다. 표면적 원인은 힘 있는 자들의 지시나 정책을 거스르기 어렵지만, 한편으로는 비난 가능성이 있는 자들이 제공한다. 해운참사 이후 노출된 표면적 원인에는 국민과 언론의 관심이 온통 집중된다. 그러나 근본적 원인은 상대적으로 노출이 되지 않아 국민이 잘 알지 못한다. 그 때문에 표면적 원인과 관련된 법 개정에는 손을 많이 대는 반면, 근본적 원인은 개선되지 않아 동일한 유형의 참사가 언제든 반복될 수 있다.

세월호 참사의 예를 들어보자. 세월호 참사의 근본적 원인 중 하나는 원래 선장이 불법 개조된 세월호의 위험성을 선박소유자에게 여러 차례 보고했지만 선박소유자는 이윤을 위해 보고를 묵살하고 해고 위협을 하며 선장·선원들에게 세월호를 계속 운항할 것을 지시한 것이다. 이렇게 약 1년간 139회에 걸쳐 운항하며 선박소유자는 29억 6,000만 원의 초과이윤을 남겼다. 국민과 언론의 관심은 선장·선원들에게 집중되었고 그들에 대한 형사처벌 규정은 크게 상향(최대 무기징역)되었다. 반면, 선박소유자가 선박 안전 시정조치의 필요성을 알면서 묵살한 근본적 원인에 대해서는, 사실상 1천만 원 이하의 벌금만 적용할 수 있도록 법이 개정되었을 뿐이다.

한진해운 사태의 예를 들어보자. 대기업 오너들의 상속세, 증여세 회피

수단으로 활용하고 경영권 승계 자금 통로 역할을 하기 위해 대기업 물류자회사들은 일감 몰아주기로 15년 동안 72배 급성장했다. 일감 몰아주기와 덤핑으로 전체 컨테이너 수출 물동량의 83%를 확보(2015년 기준)하여 시장지배적 지위를 점하게 되면서, 대기업 물류자회사들은 고질적인 관행으로 갑질(불공정행위)을 해왔다. 이것이 한진해운 사태의 원인 중 하나라는 것이 해운업계의 전반적인 시각이다. 그리고 대기업 오너들의 사적 이윤 확보 과정에서 몰락한 해운의 재건을 위해, 수조 원의 국민 혈세로 그 뒷감당을 하는 형국이다. 더욱이 대기업 물류자회사들이 확보한 절대적 수치의 물량 중 대부분을 외국선사에게 몰아주고 있는 상황이기 때문에, 수조 원의 공적자금이 들어가는 해운재건 정책은 공전을 거듭 중이며 이로 인해 국민 혈세가 '밑 빠진 독에 물 붓기' 식으로 낭비될 우려마저 있다. 그러나 대기업 물류자회사의 시장지배적 지위의 남용에 대해서는 수년째 지적되고 있을 뿐 마땅한 정책적 대안을 시행하지 못하고 있는 실정이다.

 문제는 해운재건 정책이 포기되거나 제대로 실현되지 못한다면 수년 내 물가가 폭등할 우려가 매우 큰데, 해운재건을 위해 근본적 원인을 의미 있게 개선할 수 있는 골든타임이 얼마 남지 않았다는 것이다. 근본적 원인은 대기업 오너들의 이해가 첨예하게 맞물린 분야이기 때문에, 국민적 이해가 뒷받침되지 않고서는 개선되기 어려운 분야이기도 하다. 그러나 수년만 앞을 내다보면, 무역국인 한국 해운업과 대기업은 함께 공멸하거나 상생할 수밖에 없는 관계에 있다. 지금과 같이 대기업이 단기적

이익만을 추구하다가 해운업의 불씨가 사그라질 경우 대기업도 경쟁력 상실로 결국에는 공멸할 뿐 아니라, 가장 큰 고통은 한국 국민의 몫으로 남게 될 가능성이 높다. 반면 이로 인한 가장 큰 이익은 지금도 한국 해운업 고사 전략(출혈 경쟁)을 쓰고 있는 주변 경쟁 해운국(유럽, 일본, 중국)의 몫으로 돌아갈 것이다.

이 책을 쓴 주된 목적은 보다 안전한 사회를 만들겠다는 세월호 아이들과의 약속을 이행하고 싶어서다. 또한 한국이 미래 국가경쟁력을 지키며 다가오는 물가 폭등의 위험을 잘 극복하기를 바라기 때문이다. 그러기 위해서는 근본적 원인이 잘 규명되어야 하고, 근본적 원인에 손을 대는 정책적 대안이 따라야 한다. 그러나 근본적 원인은 힘 있는 자들의 이해가 얽혀 있기 때문에 국민적 이해가 선행되지 않고서는 손대기가 그만큼 어려운 분야이다.

이 책에서 해운참사의 표면적 원인을 넘어 근본적 원인을 규명하고, 근본적 원인을 개선하는 입법정책적 대안을 제시하고자 한다. 국민이 알아야 근본적 원인이 극복되고 다음 단계로 나아가는 출발점이 될 수 있다고 믿기 때문이다.

세월호 참사 본문은 내가 직접 집필한 선체위 공식 세월호 보고서 중 일부(제도 개선편)를 수록했다. 대통령과 국회에 제출된 보고서 원문 그대로 수록한 것이다. 다만 독자들이 쉽게 이해하고 내용이 와 닿을 수 있도록 핵심요약 편을 첨부했다.

한진해운 사태 본문은, 논란이 되거나 민감한 내용이 많기 때문에 한 문장 한 문장 인터넷 뉴스기사(2018년 12월 말까지)로 근거를 뒷받침하여 객관성을 담보하려고 노력했다. 마찬가지로, 독자 누구나 이해하기 쉽도록 핵심요약 편을 첨부했다. 특히 일반인이 어렵게 느낄 수 있는 해운업(컨테이너선)의 배경지식과 관련하여, 주변에서 자주 접하는 노선버스의 비유 등으로 이해하기 쉽게 설명하고자 했다.

국민의 삶과 한국의 미래가 걸려 있는 해운재건을 위해 한진해운 사태의 근본원인을 개선할 수 있는 골든타임이 얼마 남지 않았다. 그렇기에 해상전문 변호사로 실무에 종사하면서 수많은 밤을 지새워 이 책을 감히 집필하게 되었다. 그런데 막상 책을 엮어보니 여러모로 부족하여 두려운 마음이 앞서고 출판이 망설여졌다. 그러나 이대로는 우리나라의 미래를 잃어버릴 것만 같은 두려움이 엄습하여 미흡하게나마 용기를 내어 출판을 결심했다.

이 결심은 결국 사랑하는 가족에게서 비롯된 것이다. 필자의 가족, 더 나아가 대한민국의 가족들이 보다 안전하고, 공정한 사회를 마주하길 바라는 마음이 이 책을 쓰도록 용기를 불어넣어 주었다. 늘 옆에서 훌륭하게 내조해준 아내 예랑은 필자 인생에 없어서는 안 될 사람이다. 바쁘답시고 아빠 노릇을 제대로 못했음에도 항상 이해해주고 격려를 보내주는 사랑하는 아내와 딸에게 이 기회를 빌려 고맙다는 말을 전한다.

2019년 1월 김용준

박재동 화백의 세월호 희생자 학생의 초상화 중

추천사 | 김인현 교수_고려대 법학전문대학원
책을 펴내면서 | 김용준

Part 01. 한진해운 사태

알기 쉬운 핵심요약 | 한진해운 사태　　　　　　　　　　　　16
- 해운업(한진해운 사태)의 배경지식　　　　　　　　　　　　17
- 해운업(원양컨테이너선사)이 왜 필요한가: 물가 폭등 방어　　20
- 한진해운 사태의 파장과 후유증　　　　　　　　　　　　　　23
- 한진해운 파산 사태의 근본적 원인　　　　　　　　　　　　　26
- 해운재건의 관건인 국적선 적취율과 골든타임　　　　　　　　33
- 해운재건을 어렵게 하는 2자물류 자회사　　　　　　　　　　35
- 기존 해운재건 정책　　　　　　　　　　　　　　　　　　　　37
- 제도 개선 방안　　　　　　　　　　　　　　　　　　　　　　41

한진해운 사태 보고서(국적선 적취율 제고 방안)　　　　　　46
Ⅰ. 서설　　　　　　　　　　　　　　　　　　　　　　　　　48
Ⅱ. 한진해운 사태를 이해하기 위한 배경지식　　　　　　　　54
Ⅲ. 우리나라에 국적 원양컨테이너선사가 꼭 필요한가?　　　64
Ⅳ. 한진해운 파산 사태　　　　　　　　　　　　　　　　　　72
Ⅴ. 한진해운 파산 사태의 원인　　　　　　　　　　　　　　　88
Ⅵ. 해운재건의 기존 주요정책 및 평가(문제점)　　　　　　 108
Ⅶ. 해운재건을 위한 입법정책적 대안　　　　　　　　　　　131
Ⅷ. 해운재건을 위한 기타 입법적 제언　　　　　　　　　　　163
Ⅸ. 맺음말　　　　　　　　　　　　　　　　　　　　　　　　172

Part 02. 세월호 참사

알기 쉬운 핵심요약 | 세월호 참사   178
- 세월호 참사의 근본적 원인   179
- 근본적 원인들에 대한 법제도 개선   184
- 선박안전에 관한 기타 법제도 개선   187
- 제도 개선 방안   191

세월호 선체조사위원회 제도 개선 보고서   193
  Ⅰ. 서론   195
  Ⅱ. 우리나라 해상사고의 취약 요인   198
  Ⅲ. 세월호 침몰의 원인   210
  Ⅳ. 정부의 세월호 침몰 원인에 대한 법령 개정 사항   218
  Ⅴ. 정부의 세월호 침몰 원인에 대한 법령 개정 사항의 문제점
     및 입법적 제언   224
  Ⅵ. 선박안전관리비용에 대한 준공영제 지원 확대   273
  Ⅶ. 맺음말 및 향후 과제   276

주석 | 289

#Remember0416
잊지 않겠습니다

알기 쉬운 핵심요약 | 한진해운 사태

한진해운 사태 보고서(국적선 적취율 제고방안)

알기 쉬운 핵심요약

(한진해운 사태)

- 해운업(한진해운 사태)의 배경지식
- 해운업(원양컨테이너선사)이 왜 필요한가: 물가 폭등 방어
- 한진해운 사태의 파장과 후유증
- 한진해운 파산 사태의 근본적 원인
- 해운재건 관건인 국적선 적취율과 골든타임
- 해운재건을 어렵게 하는 2자물류 자회사
- 기존 해운재건 정책
- 제도 개선 방안

한진해운은 우리나라 수출입의 대동맥 역할을 해온 국내 1위, 세계 7위의 원양컨테이너선사였다. 2017년 2월 17일 그런 한진해운이 파산선고를 받고 창립 40년 만에 역사의 뒤안길로 사라졌다. 한진해운 사태의 의미에는 우리 국민과 한국의 미래에 심각한 위기와 어둠이 드리워 있다고 해도 과언이 아니다. 그러나 국민 대다수는 한진해운 사태가 수년 내 우리 국민 개개인에게 미칠 파장이나 후유증(물가 폭등 등)에 대해 예감하지 못하고 있다. 한진해운이 파산에 이르게 된 근본적 원인을 이해할 수 있어야 얼마 남지 않은 골든타임에 해운재건 등 제대로 된 사후 대처를 할 수 있을 것이다.

해운업(한진해운 사태)의 배경지식

컨테이너선(정기선)은 언제 어느 항구를 출발해 언제 어느 항구에 도착할지가 미리 정해져 있는 선박이다. 손님이 없더라도 정시에 출발해 도착지로 향하는 정류장이 많은 노선버스와 비슷하다. 따라서 정시성(미리 정해진 운행표에 따른 운항) 확보를 위해 선복량(적재용량)을 채우지 못하더라도 빈 선박을 운영해야 한다. 컨테이너선을 더 세분화하면, 원양컨테이너선과 근해컨테이너선으로 나눌 수 있다. 원양컨테이너선은 원양항로를 운항하며 물류의 대동맥 역할을 한다. 비유하자면 고속버스와 비슷하다. 반면 아시아 역내항로(한국과 중국, 일본, 동남아를 오가는 노선)를 운항하며 물류의 실핏줄 역할을 하는 근해컨테이너선은 시내버스로 비유될 수 있다.

이런 컨테이너선 사업은 대규모 투자가 수반되는 자본집약적 산업이다. 왜냐하면 많은 노선을 운항하기 위해 많은 선박이 있어야 하고, 노선에서 거치는 항만(정류장)마다 하역작업을 행할 수 있도록 컨테이너터미널도 갖추어야 하기 때문이다. 또한 수많은 화주(화물 주인)의 신뢰를 기반으로 한 네트워크를 구축해야 하기에 원양항로 노선 1개를 신규로 만드는 데 많은 시간은 물론 그 비용만 하더라도 1조 원이 넘게 들어간다.

세계 7위의 한진해운이 전 세계 90여 개 항만을 연결하는 74개의 서비스 노선에 연간 400항차 이상 정기선 운송서비스를 공급했던 점을 보면, 얼마나 많은 시간과 비용이 들어갔는지 짐작할 수 있다.

따라서 컨테이너선 사업은 규모의 경제가 크게 작용하게 된다. 즉, 원가경쟁력(원가구조 개선)을 위해 고정비용이 많이 들지만 컨테이너선사(정기선사)의 덩치를 키우고, 대형 컨테이너선을 확보해야 경쟁력이 생긴다. 마치 하나의 대형 노선버스에 여러 손님을 한꺼번에 탑승시키는 것이 같은 손님의 수를 여러 대의 작은 노선버스에 나눠서 탑승시키는 것보다 기름 등의 운영비용이 적게 드는 것과 비슷하다.

그런데 하나의 컨테이너선사(정기선사)가 전 세계 수백 개가 넘는 노선에 자기 비용을 들여가며 선박을 모두 투입할 수 없으므로, 자신이 운항하지 않는 곳에는 동일한 얼라이언스(해운동맹)에 소속된 다른 컨테이너선사의 선박을 이용해 비용을 크게 줄일 수 있다. 따라서 얼라이언스에 가입하지 못하게 되면 그 컨테이너선사는 비용 때문에 화주에게 다양한 노선 서비스나 저렴한 운임을 제공하기 어려워 경쟁력을 잃게 되고, 규모의 경제도 이루지 못해 단독으로 생존하기 어렵다.

현재 글로벌 상위 7개 컨테이너선사의 세계 시장점유율은 77.8%에 이르는데, 이들은 모두 유럽계 2M, 중국계 오션(Ocean), 일본계 디얼라이언스(THE Alliance)라는 세계 3대 얼라이언스(해운동맹)에 포함되어 있다. 이들 글로벌 정기선사들은 독과점 체제가 완성될 때까지 원가경쟁력이 우위에 있는 점을 활용해 저가운임으로 물량을 쓸어 담아 중소형 컨테이너선사를 고사케 하는 치킨게임(상대가 무너질 때까지 하는 출혈 경쟁) 전략을 펼치고 있다. 이 때문에 해운 불황기가 시작된 2008년 이후부터 현재까지 운임이 낮게 유지되고 있는 것이다. 이러한 치킨게임으로 한진해운이 무너졌고, 공적자금을 끊는 순간 현대상선(한국의 마지막 남은 원양컨테이너선사)도 무너지기 일보 직전이다. 치킨게임을 하는 이유는 중소형 컨테이너선사들이 빨리 도태될수록 글로벌 정기선사들의 독과점 체제가 빨리 완성되기 때문이다. 지난 10여 년간 이어온 출혈 경쟁도 끝낼 수 있고 그만큼 빨리 운임을 크게 올리는 것도 가능해진다. 2025년 이후 원양항로에서는 기존 글로벌 컨테이너선사들의 이러한 독과점 체제가 완성되고, 유럽계와 중국계 두 슈퍼메가 캐리어(Super Mega Carrier)와 일본계 메가 캐리어(Mega Carrier) 한 개만 남게 될 것으로 예상된다.

한편, 얼라이언스를 유지하는 데 필요한 비용은 회원사들(소속 컨테이너선사들)이 분담해야 하므로 재무상태가 부실한 컨테이너선사는 얼라이언스의 구성원으로 참여하기 어렵다. 그런데 현대상선은 현재까지 3년 6개월간 연속 적자를 이어가는 중이다. 선대 규모(선박 규모)가 작고 재정 상태도 좋지 않은 현대상선이 현행 얼라이언스 체제(2M)에서 성공적으로 정착하지 못하고 있다.

얼라이언스는 다른 회원사의 노선을 활용해 화물을 유치하는 것을 핵심 목적으로 둔다. 그런데 현대상선과 2M(세계 최대 얼라이언스)의 전략적 협력 제휴에서는 '노선 공유'가 빠져, 외국선사 선박의 일정 공간을 빌려 쓰는 셋방살이를 하는 모양이 되었다. 이에 따라 현대상선은 2M을 활용한 영업도 할 수 없고 2M 정식 회원사가 아니라서 글로벌 해운 운임이나 노선의 기항지(선박 운항 시 머무르는 항구)를 결정하는 데 목소리를 낼 수도 없다. 따라서 현대상선은 2M과의 전략적 협력관계가 종료되는 시점인 2020년 3월에 결별할 가능성이 높다. 이후 현대상선이 다른 얼라이언스에 가입하지 못할 경우 일정 기간 단독 운항하다가 공적자금 투입이 중단되는 순간 도태될 우려가 높은 상황이다.

해운업(원양컨테이너선사)이 왜 필요한가: 물가 폭등 방어

현재 많은 혈세가 투입되고 있는 국적 원양컨테이너선사(해운업)가 사라지면 우리 국민들, 더 나아가 대한민국에 어떤 영향을 미칠까?

한국은 삼면이 바다로 둘러싸여 있는 세계 6위의 무역국으로서 부존자원이 없다. 그런데 한국보다 상위에 있는 무역국(5개국) 중 미국을 제외하고 글로벌 컨테이너선사를 갖추지 않은 나라가 없을 정도로, 글로벌 컨테이너선사가 무역에 미치는 영향은 크다. 특히 한국은 전체 물동량 중 99.7%를 해상으로 수출입하고 있기 때문에, 국민 대다수가 사용하는 무역 유통 생필품의 물가는 해상운임의 직접적인 영향을 받는다.

그런데 글로벌 컨테이너선사들이 독과점 체제를 완성해 가는 순서를 보면 ①선박대형화에 따른 선박공급과잉 현상과 시황 폭락(운임 폭락)이 이루어지고, ②규모의 경제를 이루지 못하여 원가경쟁력이 약한 중소형 컨테이너선사들이 시장에서 퇴출되며, ③대형 컨테이너선사들이 주도하는 독과점 산업화가 이루어지면서, ④운임폭등으로 이어진다. ⑤특히 한국의 경우 전체 물동량 중 99.7%를 해상으로 수출입하기 때문에 국민들은 물가 폭등의 직격탄을 맞게 될 수밖에 없다.

현재는 치킨게임이 이어져 운임이 낮게 유지되며 중소형 컨테이너 선사들을 시장에서 퇴출시키는 시기이다. 운임이 낮기 때문에 일반 국민은 국적(한국) 원양컨테이너선사인 한진해운이 사라졌다고 하더라도 물가 상승이나 국가경쟁력 상실을 크게 체감하지 못하는 시기이기도 하다.

그러나 수년 내 글로벌 정기선사들은 독과점 체제를 완성시킬 것이고 10여 년이 넘는 출혈 경쟁의 보상을 받으려 운임을 크게 올릴 것이다. 이때 독과점 체제를 견제하며 방패 역할을 할 수 있는 국적 컨테이너 선사가 사라질 경우 운임 상승을 방어하기 어렵다. 일례로 치킨게임 때문에 한진해운과 현대상선이 남미 노선에서 철수한 사례를 들 수 있다. 과거 국적 원양컨테이너선사들이 남미항로에 경쟁력 있게 선박을 투입할 때의 운임은 200달러에 불과했다. 그런데 세계 1위 컨테이너선사인 머스크라인이 원가 이하의 치킨게임을 지속하여 한진해운 등 일부 선사들이 남미 노선 서비스를 포기했다. 독과점 체제가 이루어지면서 현재 운임은

2천 달러를 넘어서 운임변동성이 10배가 넘는 사태가 벌어진 것이다. 이것은 독과점 체제로 인한 운임 상승에 대해 국적 원양컨테이너선사가 방패 역할을 하지 못하는 상황을 단적으로 보여준다. 여기서 국적선사들(한국 해운업)이 중요한 것은 200달러 운임매출 때문이 아니라, 글로벌 정기선사들이 독과점 체제를 이뤄 2천 달러로 운임을 상승시키는 것에 대한 방패역할을 하기 때문이다. 수년 내 독과점 시기가 오면 일반 국민들도 국적 원양컨테이너선사 부재로 인한 가파른 물가 상승이나 국가 경쟁력 상실에 대해 크게 체감할 것이다. 그러나 대처하기에는 이미 골든 타임을 놓친 뒤이다.

그리고 독과점 체제가 완성될 경우, 무역에 의존할 수밖에 없는 한국은 중국계와 일본계 메가 캐리어를 이용하기 위해 자칫 중국과 일본으로부터 경제주권을 훼손당할 우려가 있다. 물론 국적 원양컨테이너선사가 사라질 경우 국내 화주(수출기업)는 중국, 일본 화주에 비해 차별을 받으며 경쟁력도 상당히 잃게 될 것이다. 그럴 경우 먼저 중소형 화주와 물류 회사들이 고사하고, 장기적으로는 국적 원양컨테이너선사를 희생시키며 급성장한 대기업 물류자회사(2자물류 자회사)들과 그 모기업인 대기업들도 연쇄적으로 경쟁력을 잃게 될 가능성이 높다. 위 남미노선 사례에 빗대어 보면, 2자물류 자회사들이 수년간 40달러(200달러의 20%: 국적선사의 운임은 약 20% 높음)의 비용절감을 할 수 있을지 모르지만, 수년 내 이루어질 글로벌 정기선사들의 독과점 시기가 오면 1,800달러의 운임폭등으로 공멸하게 될 우려가 큰 것이다.

또한 원양컨테이너선사가 사라질 경우, 해운산업 전체 매출액(약 117조 원) 중 80% 이상을 차지하는 조선업과 항만업의 연쇄적 자연도태도 시간문제일 뿐이다. 후방산업인 조선업과 항만업은 전방산업인 해운업이 살아나야 발전할 수 있는 '전후산업 연관효과'가 큰 업종들이기 때문이다. 조선업은 해운업이 고사하여 추가 선박 발주가 없을 경우 독자 생존하기 어렵다. 그리고 국적 원양컨테이너선사가 얼라이언스 내 입지를 확고히 해야 얼라이언스 공유 노선에서 국내항 기항 빈도수를 증가시키며 항만업도 발전할 수 있다. 따라서 해운업이 먼저 고사할 경우, 조선업과 항만업에 대한 정부의 공적자금 지원은 '밑 빠진 독에 물 붓기' 식으로 이루어질 수밖에 없고, 공적자금 지원이 중단되는 순간 자연도태의 길을 걸을 수밖에 없다. 특히 정부가 조선업에 직접 자금을 지원하는 것은 세계무역기구(WTO) 협정에 어긋나서 통상마찰과 무역보복의 빌미를 제공할 우려가 크다.

한진해운 사태의 파장과 후유증

한진해운 파산 사태의 직접적 피해는 연간 17조 원에 이른다. 그런데 원양항로 노선 1개를 신규로 만드는 데 선박과 네트워크 구축비용만

1조 원이 넘게 들어간다. 이 점을 고려하면 컨테이너선 산업의 핵심 무형자산인 30~40년간 쌓아온 글로벌 네트워크(화주 신뢰)가 허공에 사라져버린 피해액은 가늠하기 어렵다. 그뿐만 아니라 세계적인 물류대란을 초래한 한국해운의 신인도나 한국의 국가신뢰도가 동반 추락했다. 다른 모든 주요 해운국에서 자국의 글로벌 정기선사에 대한 적극적인 지원정책을 펼쳤던 것과 달리, 한국 정부는 해운업에 대한 이해가 낮고, 소극적 정책으로 임하고 있어 신뢰할 수 없다는 반응이다. 이에 따라 외국 화주들은 한진해운 사태로 신용을 잃어버린 한국해운을 보이콧(불매운동)하는 분위기가 만연해 있다. 한번 잃어버린 화주(특히 외국 화주)의 신뢰를 회복하는 것은 쉽지 않다. 회복에는 오랜 기간의 노력이 필요하다.

　한진해운 사태로 조선업과 항만업도 연쇄적으로 활기를 잃고 있다. 현대상선이 초대형 컨테이너선 20척을 한꺼번에 발주한 특수한 상황(해운재건의 일환)으로 인해 국내 조선사 수주 실적이 최근 일시적으로 높아지긴 했다. 그러나 그 이전 조선업은 수주 가뭄으로 인한 장기 불황에 빠져 심각한 인력 구조조정을 하며 쇠퇴의 길을 걷고 있었다. 국적(한국)선사가 사라질 경우 선박 수주 감소로 조선업이 자연 도태되는 것은 시간문제일 것이다. 그뿐만 아니라 해운업이 고사하여 정부가 조선업에 직접 자금을 지원할 수밖에 없는 상황일 경우 통상마찰이 발생한다. 최근(2018년 11월) 일본 정부는 유럽연합(EU)과 연합하여 한국 정부가 조선업을 직접 지원하여 보조금 협정에 위반했다며 WTO(세계무역기구)에 제소했다.

얼라이언스에서 영향력이 컸던 한진해운은 그동안 동아시아의 환적화물을 소형선박으로 부산항에 모아 대형선박으로 미국에 보내며 부산 물동량의 63%를 처리했다. 그러나 한진해운이 법정관리로 얼라이언스에서 퇴출되자 회원사들은 더 이상 부산항을 환적 거점으로 활용할 이유가 없어졌다. 한편, 부산항만공사가 환적화물을 늘리자고 해마다 엄청난 현금을 선사 등에게 인센티브로 제공하는 것으로 드러났다. 그런데 현재 부산항 컨테이너 물동량의 약 70%를 외국선사가 처리하고 환적화물은 외국선사 비중이 75%에 달하고 있다. 그렇다면 한진해운이 처리했던 대부분의 물량이 외국선사로 넘어갔을 뿐만 아니라 국민 혈세로 이루어진 인센티브 대부분도 외국 컨테이너선사의 차지가 되는 것이다. 막대한 물량을 갖고 있던 한진해운이 결국 파산했고, 얼라이언스 재편 과정에서 국내항 기항 빈도수도 시간이 갈수록 줄어들기 때문에, 한국 해운업이 살아나지 않는 한 항만업 물동량 감소폭은 앞으로 더욱 늘어날 것이다. 결국 한진해운 사태 이후 해운재건이 성공하지 못할 경우 해운산업 전체 매출액 약 117조 원 중 80% 이상을 차지하는 조선업과 항만업은 자연스럽게 고사될 수밖에 없다.

한진해운 파산 사태의
근본적 원인

한진해운 사태의 표면적 원인으로 2008년 세계를 덮친 글로벌 금융위기와 경영진의 잘못이 꼽힌다. 한진해운 사태 당시 언론은 온통 경영진의 잘못에만 집중하며, 대주주를 대신해 국민 세금으로 한진해운을 살리는 데 국민의 여론은 부정적이었다. 그러나 이것은 수십 년에 걸쳐 키워온 국적 원양컨테이너선사가 국가 기간산업(한 나라 산업의 기초가 되는 산업)이라는 점에 대한 이해와 관심이 미약했기 때문이다. 한국의 국가경쟁력을 위해서는 무역국의 영업기반이라고 할 수 있는 국적 원양컨테이너선사의 필요가 절대적이다. 이 사실을 이해했다면 부정적 여론 대신 한진해운을 살려야 한다는 국민공감대가 형성되지 않았을까 하는 아쉬움이 남는다.

해운 불황기가 시작된 2009년 이후 경쟁국가의 해운업 육성정책 사례를 살펴보자. 한국과 달리 주요 해운국인 중국은 자국선사에게 최근까지 252억 달러를, 덴마크는 머스크라인에게 67억 달러를, 독일은 하파그로이드에게 27억 달러를 각각 지원하는 등 적극적인 자국 해운업 육성정책을 폈다. 자국 정부의 지원으로 해외 컨테이너선사들은 핵심 영업자산(터미널 등)을 지키며 규모의 경제를 이뤄 불황기를 잘 극복했다. 일본은 선화주(선주와 화주)의 전략적 동반관계를 제도적으로 형성하여 일본 화주가 일본 컨테이너선사에게 물량을 몰아줄 수 있도록 유인하는 데 성공하여 해운 불황기를 잘 극복했다. 주요 해운국들과 달리 유독 한국 정부는 자국 컨테이너선사를 위한 국가정책을 지원하지 않았으며 오히려 국제경쟁력을 키우는 데 발목 잡는 정책을 시행했다. 또한 일본 화주와 달리, 한국의 대형 화주(대기업 물류자회사)는 상생 대신 오랫동안 갑질(시장지배적 지위를 남용한 불공정행위)로 국적선사의 재무구조를 악화시켰다.

결국 동일한 대외 환경적 요인 속에서 세계 7위였던 국적 원양컨테이너 선사인 한진해운만 몰락했는데, 그 원인이 한진해운 사태의 진짜 근본적 원인일 것이다. 이러한 근본 원인으로 정부 정책의 실패(Ⓐ 금융당국의 정책 실패, Ⓑ 공정거래위원회의 정책 실패)와 Ⓒ 2자물류 자회사(대기업 물류자회사)의 슈퍼갑질을 들 수 있다. 위 Ⓐ, Ⓑ, Ⓒ 근본적 원인에 대해 구체적으로 살펴보고자 한다.

Ⓐ 정부는 역대 세 번에 걸쳐 해운업 구조조정을 추진했다. 1984년의 첫 번째 구조조정에서는 국적선사들을 통폐합하여 규모의 경제화를 유도하고 경쟁력을 향상시켰다. 그러나 해운업에 대한 이해도가 부족한 금융당국이 주도했던 1998년의 두 번째 구조조정(부채비율 200% 적용)과 2009년의 세 번째 구조조정(부채비율 400% 적용)은 오히려 해운업 경쟁력을 극도로 약화시켰고, 급기야 2017년 한진해운이 파산토록 했다.

두 번째 구조조정(1998년)과 관련하여, 금융당국은 IMF 외환위기 이후 제조업 중심으로 적용된 200%의 부채비율을 해운업에도 동일하게 적용했다. 그러나 이것은 선박 가격이 척당 수백억 원 혹은 수천억 원을 웃도는 등, 해운업이 다른 제조업과 근본적으로 다른 자본집약적 산업이라는 특성을 이해하지 못했기 때문이다. 해운사들은 금융당국이 제시한 부채비율 200% 적용 때문에 현금유동성 확보로 채무를 줄이기 위해 보유 자사 선박을 매각했다. 1998~2001년 당시 125척(360만 톤)의 국내 선박이 헐값으로 해외 투자자에게 매각된 것이다. 이후 해운사들은 부족한 선박을 확보하지 못한 채 호황기를 맞이했고, 부족한 선박량을 충당하기 위해 부채비율로 인식되지 않는 높은 용선료(선박 임대료)의 선박을 다수 확보할 수밖에 없었다. 결국 국적 컨테이너선사들은 두 번째 구조조정으로 인해 2008년 글로벌 금융위기 이전에 많은 선박을 장기용선 형태(장기 선박임대 형태)로 확보하게 되었다.

세 번째 구조조정(2009년)과 관련하여, 2008년 글로벌 금융위기 이후 연쇄적인 지급불능 사태가 확산되자, 정부는 해운업 지원의 전제조건으로 부채비율 400%를 적용했다. 금융당국은 국적선사의 경쟁력 강화보다 금융논리만을 앞세우며 채권 회수에 몰두하고 국적선사의 영업기반을 사라지게 하는 방식으로 구조조정을 단행했다. 다른 주요 해운국들과 달리, 한국의 금융당국은 호황기에 투자하고 불황기에 자금을 회수하는 거꾸로 가는 지원정책을 펴서 자국 선사의 경쟁력을 약화시킨 것이다.

한편, 이미 두 번째 구조조정(1998년)으로 한진해운을 포함한 국적 컨테이너선사들은 고액의 용선료(선박 임대료)를 주며 외국선사로부터 선박들을 대거 장기용선했기 때문에 해운 불황기를 맞아 원가경쟁력이 극도로 나빠진 상태였다. 왜냐하면 한진해운이 지불해야 할 용선료(선박 임대료)는 불황기 때 실제 벌어들일 수 있는 금액의 3~4배 수준이었고, 적자가 수년간 누적될 수밖에 없었기 때문이다. 이것은 이후 펼쳐진 글로벌 컨테이너선사들의 치킨게임에 한진해운이 무너진 주요 원인이 되었다.

또한 2008년 이후 산업은행, 수출입은행 등 한국 정책금융기관의 지원 실적을 보면 국적선사에 25억 달러를 지원한 반면, 외국선사에 124억 달러를 지원하며 국적선사를 역차별했다. 특히 치킨게임을 주도하며 한진해운을 고사시킨 덴마크의 세계 최대 컨테이너선사인 머스크라인에게는 42억 달러를 지원했다. 즉, 한국 정책금융기관이 돈을 대주어 외국 컨테이너선사가 선박을 건조하게 하고 국적(한국) 컨테이너선사가 그 선박을 사용하기 위해 고액의 용선료(선박 임대료)를 내는 악순환을 반복적으로 일으킨 것이다. 이러한 역차별적 금융지원 등으로 국적 컨테이너선사들의 경쟁력은 계속 약화되는 반면 자국 정부와 한국 정책금융기관의 이중지원을 받으며 덩치를 키운 외국 컨테이너선사들의 경쟁력은 강화되어 격차가 벌어지게 되었다.

급기야 예산 집행권이 있는 집행부처인 금융당국은 해양수산부(해운업의 주무부서)를 소외시킨 채 약 3,000억 원 규모의 부족 자금을 대주주가 공급하지 않는다는 이유로 한진해운이 파산하도록 만들었다.

이것은 분식회계(회계조작) 문제까지 있던 조선업(대우조선해양)에 금융당국이 4조 2,000억 원을 지원한 이후 추가로 2조 원을 투입한 것과 대조적이다. 조선업이 해운업 없이 독자생존할 수 없는 해운 연관산업이라는 점을 이해하지 못한 처사이다. 결국, 한진해운 사태의 근본적 원인 중 하나는 해운산업을 이해하지 못한 금융당국이 금융논리 중심의 근시안적인 구조조정 정책을 주도한 데서 비롯된 것이다.

ⒷＢ 한국의 재벌들은 부의 증식과 증여를 위해 '일감 몰아주기'라는 기법을 애용하고 있다. 특히 대기업 계열사로서 물류 활동을 하는 2자물류 자회사는 일감 몰아주기를 통한 편법적 경영권 승계자금을 모으는 통로로 쓰이는 기형적 물류회사로써, 세계에서 유례가 없는 독특한 물류구조를 갖고 있다. 현재 매출액 1조 원 이상의 물류기업 대부분이 재벌그룹의 계열회사인 대기업 물류자회사(2자물류 자회사)이다.

2자물류 자회사가 해운업 몰락의 근본 원인으로 꼽히게 된 것은, 특수관계에 있는 법인(계열사 포함)의 매출액이 30% 이상일 경우 증여세를 부과한다는 공정거래위원회의 일감 몰아주기 규제의 부작용에서 비롯되었다. 대기업 물류자회사가 계열사의 물량을 줄이는 것이 아니라, 오히려 다른 중소형 물류회사의 물량을 덤핑(저가)으로 대거 흡수함으로써 부의 일방적인 상속이 방지되지 못했을 뿐만 아니라 해운시장에서 시장지배적 지위를 점하게 되면서 국적선사에 대한 불공정행위(갑질)가 고질적으로 반복된 것이다.

Ⓒ 큰 자본이 필요한 컨테이너선사와 달리, 2자물류 자회사는 물적

설비에 대한 고정비 부담이 낮고 단기간 내에 회사를 쉽게 설립하여 성장시킬 수 있다. 이런 특성을 이용하여 대기업 오너 일가는 대주주로 참여하는 2자물류 자회사를 설립한 뒤 대기업 그룹사의 전폭적인 일감 몰아주기로 2자물류 자회사를 폭발적으로 성장시킨다. 이후 배당금과 지분매각으로 현금을 확보해 2세 경영진이 주력 계열사의 지분을 매입하는 방식으로 경영권 승계를 완성한다. 이것은 일감 몰아주기로 손쉽게 재산을 불려 대기업 후계자에게 증여하는 것과 유사한 효과가 있지만, 상속세나 증여세를 회피할 수 있는 변칙적인 부의 대물림 수단으로 활용되는 것이다.

2자물류 자회사 중 현대기아자동차의 일감 몰아주기로 급성장한 업계 1위 현대글로비스 사례를 보면 이것을 명확히 알 수 있다. 현대글로비스는 2001년 회장과 부회장이 각각 10억 원, 15억 원을 출자해서 만들었고, 2005년 상장 시 투자 자본금은 60억 원에 불과했다. 그런데 2004~2016년까지 현대글로비스의 회장과 부회장은 2,316억 원을 배당으로 가지고 가고, 일감 몰아주기로 현대글로비스를 급성장시킨 후 지분을 낮추기 위해(지분율을 30% 이하로 낮춰 공정거래위원회 규제를 피함) 2015년 주식매각으로 1조 1,576억 원을 가지고 갔다. 이 둘을 합치면 2자물류 자회사 내부거래를 통해 대기업 오너 일가가 챙겨간 배당금만 1조 3,892억 원에 달한다.

이와 같이 2자물류 자회사가 경영권 승계 수단이 되기 위해서는 단기간 내에 급성장해야 하는데, 이를 위해 다른 중소형 물류회사의 화물을 덤핑으로 대거 흡수하여 운임협상력을 키운 후 국적선사에게 시장지배적 지위를 남용한 불공정행위(슈퍼갑질)로 수익을 증가시킨다. 그러한 사례로는 적자운송 강요뿐만 아니라, 부당한 운임 인하에 대해 신고를 하거나 비협조적인 국적선사에게 입찰 참여를 원천적으로 봉쇄하거나, 부당한 입찰에 불참할 경우 외국 컨테이너선사를 이용하겠다고 압박하거나, 실제 운임인하를 목적으로 외국 정기선사에게 물량을 몰아주는 행위 등이 포함된다.

그리하여 국내 7대 2자물류 자회사들의 매출은 2000년 기준 3,000억 원에서 2015년 기준 23조 9,000억 원으로 15년 만에 72배 급성장한 반면, 적자운송 등을 강요받은 해운업계는 같은 기간 2.3배 성장하며 매출은 2010년 기준 44조 원 규모에서 2017년 기준 28조 원 규모로 급감하게 되었다. 결국 2자물류 자회사들의 슈퍼갑질도 한진해운 파산의 근본적 원인 중 하나였다는 것이 해운업계의 전반적인 시각이다.

한편, 2015년 기준 국내 7대 2자물류 자회사들이 일감 몰아주기와 덤핑(저가)으로 확보한 화물은 전체 컨테이너 수출 물동량의 83%에 이르는 절대적 수치이다. 그런데 한국의 국적선 적취율(국내 화주가 국내선사에 화물을 맡기는 비율)은 세계 최하위 수준이다. 국적 원양 컨테이너선사들의 자국 화물 적취율이 13%에 불과하므로, 2자물류 자회사들은 전체 자국 물량 중 70% 이상을 외국 컨테이너선사에게 몰아주고 있다는 것이 추론된다. 이것은 일본 컨테이너선사들의 자국 화물 적취율이 62%에 달하는 것과 대조적이다.

해운재건의 관건인
국적선 적취율과 골든타임

2017년부터 상위 글로벌 컨테이너선사들 중심으로 한진해운을 파산으로 몰고 간 치킨게임이 재개되면서 독과점 체제가 완성되어 가고 있다. 이에 따라 해운시황은 더욱 악화되고 많은 중소형 선사들은 수익성 악화로 퇴출될 것으로 전망된다. 국적 근해컨테이너선사들은 물론, 대형 컨테이너선 20척을 인도 받는 현대상선도 선박 규모가 5배 이상 큰 머스크라인과 같은 글로벌 정기선사와 동일 선상에서 경쟁하기는 어렵다.

글로벌 컨테이너선사들은 원양컨테이너선 시장 공급과잉의 돌파구로 아시아 역내 사업 강화를 도모하고 있다. 이를 위해 글로벌 컨테이너선사들은 이미 대량 발주한 피더 컨테이너선(원양항로를 보조하는 노선에 투입하는 중소형 선박)을 인도 받는 2020년에 아시아 역내항로(한국과 중국, 일본, 동남아를 오가는 노선)에 본격적으로 진출해서 규모의 경제를 활용한 출혈 경쟁(치킨게임)으로 국내 12개 근해컨테이너선사들을 퇴출시키려는 것을 충분히 예견할 수 있다.

그런데 무역대국인 한국에게는 이러한 치킨게임에 대응한 생존대책으로 활용될 수 있는 강점이 있다. 바로 풍부한 물동량이다. 한국은 국적 정기선사의 수익률을 좌우하는 물동량이 세계적인 수준으로 많기 때문에 국적선사 영업환경 자체는 매우 유리하다. 그러나 한국만의 이러한 강점은 2자물류 자회사의 기형적인 급성장과 시장지배적 지위 남용으로 인해 활용되지 못하고 있다.

한편, 한진해운 사태로 인해 국적선사들은 외국 화주로부터 신뢰를 잃어버리고 '국적선사 기피현상'이 심화되었다. 외국 화주의 적취율을 높이는 것이 상당기간 어렵다는 뜻이다. 따라서 글로벌 해운경기 침체기에 한국 해운업이 생존하기 위해서는 국내 화주의 적취율을 끌어올리는 것이 무엇보다 중요하다.

현재 현대상선은 3년 6개월간 연속 적자를 이어가는 중이며, 연간 손실이 5,000억 원에 육박한다. 이러한 원양컨테이너선사의 손실 때문에 혈세가 '밑 빠진 독에 물 붓기' 식으로 낭비되지 않도록 국적선사 스스로 자생력을 갖추게 해야 한다. 이를 위해서는 즉각적인 효과를 볼 수 있는 국적선 적취율(국내 화주가 국내선사에 화물을 맡기는 비율) 제고 방안이 조속히 시행되어야 한다. 핵심은 2자물류 자회사들이 시장지배적 지위를 남용하며 덤핑과 일감 몰아주기로 확보한 한국 전체 컨테이너 물동량의 83%를 어떻게 국적선 적취율과 연계시킬 수 있느냐에 있다.

현재와 같이 국적선 적취율이 세계 최하위 수준인 현상이 골든타임인 2020년까지 지속된다면, 연속 적자를 이어가는 국적 원양컨테이너선사(현대상선)의 재무상태는 더욱 악화되면서 2020년 3월 2M[세계 최대 컨테이너선 제휴그룹(얼라이언스)]에서 퇴출될 가능성이 높다. 만일 2020년에 비용절감을 극대화할 수 있는 다른 얼라이언스에 가입하지 못할 경우, 저렴한 운임으로 다양한 노선 서비스를 제공할 수 없기 때문에 생존할 수 없다. 특히 화물적취(물동량 확보)가 뒷받침되지 않을 경우 많은 혈세를 투입하여 확충한 대규모 선대(선박 규모)가 오히려 고정비만 증가시키면서 상황을 더 어렵게 만드는 독이 될 것이다. 게다가 2020년부터 국적 근해컨테이너선사들은 본격적인 치킨게임에 노출될 것이다. 결국 골든타임인 2020년 안에 국적선사의 화물적취(물동량 확보)를 끌어올릴 수 있는 실효성 있는 제도를 시행할 수 있는지의 여부가 한국 해운업의 생존뿐만 아니라 무역국인 한국의 미래를 좌우할 것이다.

해운재건을 어렵게 하는 2자물류 자회사

시장지배적 지위에 있는 2자물류 자회사들의 폐해와 관련하여, 한진해운 사태 이전에는 슈퍼갑질(불공정행위)로 국적선사의 재무구조를 악화시켰다. 한진해운 사태 이후에는 일감 몰아주기 및 덤핑으로 확보한 전체 컨테이너 물동량 83% 중 대부분을 외국선사에게 몰아주고 있다. 이는 수조 원의 국민혈세가 투입되고 있는 해운재건 정책에 가장 큰 걸림돌이다. 국적선사 경쟁력 열위에서 비롯된 것도 있지만 갑질의 연장

선상인 측면도 있다고 보인다. 일례로, 국적 근해컨테이너선사들(인트라 아시아 국적선사들)이 부당한 운임 인하에 반발하자 2자물류 자회사들은 운송물량을 외국 컨테이너선사(머스크라인의 자회사인 MCC와 중국선사)에게 주는 비율을 대폭 확대한 것이 확인되고 있다.

만일 일본 선화주가 서로 상생하는 것과 같이 2자물류 자회사들이 확보한 절대적 수치의 물량을 국적선사에게 주었다면 한진해운 사태가 일어나지 않았을 뿐만 아니라 어려움에 봉착한 해운재건 정책도 훨씬 수월하게 진척되었을 것이다. 그러나 해운재건의 관건인 국적선 적취율의 현 주소는 그렇지 않다. 국내 7대 2자물류 자회사들은 83%의 물동량 중 70% 이상의 물량을 외국 선사에게 몰아주고 나머지 13% 이하의 물량만 국적선사에게 넘기면서 국적선 적취율은 세계 최하위 수준이 되었다.

한편, 경영권 승계 자금 통로 역할을 위해 2자물류 자회사들이 갑질을 하며 한국 해운업 몰락의 주요 원인을 제공했는데, 그 뒷감당을 국민 혈세로만 하는 것은 온당치도 않고 효과도 없다. 왜냐하면 아무리 국민 혈세를 끊임없이 투입한다고 하더라도 2자물류 자회사들이 갖고 있는 물동량 83%를 움직일 수 없다면 한국 해운업의 몰락은 피할 수 없기 때문이다.

그렇다면 2자물류 자회사의 사회적 책임을 묻는 제도적 장치의 정당성은 다음과 같은 이유로 인정될 것이다. 첫째, 2자물류 자회사가 시장지배적 지위를 남용하여 국적선사에게 적자운송을 요구하는 등 불공정행위를 하거나 일감 몰아주기로 확보한 물량을 외국선사에게 몰아주어 그만큼 국가가 추진하는 해운재건 정책이 위축되는 관계에 있다. 둘째, 이러한 상태가 지속될 경우 국적선 적취율이 기하급수적으로 떨어져 그만큼 한국의 국가경쟁력을 좌우하는 해운업의 몰락 우려가 높아진다. 셋째, 국민 대다수가 무역 유통 생필품을 이용하고 있는 상황에서 국가의 해운재건 정책이 포기되거나 제대로 실현되지 못한다면 수년 내 물류비용 증가로 물가가 대폭 폭등하고, 대다수 국민의 무역 유통 생필품의 비용 부담이 증가된다.

만일 2자물류 자회사가 확보한 물동량 83% 중 대부분을 통상마찰 없이 국적선사에게 몰아줄 수 있도록 유도하는 제도적 장치를 마련할 수 있다면, 2자물류 자회사의 역기능이 오히려 해운재건의 순기능으로 전환될 수 있을 것이다. 이러한 제도 개선 방안으로 아래에서 2자물류 부담금과 인센티브제를 살펴보고자 한다.

기존 해운재건 정책

한진해운 파산 사태 이후, 앞에서 살펴본 Ⓐ, Ⓑ, Ⓒ 근본적 원인이 기존 해운재건 정책에서 충분히 개선되었을까? 그렇지 않다고 판단된다.

Ⓐ 금융당국의 정책 실패가 다시 반복될 수 있다는 우려가 제기된다.

한국해양진흥공사는 해운업계에 특화된 해운산업 전담지원기관으로서 해운산업에 대한 정책지원과 금융지원을 종합적으로 수행하며, 보증 및 투자 등에 참여해 해운재건에 필요한 자금조달에 도움을 주는 역할을 한다. 하지만 해양진흥공사는 태생적으로 공사의 대주주인 금융당국의 영향을 받을 수밖에 없다. 해양진흥공사의 초기 자본금 대부분도 현물출자(금전 이외의 재산을 목적으로 하는 출자)로 이뤄져 해운재건을 위한 자금 조달에 차질이 많은 상황이다. 실제 가용할 수 있는 현금이 거의 없던 해양진흥공사는 출범한지 반년도 되지 않아 자금이 바닥났다. 그런데 해운재건 정책을 재정적으로 뒷받침해서 힘을 보태야 할 집행부처인 금융당국은 모르쇠 하는 형국이다.

금융당국은 금융논리를 앞세워 국적선사들의 영업기반이 사라지게 하는 방식으로 구조조정을 단행하여 해운업 몰락의 주요 원인을 제공했다. 골든타임이 얼마 안 남은 이 시기에 금융당국은 국적선사들이 잃어버린 영업기반을 다시 구축할 수 있도록 힘을 보탤 필요가 있다.

ⓑ 공정거래위원회의 정책 실패도 개선되지 않고 있다. 2자물류 자회사(대기업 물류자회사)에 의한 현행 일감 몰아주기 규제법의 폐해(해운시장 왜곡)를 개선하기 위해 관련 법안이 몇 차례 발의되었으나, 국회를 통과하지 못했다. 더 나아가 이 법안들이 국적선 적취율을 올리는 대안으로 얼마나 실효성 있을지도 의문이다. 2자물류 자회사가 아닌 다른 화주들도 특별한 제도적 유인이 없는 한 경쟁력이 현저히 약해진 국적선사 대신 외국선사를 이용할 가능성이 크기 때문이다.

ⓒ 2자물류 자회사의 슈퍼갑질은 운임공표제로 어느 정도 견제되고 있다. 한진해운 사태의 원인 중 하나인 적자운송 강요가 제도적으로 금지되기 때문이다. 그러나 운임공표제의 부작용으로 2자물류 자회사들이 일감 몰아주기와 덤핑으로 확보한 물동량 대부분을 외국선사에게 몰아주는 국적선사 이탈현상이 심화됨에 따라 해운재건의 가장 큰 걸림돌이 되고 있다. 이와 같이 국적선 적취율을 떨어뜨리는 운임공표제의 부작용을 보완할 수 있는 제도적 장치가 필요하다.

결국, 전체 컨테이너 물동량 83%를 갖고 있는 2자물류 자회사에 대한 정책적 대안이 제시되지 않을 경우 해운재건의 관건인 국적선 적취율도 제고될 수 없다. 그렇기 때문에 안정적 화물 확보를 선순환 체계 구축의 시발점으로 삼은 해운재건 정책(해운재건 5개년 계획)도 공전을 거듭 중이고 국적선사의 적자를 메우느라 국민 혈세도 낭비되는 형국이다.

한편, 해양수산부와 해양진흥공사가 추진하는 다양한 해운재건 정책 중 당면한 주요 업무로는 ① 해운업의 대동맥 역할을 하는 국적 원양컨테이너선사(현대상선)의 경쟁력 강화가 있다. 또한 ② 해운업의 실핏줄 역할을 하는 아시아 역내항로(한국과 중국, 일본, 동남아를 오가는 노선)를 운항하는 한국해운연합(KSP) 소속의 국적 근해컨테이너선사들의 구조조정도 있다.

정부는 한국 해운업을 살리기 위해 '경쟁력 있는 선박 확충', '화물 확보 지원', '경영 안정 지원'을 축으로 하는 '해운재건 5개년(2018~2022년) 계획'을 시행 중이다. 초대형 컨테이너 선박 20척을 포함한 총 200척 이상의 발주 투자를 지원할 예정이다. 이러한 대규모 투자를 하는 이유는 대형 컨테이너선의 연료 효율이 높고 일반 컨테이너선보다 운송원가가 30% 정도 낮아서 원가경쟁력을 높일 수 있기 때문이다. 만일 대형 컨테이너선을 확보하지 못할 경우, 글로벌 정기선사와의 경쟁 자체가 불가능하고 비용 절감을 극대화할 수 있는 얼라이언스에 가입하기도 어렵기 때문에 해운 재건의 필요조건으로써 대규모 자본을 들여 선박을 확충하는 것이다.

그런데 초대형 선박은 화물칸의 60% 이상이 채워져야 흑자가 나오는 구조이다. 따라서 대형 컨테이너선 확보로 단위당 운송원가가 떨어져 규모의 경제 효과를 누릴 수 있는 것이 맞지만, 이것은 일정 수준 이상의 화물적취(물동량 확보)가 이루어졌을 때 가능한 얘기다. 화물적취(물동량 확보)가 뒷받침되지 않을 경우 정부 지원에 기반 한 대규모 선박 확충은 고정비 증가로 상황을 더 나쁘게 만드는 독이 된다. 선박이 늘어난 만큼의 화물을 채우지 못하면 정시성 때문에 운항할 수밖에 없는 빈 선박이 늘어 관리 부담만 높아지기 때문이다. 결국 국적선 적취율을 끌어올릴 수 있는 정책적 대안이 마련되기 전에는 국내선사들의 경쟁력 회복이 요원하다는 것이 해운업계의 지적이다.

그런데 국내선사의 서비스 경쟁력 향상을 선행적으로 요구하며 시장경제원리에 기반 한 기존의 국적선 적취율 제고 방안(상생정책)은 실효성이 담보되기 어렵다고 보인다. 국내선사는 운임이 외국선사에 비해 20% 이상 비싸고 커버리지(노선 서비스)도 외국선사의 60% 수준에 불과한데, 이러한 경쟁력 격차를 기존에 논의되는 선화주 상생정책의 인센티브만으로는 상쇄하기 어렵기 때문이다. 또한 국적선사의 경쟁력을 향상시킬 때까지 걸리는 오랜 기간 동안 혈세로 손실을 메꾸는 것도 재정적 부담이 크다.

한편, 국적 근해컨테이너선사들이 특히 강점을 보여 왔던 한일항로와 한중항로는 원양항로와 마찬가지로 규모의 경제를 앞세우는 시장으로 변질되고 있다. 현재의 중소형 국적 근해컨테이너선사들의 민간협력체인 한국해운연합 시스템은 글로벌 얼라이언스나 통합된 선사처럼 공동운항에 구속되지 않은 채 서로 경쟁관계로 남아 비용절감 효과가 크지 않다. 글로벌 컨테이너선사들이 조만간 아시아 역내항로를 잠식하며 펼칠 치킨게임에 대응하기 위해서는 그 전에 선제적 구조조정을 완성하여 경쟁력을 키워야 할 필요가 있다.

제도 개선 방안

선화주 상생정책은 이윤을 바탕으로 한 파트너십(기존 논의)에서 대기업의 사회적 책임을 바탕으로 한 파트너십(2자물류 부담금)으로 패러다임을 바꿔야 한다. 어느 정도 강제성(강력한 유인책)을 갖고 먼저 안정적으로 화물 확보(국적선 적취율 제고)가 될 수 있도록 하고, 파생되는 이윤으로 국내선사의 경쟁력(서비스)을 향상시킬 수 있는 현실적 대안을 새롭게 모색하는 것이다. 한국 해운업이 몰락한 원인을 제공하고 컨테이너 물동량의 83%를 갖고 있는 대기업(2자물류 자회사)의 사회적 책임 및 공정거래질서 확립에 기반하고, 국적선 적취율 제고를 유도하는 정책적 대안으로써 2자물류 부담금과 인센티브제(감면)를 살펴보고자 한다.

2자물류 부담금은 해운재건이라는 특정한 행정과제의 수행을 위하여 그 과제에 대해 특별하고 긴밀한 관계에 있는 특정집단인 2자물류 자회사에 대하여만 부과되는 조세외적 부담금이다. 2자물류 자회사가 재정적 부담을 지게 함으로써 시장지배적 지위를 남용하여 불공정행위를 하고 덤핑 및 일감 몰아주기로 확보한 물동량을 외국선사에게 몰아주는 기업활동을 억제하도록 간접적으로 유도한다. 아울러 해운재건 정책 실현을 위한 재원을 마련하고자 하는 것이다. 따라서 2자물류 부담금은 그 기능상 정책목표 달성을 유도하고 조정하는 성격을 가진다.

부담금 재원의 사용목적은 국적선사의 운임경쟁력과 커버리지(노선서비스) 범위를 개선함으로써 2자물류 자회사가 국적선사를 이용할 수 있는 여건을 개선하는 것이다. 또한 글로벌 컨테이너선사들이 수년 내 독과점 체제를 완성하여 운임을 상승시키고 자국 화주와 차별하여 국내 화주의 경쟁력을 상실시키는 것으로부터 국적선사가 보호하는 방패 역할을 할 수 있는데, 이를 위해 2자물류 부담금 재원 조성이 필요하다. 그리고 통상마찰이나 무역보복을 피하기 위해서라도 부담금의 부과가 조세(세제 혜택)보다 적절하다.

한편, 해운업은 전체 물동량 중 99.7%를 해상으로 수출입하는 한국의 국가경쟁력을 결정짓는 중요한 국가 기간산업이다. 무역국인 한국에게 이렇듯 소중한 해운업을 몰락시켜가면서 사적 이윤(경영권 승계자금 마련)을 획득하는 2자물류 자회사에 대해 상당한 고율의 부담금을 부과하더라도 헌법상 용인될 것으로 보인다.

다만 2자물류 자회사가 인센티브제(2자물류 부담금 감면)의 최고 등급을 받아 2자물류 부담금 전액을 면제받을 경우, 2자물류 자회사가 사실상 감수하는 불이익은 외국선사와 국적선사 사이의 경쟁력 차이에서 오는 불이익(물류비용의 증가 등)을 감수하는 정도에 그칠 것이다. 그러나 한국 해운업 몰락의 원인과 파급효과를 고려할 때, 2자물류 자회사에게는 이러한 불이익을 감수할 사회적 책임이 있다.

2자물류 부담금과 인센티브제가 시행될 경우 국적선사가 화물을 안정적으로 확보하는 효과가 즉각적으로 나타나 수익률이 크게 개선되고, 국적선사들이 공적자금에 의지하지 않더라도 자생할 수 있는 기반이 형성될 것이다. 연속 적자를 이어가는 국적 원양컨테이너선사(현대상선)의 손실을 메꾸기 위해 더 이상 '밑 빠진 독에 물 붓기' 식으로 국민 혈세가 낭비될 필요가 없고, 해양진흥공사의 자금이 원가구조 개선(재투자)이나 국적 근해컨테이너선사 지원에도 집중될 수 있을 것으로 기대한다.

또한 국적선사들은 증가된 물량을 처리하기 위해 자국 조선소에 지속적으로 선박을 발주해 조선업이 자연스럽게 살아날 수 있을 것이다. 직접적인 공적자금 투입 문제로 경쟁 해운국의 WTO 제소 등 통상마찰로 국력을 낭비할 필요도 없어진다. 그리고 국적 원양컨테이너선사는 재무구조가 좋아져 2020년 3월에는 비용절감 효과를 극대화할 수 있는 얼라이언스에 가입하며 컨테이너선 시장에서 자리를 잡을 수 있게 될 것이다. 국적 원양컨테이너선사가 얼라이언스 내 입지를 확고히 할 경우 국내항 기항 빈도수를 증가시킴으로써 항만업도 자연스럽게 살아날 것이다. 그리하여 117조 원 규모의 한국 해운산업 전체가 활성화될 것을 기대할 수 있다. 결국, 2자물류 부담금과 인센티브제로 국적선 적취율이 제고될 경우 해운재건 5개년 계획에서 목표로 하는 해운재건의 선순환 체계가 구축될 수 있을 것이다.

한편, 국내 근해컨테이너선사들이 빠른 시간 안(최소한 2020년 내)에 실질적인 통합을 이루지 못할 경우 글로벌 컨테이너선사들의 출혈경쟁으로 생존이 어려울 수 있다. 정책적 대안은 한국해운연합 자체의 자율적 합의로 하든 한국해양진흥공사(정부)의 적극적 주도로 하든 조속히 국내 근해컨테이너선사들이 공동운항에 구속되는 수준 이상의 실질적인 통합을 이룸으로써, 원가경쟁력을 높이고 급변하는 해운시장에 신속하게 대응할 수 있는 선제적 구조조정을 완성하는 것이다. 예컨대, 일본 3대 선사의 컨테이너선 통합법인인 ONE(오션네트워크익스프레스)과 같은 완전한 형태의 통합을 하든지 한국해운연합의 성격을 글로벌 얼라이언스보다 구속력이 강한 해운동맹으로 탈바꿈시키는 것이다.

다른 주요 해운국들과 달리, 한국만 선제적 구조조정의 타이밍을 놓친 것도 한진해운 사태의 원인 중 하나인데, 같은 과오를 되풀이해서는 안 될 것이다.

한진해운 사태 보고서

(국적선 적취율 제고 방안)

I. 서설
II. 한진해운 사태를 이해하기 위한 배경지식
  1. 컨테이너 운송(정기선)의 특성
  2. 얼라이언스(Alliance)
  3. 선화주 간 상생의 어려움
III. 우리나라에 국적 원양컨테이너선사가 꼭 필요한가?
  1. 국가 기간산업인 해운업
  2. 국적 원양컨테이너선사의 필요성
    가. 물가상승 방어
    나. 수출기업(국내 화주) 경쟁력
    다. 조선업, 항만업의 전방산업
IV. 한진해운 파산 사태
  1. 한진해운 설립부터 파산까지
  2. 한진해운 사태의 파장과 후유증
    가. 화주 신뢰 상실
    나. 해운산업 피해
    다. 수출기업(국내 화주) 피해
    라. 국적 원양컨테이너선사(현대상선) 피해
  3. 해운재건의 어려운 여건
  4. 해운재건의 골든타임
V. 한진해운 파산 사태의 원인
  1. 표면적 원인
    가. 장기 해운 불황과 치킨게임
    나. 경영진의 잘못

2. 근본적 원인
   가. 정부 정책의 실패
   나. 2자물류 자회사의 슈퍼갑질
Ⅵ. 해운재건의 기존 주요정책 및 평가(문제점)
  1. 한국해양진흥공사의 설립
  2. 해운재건 5개년 계획(선박 확충, 화물 확보, 경영 안정화)
  3. 선화주 상생정책
  4. 운임공표제
  5. 2자물류 폐해 방지 법안
  6. 조선업 지원
  7. 한국해운연합의 근해선사 구조조정
Ⅶ. 해운재건을 위한 입법정책적 대안
  1. 2자물류 부담금과 인센티브제의 입법취지
   가. 국적선 적취율 제고(해운재건의 관건)
   나. 통상마찰 회피
  2. 2자물류 부담금 설치
   가. 의의
   나. 유형 – 정책실현목적(유도적) 부담금
   다. 신설 심사기준과 정당화 요건
   라. 수질개선부담금 설치와의 정당성 비교
   마. 대기업 사회적 책임의 반영
   바. 산정원칙
  3. 인센티브제와 화주 보호장치
Ⅷ. 해운재건을 위한 기타 입법적 제언
  1. 해양수산부와 한국해양진흥공사 주도의 구조조정
   가. 해양수산부 주도의 관계부처 협의
   나. 한국해양진흥공사 주도의 선제적 구조조정
  2. 기타 입법적 제언
Ⅸ. 맺음말

I. 서설

2008년 세계를 덮친 글로벌 금융위기 이후 해운 불황기가 닥쳐왔다. 주요 해운국들(유럽, 중국, 일본)의 정책적 지원을 등에 업은 글로벌 컨테이너선사들은 몸집을 불리면서 중소형 선사들을 고사시켜 경쟁국의 해운업을 도태시키는 전략을 쓰고 있다. 운임을 크게 올릴 수 있는 독과점 체제를 완성하기 위해서다.

이들 글로벌 컨테이너선사들은 독과점 체제가 완성될 때까지 원가경쟁력이 우위(규모의 경제)에 있는 점을 활용해 저가운임으로 물량을 쓸어 담는다. 그리고 현대상선(마지막 남은 국적 원양컨테이너선사)과 같은 중소형 컨테이너선사를 고사케 하는 치킨게임 전략을 펼친다. 해운 불황기가 시작된 2008년 이후부터 현재까지 운임이 낮게 유지되는 이유 중 하나이다. 치킨게임 기간 동안에는 한진해운 사태가 몰고 올 물가 폭등의 위험성을 체감하지 못하기 때문에, 대다수 국민들은 국가 기간산업을 잃어버린 한진해운 사태의 심각한 의미를 이해하지 못하고 있다.

그러나 이대로 간다면 2025년 이후 유럽계, 중국계, 일본계 글로벌 컨테이너선사들만 남아 독과점 체제가 완성될 것으로 예상되고, 10여 년이 넘는 출혈 경쟁의 보상을 받듯이 운임을 크게 올릴 것이다. 이때 독과점 체제를 견제하며 방패 역할을 할 수 있는 국적 컨테이너선사가 사라질 경우 운임상승을 방어할 수 없다.

일례로 치킨게임 때문에 한진해운과 현대상선이 남미 노선에서 철수한 사례를 들 수 있다. 과거 국적 원양컨테이너선사들이 남미항로에 경쟁력 있게 선박을 투입할 때의 운임은 200달러에 불과했다. 그런데 세계 1위 컨테이너선사인 머스크라인이 원가 이하의 치킨게임을 지속하여 한진해운 등 일부 선사들이 남미 노선 서비스를 포기했다. 독과점 체제가 이루어지면서 현재 운임은 2천 달러를 넘어서 운임변동성이 10배가 넘는 사태가 벌어진 것이다. 이것은 독과점 체제로 인한 운임상승에 대해 국적 원양컨테이너선사가 방패 역할을 하지 못하는 상황을 단적으로 보여준다. 이 시기가 오면 일반 국민들도 국적 원양컨테이너선사 부재로 인한 가파른 물가상승이나 국가경쟁력 상실에 대해 크게 체감할 것이나, 대처하기에는 골든타임을 지났을 때이다.

특히 한국은 삼면이 바다로 둘러싸여 있고, 전체 물동량(물자가 이동하는 양) 중 99.7%를 해상으로 수출입하는 세계 6위의 무역국이기 때문에, 해운업이 몰락한다면 국민 대다수가 사용하는 무역 유통 생필품의 물가가 해상운임 상승의 직격탄을 맞을 수밖에 없다.

2017년 2월 17일 우리나라 수출입의 대동맥 역할을 해왔던 세계 7위의 원양컨테이너선사인 한진해운이 파산 선고를 받고 창립 40년 만에 역사의 뒤안길로 사라졌다. 한진해운이 사라지면서 국내 해운업이 동반 몰락했다. 지금은 수조 원의 국민 혈세를 투입하며 한국의 미래 국가경쟁력이 걸려 있는 해운재건을 위해 안간힘을 쓰고 있는 중이나, 이대로

라면 전망이 밝지 않아 보인다. 해운재건이 성공하기 위해서는 한진해운 사태의 근본적 원인이 무엇인지 규명하고 이를 최우선적으로 개선해야 할 것이다. 그러나 현재 진행되고 있는 해운재건 5개년 계획에서는 근본적 원인에 손대기 어려워 공전을 거듭 중인 것으로 보인다. 근본적 원인은 대기업 재벌들의 이해가 첨예하게 맞물린 분야이기 때문이다.

한진해운 사태의 표면적 원인으로 2008년 세계를 덮친 글로벌 금융위기와 경영진의 잘못을 꼽고 있다. 그런데 동일한 대외 환경적 요인 속에서 세계 7위였던 국적 원양컨테이너선사인 한진해운만 몰락했다. 그 원인이 한진해운 사태의 진짜 근본적 원인일 것이다.

첫째, 주요 해운국들은 적극적인 자국 해운업 육성정책을 피며 자국 컨테이너선사들이 핵심 영업자산을 지켜 경쟁력을 키울 수 있도록 하여 불황기를 잘 극복했다. 주요 해운국들과 달리, 유독 한국 정부에서는 자국 컨테이너선사를 위한 국가정책지원을 하지 않았으며 오히려 국제경쟁력을 키우는데 발목 잡는 정책을 시행했다. 금융당국에서는 국적선사의 경쟁력 강화보다 금융논리만을 앞세우며 채권 회수에 몰두하고 국적선사의 영업기반을 사라지게 하는 방식으로 구조조정을 단행하며 해운업의 경쟁력을 약화시켰던 것이다.

둘째, 한국과 달리 일본은 선화주의 전략적 동반관계를 제도적으로 형성하여 일본 화주가 일본 컨테이너선사에게 물량을 몰아주도록 유인하는 데 성공하여 해운 불황기를 잘 극복했다. 반면 한국의 대형 화주(대기업 물류자회사)들은 상생 대신 오랫동안 적자운송 강요 등 갑질로 국적선사의 재무구조를 악화시켜 왔다.

그렇다면 한진해운 파산의 근본적 원인 중 하나인 시장지배적 지위에 있는 2자물류 자회사들의 슈퍼갑질이 왜 고질적 관행으로 자리 잡았을까? 대기업 오너들이 상속세나 증여세를 회피할 수 있는 변칙적인 부의 대물림 수단으로 활용하기 위해서 2자물류 자회사가 급성장해야 했기 때문이다. 국내 7대 2자물류 자회사들의 매출이 2000년 기준 3,000억 원에서 2015년 기준 23조 9,000억 원으로 15년 만에 72배 급성장할 정도였다.

큰 자본이 필요한 컨테이너선사와 달리, 2자물류 자회사는 물적 설비에 대한 고정비 부담이 낮고 단기간 내에 회사를 쉽게 설립하여 성장시킬 수 있다. 이런 특성을 이용하여 대기업 오너 일가는 대주주로 참여하는 2자물류 자회사를 설립한 뒤 대기업 그룹사의 전폭적인 일감 몰아주기로 2자물류 자회사를 폭발적으로 성장시킨다. 이후 배당금과 지분매각으로 현금을 확보해 2세 경영진이 주력 계열사의 지분을 매입하는 방식으로 경영권 승계를 완성한다.

2자물류 자회사 중 현대기아자동차의 일감 몰아주기로 급성장한 업계 1위 현대글로비스 사례를 보면 이것을 명확히 알 수 있다. 현대글로비스는 2001년 회장과 부회장이 각각 10억 원, 15억 원을 출자해서 만들었고, 2005년 상장시 투자 자본금은 60억 원에 불과했다. 그런데 2004~2016년까지 현대글로비스의 회장과 부회장은 2,316억 원을 배당으로 가지고 가고, 일감 몰아주기로 현대글로비스를 급성장시킨 후 지분을 낮추기 위해(지분율을 30% 이하로 낮춰 공정거래위원회 규제를 피하기 위함) 2015년 주식매각으로 1조 1,576억 원을 가지고 갔다. 이 둘을 합치면 2자물류 자회사 내부거래를 통해 대기업 오너 일가가 챙겨간 배당금만 1조 3,892억 원에 달한다.

이와 같이 한진해운 사태 이전에는 2자물류 자회사들이 시장지배적 지위를 남용하는 폐해로 슈퍼갑질을 하며 국적선사의 재무구조를 악화시켜 한진해운 사태의 근본적 원인 중 하나를 제공했다. 그리고 한진해운 사태 후유증으로 마지막 남은 국적 원양컨테이너선사(현대상선)는 현재 3년 6개월 간 연속 적자를 이어가는 중이며, 연간 손실이 5,000억 원에 육박한다. 이러한 적자 손실로 인해 국민 혈세가 '밑 빠진 독에 물 붓기' 식으로 낭비되는 상황이다. 그러나 국민 대다수가 무역 유통 생필품을 이용하고 있는 상황에서 국가의 해운재건 정책이 포기되거나 제대로 실현되지 못한다면 수년 내 물류비용 증가로 물가가 폭등할 가능성이 상당히 높다. 대기업 오너들의 사적 이윤으로 인한 해운업 몰락의 뒷감당을 국민 혈세로 하고 있는 중이며 물가 폭등의 고통과 책임도 고스란히 일반 국민들의 몫으로 남게 되는 것이다.

문제는 여기서 끝나지 않는다. 국민 혈세 수조 원을 투입하며 진행하는 해운재건 계획에 2자물류 자회사가 가장 큰 걸림돌이 되고 있다. 국내 7대 2자물류 자회사들은 일감 몰아주기와 덤핑으로 우리나라 전체 컨테이너 물동량의 83%(2015년 기준)를 확보하고 있다. 그런데 이러한 절대적 수치의 물량을 대부분 외국선사에게 몰아주고 있는 상황이며 국적선사에게 넘기는 비율이 세계 최하위 수준이다. 국적 컨테이너선사가 수익을 낼 수 없는 구조인 것이다. 아무리 국민 혈세를 끊임없이 해운재건을 위해 투입한다고 하더라도 2자물류 자회사들이 갖고 있는 물동량 83%를 움직일 수 없다면 한국 해운업의 몰락은 피할 수 없고, 그 고통은 고스란히 국민에게 전가될 수밖에 없다.

결국 해운재건의 관건은 즉각적인 효과가 있도록 국적선 적취율(국내 화주가 국내선사에 화물을 맡기는 비율)을 올릴 수 있는 정책적 대안을 마련할 수 있느냐에 달려 있다. 그리고 이 대안의 핵심은 2자물류 자회사들이 시장지배적 지위를 남용하여 덤핑과 일감 몰아주기로 확보한 한국 전체 컨테이너 물동량의 83%를 어떻게 국적선 적취율과 연계시킬 수 있느냐이다.

이 책에서는 이러한 문제의식을 가지고, 한진해운 사태의 진짜 근본적 원인을 규명하고, 이를 개선하여 국적선 적취율을 올릴 수 있는 제도 개선 방안을 중점적으로 제시하고자 한다.

II. 한진해운 사태를
이해하기 위한 배경지식

1. 컨테이너 운송(정기선)의 특성

전 세계에서는 연간 100억 톤의 화물이 해상을 통해 운송된다. 이러한 해상 운송을 담당하는 산업이 해운업인데, 크게 두 가지 형태로 발전해 왔다.[1] 바로 부정기선(벌크선)과 정기선(컨테이너선)에 의한 해상운송이다. 그 차이는 운송되는 화물이 무엇이고, 대상 고객이 누구냐에 의해 발생하므로, 상호 별도의 운영 형태를 띠고 있다.

벌크 운송(부정기선)의 경우 철광석, 석탄, 원유, 곡물 등의 원부자재를 소수의 고객으로부터, 대량의 화물을 인수해 운송하는데, 팬오션[2] 등이 대표적이다. 부정기선(벌크선)은 필요에 따라 격실로 나누기도 하지만, 기본적으로 화물창이 하나이다. 하나의 화물창에 석탄과 곡물을 같이 실을 수는 없기에 화물 종류도 하나이다. 화주(화물 주인) 역시 하나이거나 소수이다. 단체 승객이 같은 목적지로 이동하는 전세버스와 같은 시스템으로 움직인다. 따라서 부정기선은 선박이 언제 어디에서 출발해서 어디로 간다는 일정이 정해져 있지 않다. 언제 어디에서 출발해 어디로 갈지는 물건을 보내는 화주가 정한다. 정해진 노선이나 정해진 시간에 따라 운영되지 않기 때문에 전세버스(관광버스)와 비슷해서, 손님(화물)

이 없으면 운항하지 않으면 그만이다.

반면 컨테이너 운송(정기선)[3]의 경우 정해진 스케줄에 따라 일정한 노선을 돌며 정해진 항만에 기항해 화물을 내리고 싣는 시스템을 따른다. 주로 완성품을 다수의 고객으로부터, 소량의 화물을 집화하여 운송한다. 2017년에 파산한 한진해운과[4] 현대상선[5]이 그 대표적인 예이다. 이런 이유로 컨테이너 운송은 비교적 실생활에서 쉽게 접하면서, 물가에 직접적 영향을 미칠 수 있다. 정기선(컨테이너선)은 화물창이 수천 개에서 수만 개이다. 선박 자체는 컨테이너박스를 가득 쌓을 수 있도록 단순하게 생겼지만, 컨테이너박스들이 개별 화물창 역할을 한다. 예를 들어 2만 TEU(1TEU는 길이 6m 컨테이너 1개)급 컨테이너선이라고 하면 2만 개의 화물창이 있는 선박이라고 할 수 있다.[6] 화물창이 많으니 화물 종류도 다양하고 화주도 다양하다. 같은 컨테이너선에 실려 있어도 출발지와 목적지는 서로 다르다. 노선버스 승객들이 단체가 아닌 개인이고, 출발지와 목적지가 서로 다른 것과 유사하다.[7] 따라서 정기선은 언제 어느 항구를 출발해 언제 어느 항구에 도착할지가 미리 정해져 있다. 정해진 노선에 따라 정해진 시간에 운영되는 노선버스와 비슷해서, 비록 손님이 없거나 부족하더라도 정시에 출발해 도착지로 향한다. 즉, 컨테이너 운송에서는 정시성(定時性)[8] 확보가 생명과도 같기 때문에 선복량(적재용량)[9]을 채우지 못하더라도 빈 선박을 운영해야 한다.

노선버스로 비유될 수 있는 컨테이너선을 더 세분화하면, 미주항로와 구주항로(아시아와 유럽을 잇는 항로) 등 주요 간선항로(원양항로)를 운항하며 물류의 대동맥 역할을 하는 원양컨테이너선은 고속버스로 볼 수 있다. 아시아 역내항로(한국과 중국, 일본, 동남아를 오가는 노선) 등 지선항로를 운항하며 물류의 실핏줄 역할을 하는 근해컨테이너선은 시내버스로 보면 된다.[10]

컨테이너 정기선사는 자신의 선박을 일정한 일자에 어떤 항만에 도착하도록 일정을 잡아서 공표를 하고 정시성(미리 정해진 운행표에 따른 운항)을 유지할 것을 약속함으로써 화주를 모으게 된다. 이러한 정시성에 대한 신뢰를 바탕으로 모든 상품의 수출입과 매매가 화주 사이에서 국제적으로 이뤄지게 되며, 정시성이 깨질 경우 화주는 막대한 손실을 입게 된다. 따라서 컨테이너 정기선사의 물류 네트워크를 형성하기 위해서는 자본 외에 수십 년간 시간과 노력이 투입된 화주와의 신뢰가 기반이 된다.

컨테이너 운송(정기선)의 한 항차에 기항하는 항만도 여러 곳이다. 즉, 하나의 노선에 정류장이 여러 개 있는 노선버스와 비슷하다. 그리고 컨테이너선의 정시운항을 위하여 기항하는 항만마다 하역작업을 행할 수 있도록 컨테이너 터미널도 갖추어야 한다.[11] 따라서 컨테이너선 사업은 선박과 컨테이너, 터미널, 글로벌 네트워크를 구비하는 데 대규모 투자가 수반되는 자본집약적 산업이다. 일례로 원양항로 노선 1개를 신규로 만드는 데 선박과 네트워크 구축비용만 하더라도 1조 원이 넘게 들어간다.[12] 그런데 화주의 필요를 충족시키기 위해 정기적으로 기항해야 하는 항만과 빈도는 점차 늘어나고, 이를 위해 더 많은 선박을 확보하여 기항 횟수를 늘리고 항로노선의 다양화가 필요하다. 이에 따라 대규모 자본이 더욱 필요하기 때문에 컨테이너선 사업은 순수 자기 자본이 아닌 상당 부분을 타인 자본으로 구성될 수밖에 없고, 금융지원이 필수적이다. 해운업계가 장기 불황일 경우 국가의 정책적 금융지원이 절대적으로 필요한 이유이다.

컨테이너선 사업은 규모의 경제가 크게 작용하는 산업이다. 즉, 원가경쟁력(원가구조 개선)을 위해 고정비용은 크지만 컨테이너 정기선사의 덩치를 키워야 한다. 한 번에 많은 화물을 실어 나르는 것이 여러 번 나눠서 선박을 운항하는 것보다 운영비용이 적게 들기 때문이다. 마치 하나의 노선버스에 여러 손님을 탑승시키는 것이 같은 손님의 수를 여러 대의 노선버스에 나눠서 탑승시키는 것보다 기름 등의 운영비용이 적게는 드는 것과 비슷하다. 따라서 글로벌 정기선사의 초대형 컨테이너선(1만 4,000~2만 TEU급)[13]의 경우 운임을 다소 낮게 책정해도 선박 한 척 운항 시 들어오는 돈이 많아 규모의 경제가 달성된다. 이를 위해 컨테이너선은 대형화되며 그런 선박을 보유하기 위해 대규모 자본이 더욱 필요하게 되는 것이다.

전 세계에서의 연간 100억 톤 화물 물동량 중에서 부정기선(벌크선사)이 담당하는 비중은 70~80%를 차지하는 데 반해, 정기선(컨테이너선사)이 담당하는 비중은 20~30%밖에 안 된다. 그러나 컨테이너선이 벌크선보다 운임이 40% 가까이 비싸고 부가가치가 높기 때문에 화물 운송 매출 면에서는 전체 해운시장의 60%를 차지한다. 글로벌 해운사의 순위를 말할 때 컨테이너선을 기준으로 하는 것은 이런 이유 때문이다.[14] 이후로는 해운이라는 범주 내에서 해상 컨테이너 운송만을 한정하여 내용을 전개하고자 한다.

2. 얼라이언스(Alliance)

한 컨테이너선사가 전 세계 수백 개가 넘는 노선에 많은 비용을 들여가며 선박을 투입할 수 없으므로, 자신이 운항하지 않는 곳에는 동일한 '해운업체 간 동맹'에 소속된 다른 선사의 선박을 이용하여 비용을 크게 줄일 수 있다. 이 때문에 해운업체 간 동맹에 가입하는 것은 원양컨테이너선사(외항정기선사) 운영에 필수적이며, 글로벌 해운경기 침체에 대응한 필수적인 생존대책이다.

해운업체 간 동맹이란 의미로 사용되는 얼라이언스(Alliance)는 주로 참여선사들이 다수노선 서비스의 공동운영, 선박의 공유, 항만 터미널의 공동사용 등의 협정을 체결해 구성한 연합체를 의미한다. 이들 선사들은 선박을 공유해 해상운송 영업을 할 수 있고, 터미널 등 보유 자산도 공유할 수 있다.[15] 얼라이언스 내 정기선사 간 선박공유는 다른 선사의 화물이 자신의 선박에 실려서 운항될 수 있게 한다. 예컨대, A선사와 B선사가 선복교환 협정을 체결한 상태라면, A선사와 운송계약을 체결한 화주의 운송물이 B선사에 실려서 운송될 수 있다.[16] 그러나 공동으로 마케팅을 하거나, 운임을 공동으로 결정하는 등의 독과점 행위는 금지된다.

1990년대 중반 이전에 있었던 해운동맹(Conference)은 노선, 운임 등의 운송조건에 대해 복수의 선사들이 공동결정을 하는 조직형태인데, 해운동맹에 대한 독과점 규제 강화로 인해 얼라이언스가 1990년대 중반부터 시작된 것이다. 얼라이언스는 해운동맹과 달리 운임에 대한 담합을 하지 않는 차이점이 있다. 즉, 얼라이언스는 해운동맹에 비해 다소 느슨한 형태의 동맹(구속력이 약한 글로벌 해운동맹)이라 할 수 있다.[17]

막대한 자본의 투자가 필요한 컨테이너선 시장(정기선 시장)의 특성상 선사들은 초대형 선박 확보에 대한 투자 부담 감소와 원양항로 노선의 다양화와 규모를 확대하는 데 따른 리스크 분산을 위해 얼라이언스를 구축한다. 만일 얼라이언스가 더욱 발전할 경우 회원사 간 선박관리를 공동으로 수행하고 연료유, 선용품 등을 공동 구매하며 막대한 시너지 효과를 기대할 수 있다. 더 나아가 선박, 컨테이너 박스, 항만시설 등에 대한 공동투자나 공동 활용으로 막대한 투자비 부담을 줄이고 시설의 활용도를 제고할 수 있는 강점도 있다.[18] 그리고 얼라이언스 회원사들은 대내적으로 상호 간의 불필요한 경쟁을 최소화 하여 비용을 아낀다.

컨테이너선 시장이 점점 과점화 되어 가고 있는 가운데 비용절감, 노선 서비스의 질적 개선, 리스크의 분담, 투자비 부담 감소 등의 효과를 극대화하는 얼라이언스에 참가하지 못하는 컨테이너선사들은 생존하기 어렵다.[19] 왜냐하면 한 컨테이너선사가 현실적으로 세계 모든 항로에 선박을 투입할 수 없으므로, 얼라이언스에 가입하지 못하게 되면 그 컨테이너선사는 비용 때문에 화주에게 다양한 노선 서비스나 저렴한 운임을 제공하기 어려워 경쟁력을 잃기 때문이다. 화주는 경쟁력을 잃은 그 선사의 선박에 화물을 싣지 않을 것이다.

  1990년대 중반 최초의 얼라이언스인 Global 얼라이언스가 출범한 이후 현재의 3대 얼라이언스 체제로 재편되기까지 20여 년간 글로벌 정기선사들은 세계 해운시장에서 서비스의 범위를 확장하고 비용절감을 도모하기 위해 얼라이언스 결성과 해체를 지속해왔다. 그리고 2015년에 시작된 2M, 오션3, G6, CKYHE 등 4대 얼라이언스 체제는 2017년 4월 1일부터 2M+HMM, 오션얼라이언스(OCEAN Alliance), 디얼라이언스(THE Alliance) 등 3대 얼라이언스 체제로 재편되었다.[20]

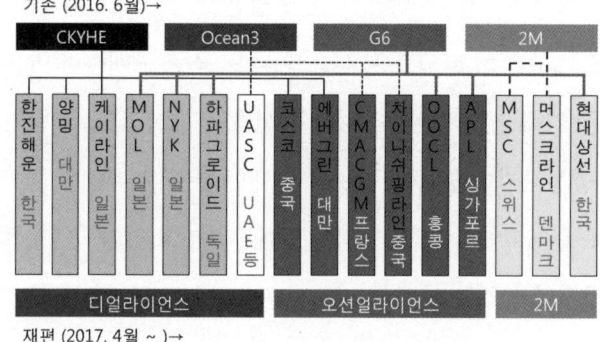

〈그림 1〉 글로벌 얼라이언스 재편[21]

  2M+H는 세계 최대 선사인 덴마크의 머스크라인[22]과 2위인 스위스의 MSC[23]가 결성한 얼라이언스이며, 한국의 현대상선은 2M과 준회원 자격으로 한 단계 낮은 전략적 협력 계약을 맺고 있다. 오션얼라이언스에는 프랑스의 CMA CGM, 중국의 코스코,[24] 대만의 에버그린 등이 있다. 디얼라이언스에는 독일의 하파그로이드, 대만의 양밍, 일본의 ONE(오션네

트워크익스프레스)[25]이 가입되어 있다.

프랑스 해운조사기관인 알파라이너(Alphaliner)에 따르면, 글로벌 3대 얼라이언스인 2M+HMM, Ocean & The Alliance의 선박 공급량이 83.6%이고, 신규 발주 선박 중 점유율이 89.1%[26]라고 발표했다. 주요 항로별 얼라이언스의 시장점유율은 아시아-유럽항로에서 2M이 34%, 오션이 33%, 디얼라이언스가 30%로 총 97%를, 아시아-북미항로에서는 2M이 17%, 오션이 35%, 디얼라이언스가 39% 등 총 91%를 기록하고 있다.[27] 즉, 현재 컨테이너선 시장에서 글로벌 선사들은 얼라이언스의 구축을 통해 시장지배력을 강화하고 있으며, 규모의 경제를 통한 비용 효율성을 극대화하고 있다. 또한 얼라이언스 구축을 통한 진입 장벽에 의해 신규 선사가 원양컨테이너선 시장에 참여하기 어렵도록 하고 있는데, 얼라이언스에 포함되지 못하면 원양컨테이너선사는 경쟁력을 잃어 사실상 해운업계에서 퇴출된다. 특히 국적 원양컨테이너선사가 얼라이언스에서 제외되면 유럽, 미주 노선에서 단독 운항하기 어렵기 때문에 얼라이언스에 합류하는 것이 지속적 생존에 중요하다.[28]

그런데 얼라이언스에서는 회원사들의 비용 부담이 요구된다. 즉, 얼라이언스를 유지하는 데 필요한 비용도 회원사들이 분담해야 하므로 재무상태가 부실한 정기선사는 얼라이언스의 구성원으로 참여하기 어렵다. 과도한 채무는 얼라이언스의 비용분담 능력을 저해하기 때문이다.[29] 이에 따라 얼라이언스에서는 법정관리에 들어간 회원사를 퇴출시키는 규정을 두고 있다.[30] 한진해운이 법정관리(기업회생절차)에 들어가자 얼라이언스에서 퇴출되었다.[31] 한진해운 파산으로 국적 원양컨테이너선사가 2개에서 1개로 줄어들었는데, 유일하게 남은 현대상선도 선대 규모가 작고 재정 상태가 좋지 않아 현행 얼라이언스 체제에 성공적으로 정착하지 못하고 있다. 현대상선은 2M의 다른 회원사처럼 노선을 공유하지 못하고, 선복(배를 싣는 공간)을 교환하고 매입하는 방식의 제휴만 하고 있을 뿐이다. 그러나 선복 교환이나 매입은 얼라이언스의 회원이 아니더라도 얼마든지 할 수 있는 것이며, 노선을 공유하지 못하기 때문에 현대상선이 2M을 활용한 영업을 하는 것도 사실상 어렵다.[32] 현재 한국의 현대상선 시장점유율은 1.8%에 지나지 않아 존재감이 거의 없기 때문에,[33] 얼라이언스 가입 없이는 규모의 경제도 이루기 어려워 단독으로 생존하기 어려운 실정이다.

3. 선화주 간 상생의 어려움

선주와 화주는 기본적으로 서로 이해관계가 상반된다. 호황기에는 선주가 높은 운임의 이익을 누리며 주도적 입장이지만 불황기에는 구매력 있는 화주가 낮은 운임을 통한 물류비용 절감의 이익을 누리며 주도적 입장에 있게 된다. 해운 생태계 참여자 간의 트레이드오프(Trade-off)[34] 상황인 것이다. 예를 들어, 컨테이너선사가 운임을 올려 수익률을 개선하면, 제조유통 기업 등 화주의 물류비가 증가하게 되고, 해운기업(선사)의 성수기는 화주에게 선복(선박에 화물을 싣는 공간) 확보 어려움을 초래하게 된다.[35] 따라서 선화주는 비용적으로 시황에 따라 어느 한쪽이 희생

할 수밖에 없는 구조를 갖고 있기 때문에 선화주 간 상호협력이 어렵다.[36]

화주가 어떤 선사를 선택하는지를 결정하는 최우선 기준은 운임이 저렴한지 여부와 노선(항만) 서비스 커버리지(범위)가 우수한지 여부이다. 그런데 국내선사는 규모의 경제를 이루지 못하여 운임이 외국선사에 비해 20% 이상 비싸고 커버리지도 외국선사의 60% 수준에 불과하다.[37] 외국 화주는 물론이고 국내 화주도 저렴한 운임으로 안정적인 서비스를 원하기 때문에 특별한 유인이 없는 한 외국선사를 이용할 수밖에 없다. 운임이 20% 이상 비싸면 그만큼 화주의 물류비용이 증가하고, 선적 서비스 커버리지가 부족할 경우 화주가 신규 거래처를 발굴하고 판매를 확대 하는 데 있어 제약조건으로 작용하기 때문이다.

결국, 경쟁력 열위에 있는 국적선사(한국선사)를 선택하는 화주의 불이익을 상쇄할 만큼 강력한 유인 정책이 새롭게 도입되지 않는 한, 국내 선주와 화주 사이의 상생은 매우 어려운 상황이다.

Ⅲ. 우리나라에 국적 원양컨테이너선사가 꼭 필요한가?

1. 국가 기간산업인 해운업

한국은 삼면이 바다로 둘러싸여 있고 위로는 북한과 대치 중인 섬나라와 같은 지리적 환경을 갖고 있기 때문에 해운업은 전시에 군수물자를 수송하는 안보산업으로써 중요하다. 이러한 지리적 환경으로 인해 한국은 물동량이 풍부하고 항만 인프라가 구축되어 해운산업이 성장하는 데 유리하다. 그런데 한국에는 부존자원이 없어 무역 의존도가 매우 높기 때문에 해운산업은 다른 국가보다 특히 한국에게 중요한 국가 기간산업(한 나라 산업의 기초가 되는 산업)일 수밖에 없다. 한국은 1조 달러의 무역규모를 갖고 있는 세계 6위의 무역대국으로서[38] 전체 물동량 중 99.7%를 해상으로 수출입하고 있다.[39] 이와 같이 해운업은 대부분의 원료를 수입(Ship-in)하고 생산된 제품을 수출(Ship-out)하는 무역의존형 산업구조를 가진 한국경제 생산 활동의 근간을 이루고 있다. OECD에 따르면, 2060년 한국은 GDP(국내총생산)에서 교역이 차지하는 비중이 단일 국가로는 최대가 될 것이라고 한다.[40] 세계 6위의 무역대국인 한국보다 상위에 있는 5개국 중 미국을 제외하고[41] 글로벌 정기선사를 갖추지 않은 나라가 없다.[42] 결국 해운업의 기반을 상실하여 무역이 원활하지 못하게 될 경우 한국은 경쟁력과 미래를 상실한다는 의미이다.

2. 국적 원양컨테이너선사의 필요성

국적 원양컨테이너선사가 사라지면 한국의 해운산업, 더 나아가 한국의 물가수준이나 국가경쟁력에 어떤 영향을 미칠까? 즉, 해운업을 살리기 위해 현재 많은 혈세를 투입하고 있는 국적 원양컨테이너선사는 왜 필요한 것일까?

가. 물가상승 방어

국적 원양컨테이너선사가 사라질 경우 가파른 물가상승을 막을 수 없을 것이다.

경제이론에서 해운업은 규모의 경제가 크게 작용하는 산업으로, 그냥 내버려 두면 일부 대형 선사들만 살아남아 과점으로 장기균형을 이루는 상태로 귀결된다고 설명한다. 따라서 시장에만 맡길 경우 이론적으로 나중에는 초거대 해운사 하나만 남게 된다는 것이다. 덴마크의 머스크라인과 스위스의 MSC가 세계 최대 규모의 해운 얼라이언스인 2M을 결성했는데, 이것은 최종 진화버전의 과도기적 형태라고 보면 된다.[43] 2017년 중국 정기선사 코스코는 홍콩 OOCL을 인수해 덴마크 머스크라인, 스위스 MSC에 이어 세계 3대 정기선사로 올라섰다. 2017년 말 머스크라인도 독일 해운사 함부르크수드를 품에 안아 2위 MSC와의 선복량 격차를 벌렸다. 일본 3대 해운사인 NYK, MOL, 케이라인은 합병을 통해 'ONE(오션

네트워크익스프레스)'이라는 세계 6위의 대형 정기선사로 탈바꿈했다. 100만 TEU급 이상을 갖고 있는 글로벌 상위 7개 컨테이너선사는 머스크라인(덴마크), MSC(스위스), CMA CGM(프랑스), 하파그로이드(독일), 코스코(중국), 에버그린(대만), ONE(일본) 7개사뿐이다.[44] 이들 글로벌 상위 7개 컨테이너선사의 세계 시장점유율은 77.8%에 이를 정도인데,[45] 앞으로 90%의 컨테이너선 시장을 지배할 것이라고 예상된다.[46]

이러한 최근 동향을 살펴보면 컨테이너선사 간 얼라이언스 및 인수합병(M&A) 또는 파산 등을 통해 시장에서 살아남는 몇 개의 그룹은 유럽계 2M, 중국계 오션(Ocean), 일본계 디얼라이언스(THE Alliance)가 될 가능성이 높다.[47] 2025년 이후 원양항로에서는 기존 글로벌 정기선사들의 독과점 체제가 완성되고,[48] 유럽계, 중국계 두 개의 슈퍼메가 캐리어(super mega carrier)와 일본계 메가 캐리어(mega carrier) 1개만 남게 될 가능성이 높다.[49]

글로벌 정기선사들은 독과점 체제가 완성될 때까지 원가경쟁력이 우위에 있는 점을 활용해 저가운임으로 물량을 쓸어 담아 현대상선과 같은 중소형 컨테이너선사를 고사케 하는 치킨게임[50] 전략을 펼칠 것이기 때문에,[51] 이 기간 동안에 운임은 낮게 유지된다. 그럼에도 불구하고 국적 원양컨테이너선사가 사라질 경우, 한국 수출기업은 치킨게임이 펼쳐지는 기간에도 20~30% 비싼 운임을 내면서 외국선사를 이용해야 할 것이다.[52] 무역협회도 "한진해운 파산과 국적 원양컨테이너선사의 쇠퇴로 국내 수출입 산업의 물류비용 경쟁력이 약해지고 국내 화주의 해상 운송비용이 확실히 상승했다"는 입장이다.[53] 그러나 치킨게임이 이어지는 이 시기에 일반 국민들은 국적 원양컨테이너선사가 사라짐으로 인한 물가상승이나 국가경쟁력 상실을 크게 체감하지 못할 것이다.

독과점 체제 완성이 예상되는 2025년 이후 글로벌 정기선사들은 10여 년 이상 지속했던 치킨게임을 끝내고 운임 정상화를 넘어 이를 크게 올릴 것이다.[54] 이러한 독과점 체제를 견제하며 방패 역할을 할 수 있는 국적 컨테이너선사가 사라질 경우 운임상승을 방어하기 어렵다. 이것을 단적으로 보여주는 예로는 구조조정의 일환으로 한진해운과 현대상선이 남미 노선에서 철수한 사례를 들 수 있다. 과거 국적 원양컨테이너선사들이 남미항로에 경쟁력 있게 선박을 투입할 때 운임은 200달러에 불과했다. 그런데 머스크라인이 원가 이하의 치킨게임을 지속하여 한진해운 등 일부 선사들이 남미 노선 서비스를 포기하고 독과점 체제가 이루어지자 현재 운임이 2천달러를 넘어서는 등 운임변동성이 10배를 넘는 사태가 벌어졌다.[55] 이것은 독과점 체제로 인한 운임상승에 대해 국적 원양컨테이너선사가 방패 역할을 하지 못하는 상황을 잘 보여준다. 여기서 국적선사들(한국 해운업)이 중요한 것은 200달러 운임매출 때문이 아니라, 글로벌 정기선사들이 독과점 체제를 이뤄 2천 달러로 운임을 상승시키는 것에 대한 방패역할을 하기 때문이다.

한편, 독과점 체제 완성 이후에 이루어지는 큰 폭의 운임상승은 가파른 물가상승으로 직결될 것인데, 전체 물동량 중 99.7%를 해상으로 수출입하는 한국으로서는 그 타격이 특히 심할 것이다. 수년 내 이 시기가 오게 된다면 일반 국민들도 국적 원양컨테이너선사 부재로 인한 큰 폭의 물가상승이나 국가경쟁력 상실에 대해 크게 체감하게 될 것이다.

나. 수출기업(국내 화주) 경쟁력

국적 원양컨테이너선사가 사라질 경우 국내 화주(수출기업)는 중국, 일본 화주에 비해 차별을 받고 경쟁력을 상실하게 될 것이다.

한진해운 파산 사태 이후 국적 원양컨테이너선사의 선복량(적재용량)은 한진해운 사태 이전의 절반 수준도 안 된다. 그런데 중국 정기선사 코스코, 일본 정기선사 원(ONE)은 자국 기업 화물에 우선순위를 두고 선박공간을 먼저 내어주는데, 다른 외국선사도 돈 되는 중국 화주에 집중하고 있다. 이에 따라 한국 수출기업들은 운임을 더 주고 실으려고 해도 화물을 실어 나를 선박을 구하지 못하는 어려움을 성수기마다 반복적으로 겪고 있다. 즉, 한진해운 파산 이후 국내 화주들의 선박 공간 확보가 점점 어려워지고 있다.[56] 또한 한국 화주들은 일본, 중국의 화주들보다 원양항로(구주항로)에서 상대적으로 높은 운임을 내면서 물류비 부담이 커져 경쟁력에서도 밀리고 있는 실정이다.[57] 그런데 선박량이 증가하고 글로벌 무역량이 감소하는 현재와 같은 해운 불경기의 경우 각 컨테이너선사마다 어느 정도의 여유 선박 공간(선복량)이 있기 마련이다. 그럼에도 불구하고 한국 화주(수출기업)에게 이런 차별과 어려움이 발생한다면, 해운 호황기를 맞게 될 때 이러한 문제는 훨씬 심각해질 것이다.

특히 원양컨테이너선사의 독과점 체제가 완성된 이후에는 이러한 차별 현상이 더욱 심화될 것으로 예상된다. 이렇게 되면 중국, 일본과 사이가 좋지 않은 한국으로서는 중국계와 일본계 메가 캐리어를 이용하기 위해 자칫 입김이 더 세진 중국과 일본으로부터 경제주권마저 훼손당할 우려가 있다. 그리고 해운업이 뒷받침 되지 않는 한국의 수출기업(제조업)들은 상당 정도 경쟁력을 상실하며,[58] 한국에서 풍부했던 화물의 물동량도 급감할 우려가 크다. 그렇게 될 경우 먼저 중소형 화주와 물류회사들이 고사하게 되고, 장기적으로는 국적 원양컨테이너선사를 희생시키며 급성장한 대기업 물류자회사(2자물류 자회사)들과 그 모기업인 대기업들도 연쇄적으로 경쟁력을 잃으며 공멸의 길로 갈 가능성이 높다. 위 남미노선 사례에 빗대어 보면, 대기업 물류자회사들이 수년간 40달러(200달러의 20%: 국적선사의 운임은 약 20% 높음)의 비용절감을 할 수 있을지 모르지만, 수년 내 이루어질 글로벌 정기선사들의 독과점 시기가 오면 1,800달러의 운임폭등으로 경쟁력을 잃게 될 우려가 크기 때문이다.

다. 조선업, 항만업의 전방산업

국적 원양컨테이너선사가 사라질 경우 해운 연관산업인 조선업과 항만업이 연쇄적으로 고사상태로 내몰리는 것은 시간문제가 될 것이다.

2016년 기준 해운산업 전체 매출액은 약 117조 원인데, 세부 산업별로 조선업(선박 및 해양플랜트 건조, 수리업)은 51.4조 원(전체 매출액의 43.9%), 항만업은 45.2조 원(전체 매출액의 38.7%)의 매출을 각각 올렸다. 즉, 조선업과 항만업이 전체 한국 해운산업 매출액의 80% 이상을 차지한다.[59] 그런데 해운업은 이와 같이 매출이 큰 조선업과 항만업의 전방산업이다. 후방산업인 조선업과 항만업에 대해 차례대로 살펴보겠다.

첫째, 조선업은 전방산업인 해운업이 살아나야 선박 발주량이 늘고, 이에 따라 후방산업인 철강재(선박용 후판) 수요가 증가함으로써 발전할 수 있는 '전후산업 연관효과'가 큰 대표적인 업종이다. 해운사가 이익을 내야 다시 조선사의 선박발주 증가와 선가 인상 등으로 이어지기 때문이다. 일본의 경우 일본 해운사의 발주량이 일본 조선소 수주량의 80%에 육박하고 있다는 것은 한국 조선업의 내수 창출을 위해 해운업의 성장이 얼마나 중요한지를 단적으로 보여준다.[60]

그러나 해운업이 고사할 경우, 추가 발주 없는 조선업에 대한 정부의 공적자금 지원은 '밑 빠진 독에 물 붓기' 식으로 이루어지게 되고 자금 투입 중단시 조선업이 독자생존 할 수 없게 된다. 또한 정부가 조선업에 직접 자금을 투입하는 것은 세계무역기구(WTO) 협정에 어긋나고 통상마찰의 위험이 커서 적절하지도 않다.

둘째, 항만업도 전방산업인 해운업이 살아나야 발전할 수 있는 '전후산업 연관효과'가 큰 업종이기는 마찬가지이다. 왜냐하면 국적 정기선사가 얼라이언스 내에서 입지가 확고해야 기항지(선박 운항시 머무르는 항구) 선정 과정에서 국내항이 빠지지 않고 국내항 기항 빈도수가 증가하기 때문이다.

그런데 부산항만공사, 여수광양항만공사와 인천항만공사 등이 환적화물을 늘리자고 컨테이너화물 1개당 인센티브 제도를 시행하며 해마다 엄청난 현금을 외국 정기선사에게 제공한 것이 드러나서, 실속 없는 항만업으로 전락했다는 논란이 있다.[61] 이것은 국민 혈세인 인센티브제의 남발로 외국 정기선사의 경쟁력만 높여주는 결과가 된다.[62] 막대한 물량을 갖고 있던 한진해운이 파산하고 국적 원양컨테이너선사가 얼라이언스에 제대로 합류하지 못함에 따라, 얼라이언스의 국내항 기항 빈도수가 줄어들어 인센티브로 물동량 감소를 막으려 했던 것으로 보인다. 그러나 전방산업인 해운업이 고사할 경우 중장기적으로 후방산업인 국내 항만업의 경쟁력도 심각하게 훼손되어 연쇄적으로 자연도태 될 수밖에 없다.

그렇다면 해운업(국적 원양컨테이너선사)이 살아야 연관산업인 조선업과 항만업도 함께 발전하는 선순환 체계가 구축될 수 있는 것이다. 반면 국적 원양컨테이너선사가 사라질 경우 연쇄적으로 도태하는 해운 연관산업의 몰락 시기를 늦추기 위해 공적자금을 산소호흡기 유지하듯 지속적으로 투입하는 악순환만 반복될 수밖에 없다.

결국, 전체 물동량 중 99.7%를 해상으로 수출입하는 한국의 국가경쟁력을 결정짓는 해운업이 살기 위해서는 국적 원양컨테이너선사가 살아야 한다. 국적 원양컨테이너선사가 무너지면 부존자원 없이 수출로 먹고 사는 한국의 미래도 없기에, 우리나라에 국적 원양컨테이너선사가 꼭 필요한 것이다.

IV. 한진해운 파산 사태

1. 한진해운 설립부터 파산까지

1977년 국내 최초의 컨테이너선사로 출범한 ㈜한진해운(Hanjin Container Lines Co., Ltd)[63]은 한국의 컨테이너선사 시대를 개막하며 등장했다. 1987년 '해운산업 합리화 추진계획 보완대책'으로 추정 금액 1조 2천여억 원의 부채를 가지고 있던 국영선사인 대한선주[64]를 흡수·합병했다. 이렇게 글로벌 정기선사로 재탄생한 뒤 미주와 유럽항로 등 세계를 무대로 한 도전적인 서비스를 제공하기 시작했고 1990년대에는 글로벌 시대의 원양컨테이너선사로서 역량과 면모를 착실히 갖추어 나갔다. 2003년 한진해운은 중국의 코스코(COSCO), 대만의 양밍(Yang Ming), 일본의 케이라인(K-LINE)과 함께 CKYH 얼라이언스를 출범시켰다.

한진해운은 1988년 대한선주 인수 후 30년에 걸쳐 세계적인 네트워크를 구축했다. 100여 척의 컨테이너선, 11개의 터미널, 23개의 해외현지법인, 100여 개의 영업지점을 보유했다. 전 세계 90여개 항만을 연결하는 74개의 서비스 노선에 연간 400항차 이상의 정기선 해상운송 서비스를 공급해왔고, 미주항로에서의 시장점유율은 7.4%, 구주항로는 4.1%를 차지하며,[65] 연간 매출액이 7조~8조 원에 이르렀다(2012년 매출액은 10조 원 돌파).[66] 즉, 우리나라 최대이자 세계 7위의 원양컨테이너선사로써 머스크라인이나 MSC와 같은 글로벌 정기선사들과 대등한 경쟁을 하며 한국 수출입의 대동맥 역할을 해왔다.[67]

그러나 장기적인 해운업계의 불황과 유동성 부족으로 경영난에 처하게 된 한진해운은 2016년 5월 경영정상화를 위해 채권단과 자율협약을 실시했다. 한진해운은 한진그룹으로부터 추가적인 신규자금 지원을 받고, 외국선사와 용선료(선박 임대료) 조정협상을 통해 용선료의 조정을 하는 등 자구노력을 기울였다. 그러나 산업은행 등 한진해운의 채권단은 한진그룹의 자구노력이 미흡하고 경영정상화 여부가 불확실하다는 이유로 신규 자금지원을 거부했다. 이 당시 한진해운은 채권단에게 5,000억 원 수준의 추가 자구안을 마련해 제출했지만[68] 채권단이 요구하는 8,000억 원을 마련하라는 자구안 사이의 간극(3,000억 원 간극)을 좁히지 못하여 신규 자금지원 불가 결정이 내려진 것이다.[69] 채권단이 한진해운에 추가 자금지원이 불가하다는 결정을 내리는 이러한 과정은 한진해운의 회생과 청산을 판가름하는 중요한 시기였다. 2016년 9월 1일 한진해운의 기업회생절차[70]가 개시되었는데, 한진해운의 청산가치[71]가 1조 7,980억 원인 반면 계속기업가치는 산정할 수 없는 것으로 나타나,[72] 한진해운은 2017년 2월 17일 파산 선고를 받고 창립 40년 만에 역사의 뒤안길로 사라지게 되었다.

한진해운 설립부터 파산까지의 경과[73]를 요약하면 다음 표와 같다.

연도	주요내용
1977년 5월	고 조중훈 한진그룹 창업주 한진해운 설립
1988년	대한상선과 합병
1992년	국적선사 최초 매출 1조 원 돌파
2003년	CKYH 얼라이언스(코스코, 케이라인, 양밍, 한진해운)의 출범과 조수호 회장의 독자경영체제 출범
2006년	조수호 회장 별세
2007년	고 조수호 회장 부인 최은영 회장 독자 경영
2012년	매출 10조 원 돌파
2013년	3년 연속 적자, 대한항공 긴급 자금 지원
2014년 4월	조양호 한진그룹 회장, 한진해운 회장 취임
2016년 5월	채권단 자율협약 개시
2016년 9월 1일	법원, 법정관리(회생절차) 개시 결정
2017년 2월 2일	법원, 법정관리(회생절차) 폐지 결정
2017년 2월 17일	법원, 파산선고

2. 한진해운 사태의 파장과 후유증

가. 화주 신뢰 상실

한진해운 사태의 파장과 후유증은 컸다. 한진해운이 회생절차에 들어가자, 항구의 하역업체들은 대금 체불을 이유로 작업을 거부하여 한진해운 선박의 하역과 선적이 중단되었다. 이것이 한진해운 물류대란의 시발점이 된 것이다. 또한 세계 각지의 국가에서 한진해운에 대한 채권확보를 위해 한진해운의 선박을 가압류[74] 하거나 입항을 거부하여 선적된 화물의 하역이 불가능하게 되었다. 이로 인해 한진해운 선박 141척의 하역이 모두 완료하는 데 걸린 기간은 회생절차가 시작된 이후 3개월 만이었다.[75] 이 당시 한진해운 선박 97척에 실려 있던 화물은 약 15조 원을 넘는 규모였는데, 대부분 납기가 지연되었으므로 손해배상청구 액수가 얼마나 될지 가늠조차 힘든 상황이었다.[76] 또한 회생절차 개시 이후 용선료와 유류비 등의 비용도 하루 24억 원 가량 증대하고 있었다.[77] 물류대란을 진화하는 데 소요된 비용은 자율협약 자구안의 간극을 좁히지 못했던 3,000억 원을 훌쩍 넘었다.[78]

무엇보다 정시성이 생명인 원양컨테이너선사의 운송이 상당기간 중단되면서 화주들(수출기업)은 납품지연과 운임폭등으로 막대한 손실을 입었다. 회생절차 개시 이틀째인 2016.9.2. 아시아발 주요 항로의 운임이 42%까지 급등했고 이후 관련 항로의 운임은 50% 정도 오른 것으로 알려지고 있다.[79] 긴급한 화물의 경우, 원래 컨테이너선사가 납부해야 할 항구 이용료, 하역비 등을 화주가 직접 대납하거나 납기를 맞추고자 비싼 항공운송을 하며 큰 비용을 감수하기도 했다. 그럼에도 불구하고 회생 및 파산절차에 들어간 한진해운을 상대로 화주들은 정상적인 손해배상을 받지 못하는 상태에 이르고, 설사 받는다고 하더라도 아주 제한적인 금액만 받을 수 있을 뿐이다.

이로 인해 화주 신뢰를 잃어버리게 되었고, 한진해운이 30~40년간 구축한 핵심 무형자산인 글로벌 네트워크가 허공에 사라지며 한국해운의 신인도가 크게 하락했다. 그뿐만 아니라 세계적인 물류대란을 초래한 한국의 국가신뢰도가 동반 추락했다. 한진해운 사태를 수습하는 과정을 볼 때, 한국 정부의 해운업에 대한 대응은 미온적이었다. 다른 모든 주요 해운국이 자국 글로벌 정기선사에게 적극적인 지원정책을 펼쳤던 것과 달리, 한국 정부는 해운업에 대한 이해가 낮고, 소극적인 정책으로 임하고 있어 신뢰할 수 없다는 것이다. 한국 정기선사에 선적한 화물에 한진해운발 물류대란과 비슷한 문제가 생겼을 때, 한국 정부가 해결하고 책임져 주지 않을 것이라고 보는 것이다.

이에 따라 외국 화주들과 업계에서는 한진해운 사태로 신용을 잃어버린 한국해운을 보이콧(불매운동)하는 분위기가 만연해 있다.[80] 한 번 잃어버린 화주(특히 외국 화주)의 신뢰를 회복하는 것은 쉽지 않고, 오랜 기간이 걸릴 것이다.

나. 해운산업 피해

한진해운 청산에 따른 직접적 피해만으로도 연간 17조 원에 이른다고 한다.[81] 한진해운 사태 직후 2M은 한진해운이 보유한 미주항로 4개 중 3개를 빠르게 접수했고, 원가경쟁력을 위해 알짜로 꼽히는 미국 롱비치터미널은 스위스의 MSC 손에 넘어갔다. 한진해운 사태 전(2015년)에 39조 원이던 해운 매출액은 29조 원(2016년)으로 10조 원 이상 줄고, 한진해운 사태 전(2015년)에 105만 TEU였던 국적 원양컨테이너선사 선복량(현대상선, SM상선)은 39만 TEU로 62%나 급감했으며, 아시아-미주 시장 점유율은 11.4%에서 4.8%로 추락했다.[82]

그러나 한진해운이 30~40년간 쌓아 온 운영신뢰망, 국적선사로서의 브랜드 가치뿐만 아니라 수출입 물류망 상실에 따른 손실, 항로 운임폭등, 부산·광양을 포함한 항만의 경기 침체 등 유무형의 피해를 포함하면 그 피해액이 상상하기조차 힘들어 진다.[83] 특히 해상 운송라인 1개를 신규로 만드는 데 선박과 네트워크 구축비용이 1조 원 넘게 들어가는 점[84]을 생각하면, 화주 신뢰를 잃어버려 상실한 핵심 무형자산인 글로벌 네트워크의 피해액은 가늠하기 어렵다.

그러나 더욱 뼈아픈 것은 해운산업 전체 매출액(약 117조 원) 중 80% 이상을 차지하는 조선업과 항만업도 한진해운 사태로 인해 자연도태될 우려가 커졌다는 것이다.

2000년대 중후반까지만 해도 한국 해운업은 매출 400억 불을 기록했고, 조선업도 세계 1위 매출 600억 불을 기록했지만 10년이 지난 현재 해운업의 매출액은 한진해운 퇴출로 반토막이 났으며, 이에 대한 영향으로 조선업까지 구조조정을 하는 등 쇠퇴의 길을 걷고 있다.[85] 조선업은 국적 컨테이너선사가 고사할 경우 수주 감소 등 장기적으로 부정적인 영향을 받을 수밖에 없다. 특히 글로벌 정기선사들이 새로운 선박 발주보다 인수합병으로 선대 규모를 키우고 있고,[86] 현재 세계 선박 건조량은 12% 정도 줄었는데 한국의 건조량 감소는 이보다 심각한 상태이다. 다만 한국 해운재건의 일환으로 현대상선이 초대형 컨테이너선 20척을 한꺼번에 발주한 특수한 상황으로 인해 국내 조선사 수주 실적이 최근 일시적으로 높아졌다.[87] 그러나 그 이전 조선업은 수주 가뭄으로 인한 장기 불황에 빠져 심각한 인력 구조조정을 하며 급속도로 쇠퇴하고 있었다. 국적선사가 사라질 경우 수주 감소로 조선업이 자연 도태되는 것은 시간문제일 것이다.

한진해운 파산 사태는 항만업에 더욱 직접적인 파장과 후유증을 유발시켰다. 얼라이언스에서 영향력이 컸던 한진해운은 그동안 동아시아의 환적화물을 소형선박으로 부산항에 모아 대형선박으로 미국에 보냈다.[88] 그러나 한진해운이 법정관리로 얼라이언스에서 퇴출되자 해당 회원사들은 더 이상 부산항을 환적 거점으로 활용할 이유가 없어진 것이다.[89] 부산항 대신 상하이나 홍콩을 거점항으로 삼을 가능성이 크다.[90] 얼라이언스가 재편되면서 경쟁관계에 있는 인근 해외항만들은 기항 빈도수가 늘어났지만 부산항과 광양항은 오히려 줄어든 것[91]으로 나타났다.[92]

한진해운 사태로 그동안 한진해운이 부산에서 처리한 물동량의 63%가 외국선사로 넘어갈 경우 연간 8조 3,000억 원 이상의 손실이 발생하는 것으로 본다.[93] 또한 부산항만공사가 환적화물을 늘리자고 해마다 엄청난 현금을 선사 등에게 인센티브로 제공하는 것으로 드러났다. 그런데 현재 부산항 컨테이너 물동량의 약 70%를 외국선사가 처리하고 환적화물은 외국선사 비중이 75%에 달하고 있다. 그렇다면 한진해운이 처리했던 대부분의 물량이 외국선사로 넘어갔을 뿐만 아니라 국민 혈세로 이루어진 인센티브 대부분도 외국 정기선사의 차지가 된다는 것이다. 이렇게 환적화물에 현금으로 인센티브를 주는 나라는 한국이 유일한 것으로 보인다. 부산항 하역료가 외국보다 훨씬 낮은 마당에 인센티브까지 줘 외국선사의 경쟁력만 높여주는 실속 없는 항만이라는 비난이 거센 이유다.[94]

막대한 물량을 갖고 있던 한진해운이 파산했고 얼라이언스 재편 과정에서 국내항 기항 빈도수도 시간이 갈수록 줄어들 것이기 때문에, 한국

해운업이 살아나지 않는 한 항만업 물동량 감소폭은 앞으로 더욱 늘어날 것이다. 항만업이 살아나기 위해서는 국적 원양컨테이너선사가 얼라이언스에서 입지를 확고히 다지는 것이 유일한 해결방안이라고 할 것이며,[95] 그때까지 항만업에 대한 한진해운 사태의 부정적인 연쇄효과는 계속될 것으로 보인다.

다. 수출기업(국내 화주) 피해

한진해운이 파산하면서 국내 화주들은 추가 운임 부담은 물론 선복 부족에 따른 운송 차질 문제를 겪으며 납기 지연으로 물류경쟁력이 훼손되고 있다.

한진해운 파산과 얼라이언스 내에서 국적 정기선사의 입지가 좁아지면서 최근 한국발 북미·유럽행 운임이 중국이나 일본에 비해 상대적으로 급등하는 현상이 벌어져 국내 화주들이 피해를 입고 있다.[96] 외국 정기선사들의 국내항 기항 빈도수가 줄어들면서 국내 화주들의 운송서비스 선택권이 제약을 받아 국내발 수출화물의 운송비가 상승되고 있고 실제로 운임도 중국 항만에 비해 높은 수준이다.[97] 한진해운 파산 전후로 동서기간항로에서 일본 화주와 한국 화주가 지불하는 각각의 운임을 분석한 결과, 한진해운 파산 직후 한국 화주가 일본 화주에 비해 추가적으로 부담한 동서기간항로의 해상운임은 FEU(40피트 컨테이너 한 개)당 최소 500달러 이상 높은 것으로 조사됐다.[98]

또한 외국 정기선사들이 한국 화물보다 중국이나 기타 국가의 화물을 우선적으로 챙기면서 국내 화주의 화물 선적이 연기되거나 동의 없이 불필요한 환적을 하는 경우도 발생한다.[99] 성수기에 들어가면 연간계약으로 상당한 물량을 약정 받은 2자물류 자회사 같은 대형 화주들은 단기적으로 큰 문제가 없지만, 중소형 화주들은 국내항에서 북미나 유럽으로 가는 직항 배편을 구하는 것이 거의 불가능하여 중국이나 일본에서 환적하는 루트(노선)를 이용할 수밖에 없다. 따라서 국내 중소형 화주는 외국 화주에 비해 시간과 비용적인 측면에서 경쟁력이 떨어지는 셈이다.[100] 결국, 한진해운 사태 이후 국내 화주들은 선복 부족에 따른 운송차질 문제 등 심각한 서비스 품질 문제로 고통을 받고 있다.

라. 국적 원양컨테이너선사(현대상선) 피해

얼라이언스에서는 회원사들이 비용을 분담해야 하기 때문에 재무상태가 부실한 정기선사는 얼라이언스의 구성원으로 참여하기 어렵다.[101] 그런데 현대상선은 한진해운 파산 이후 채권 회수로 원가구조가 굉장히 악화되었다. 돈 되는 핵심 영업자산을 모두 팔았다. 부산신항만 터미널 지분 등 가장 가치 있는 것부터 정리해서, 원가경쟁력을 크게 약화시켰다. 전 세계 화주들이 현대상선도 한진해운처럼 될 수 있다고 우려하면서 신뢰를 하지 않는 이유 중 하나이다.[102]

그리고 한진해운 사태는 국적 정기선사(컨테이너선사) 전체에 대한 신용을 하락시켰다. 정기선 운항은 정시성(定時性)이 생명이다. 그런데 한진해운은 약속한 장소와 시간에 화물을 배달하지 못하고 화주들에게 막대한 손실을 입혀 한국의 정기선사들에 대한 신뢰가 급격히 무너졌다.[103] 이 때문에 화주들이 현대상선의 2M 가입에 반대했다고 한다.[104] 이러한 이유와 더불어 선대 규모가 작고 재정 상태도 좋지 않기 때문에 유일하게 남은 국적 원양컨테이너선사인 현대상선이 현행 얼라이언스 체제에 성공적으로 정착하지 못하고 있다. 얼라이언스는 다른 회원사의 노선을 활용해 화물을 유치하는 것이 핵심 목적인데, 현대상선과 2M의 전략적 협력 제휴에서는 '노선 공유'가 빠졌다. 이에 따라 현대상선은 2M을 활용한 영업도 할 수 없고 2M 정식 회원사가 아니라서 글로벌 해운 운임을 결정하는 데 목소리를 낼 수도 없다. 그냥 외국선사 선박의 일정 공간을 빌려 쓰는 셋방살이를 하는 모양이 되었기 때문에 이대로라면 현대상선이 글로벌 원양컨테이너선사로 성장하는 데 한계가 있다.[105]

3. 해운재건의 어려운 여건

현재의 해운시황은 2008~2009년 글로벌 금융위기로 촉발된 대침체기(Great recession) 시점보다 더 안 좋다. 2018년도에도 상위 7개 글로벌 정기선사를 중심으로 초대형 선박의 인도가 활발해지고 정기선사 간 인수합병(M&A)이 지속되었다. 또한 유가(연료비) 상승으로 인한 원가부담 가중, 각종 해운규제, 파나마 신운하 개통 이후 선박의 전환배치,[106] 컨테이너선 시장 수급 불균형(물동량 대비 선복 공급 초과) 등 해운시황 침체를 장기화하는 요인들이 많다.[107]

글로벌 컨설팅회사인 보스턴컨설팅(BCG)은 "해운시장에서 2020년까지 선박 공급 과잉이 더욱 심화될 것"이라는 보고서를 발표했다. BCG에 따르면, 2017년 기준 해운시장에서 선박 공급은 수요에 비해 7% 정도 많았는데, 2020년에는 선박의 공급-수요 차이가 8.2~13.8%(합계 약 20%)로 더 커질 전망이라고 한다.[108] 글로벌 정기선사들이 원가구조 개선(원가경쟁력)을 위해 1만 3,000TEU 이상 대형 컨테이너선을 이미 대량 주문했기 때문이다. 해운시장 전문기관 '알파라이너'에 따르면, 글로벌 상위 10대 해운사가 2017년 기준 인수대기 중인 컨테이너선이 176척에 이르렀다. 이는 전년 세계적으로 발주된 컨테이너선(224척)의 80%에 이르는 물량이다. 현재 현대상선이 보유한 컨테이너 선복량은 43만 TEU인데,[109] 2021년 한국 정부의 지원으로 건조하는 초대형 컨테이너선 20척을 인도받으면 선복량은 82만 TEU로 늘어난다.[110] 그런데 세계 1위 컨테이너선사인 머스크라인의 선복량이 이미 401만 TEU 이상임을 고려할 때,[111] 현대상선이 신규 선박을 확보하더라도 보유 선박 규모가 5배 이상 큰 머스크라인과 같은 글로벌 정기선사와 동일 선상에서 경쟁하는 것은 사실상 불가능하다.[112]

그런데 세계 최대 교역국인 미국과 중국의 무역 분쟁으로 시장의 불확실성이 커지고 미·중 수출입 품목에 대한 보복관세 적용이 확대될 경우 컨테이너선 시장의 물동량도 크게 줄어들 우려가 있다.[113] 특히 한국의 경우 최근에 제조업체들이 부진을 면치 못하고 있고 화주 공장이 해외로 이전하고 있어 물동량도 감소할 것으로 보인다.[114] 이러한 외부요인으로 인해 운임마저 장기간 지속적으로 하락할 것이 예상되기 때문에 현

대상선의 영업이익은 급격히 하락할 수밖에 없는 상황이다.[115]

2016년 한진해운 사태 이후 잠시 컨테이너선 시장 수급이 안정화되는 양상을 띠었지만 2017년부터 상위 글로벌 정기선사를 중심으로 한 치킨게임이 재개되면서 해운시황은 더욱 악화될 전망이다.[116] 규모의 경제를 통해 획기적 단위비용 절감을 이룬 상위 글로벌 정기선사들도 2018년 상반기 실적이 영업적자로 돌아섰을 정도인데,[117] 물량을 주는 국내 화주나 정부의 특별한 지원이 없는 한, 규모의 경제를 이루지 못한 현대상선 같은 중소형 컨테이너선사는 고사를 면치 못할 것이다.

그런데 국적 정기선사에게 더 큰 문제는, 한진해운 사태로 인해 컨테이너선 시장에서 '한국선사(국적선사) 기피현상'이 심화되고 있고, 잃어버린 한국해운업의 국제신뢰도를 회복하는 것이 상당히 어렵고 오랜 기간이 걸린다는 것이다.[118] 그런데 현재 현대상선은 3년 6개월(2015년 2분기부터 14분기) 연속 적자를 이어가는 중이며,[119] 그동안 누적 적자만 2조원에 달하기 때문에 정부지원이 끊어지면 언제든 제2의 한진해운 사태가 일어날 수 있는 상황이다.[120]

결국, 한국의 미래 국가경쟁력을 좌우할 해운재건의 여건은 매우 어려운 바, 이를 타개할 실효성 있는 강력한 대책을 조속히 마련할 필요가 있다.

4. 해운재건의 골든타임

현대상선은 얼라이언스인 2M과 2017년 4월부터 2020년 3월까지 조건부 협력 계약을 맺었다.[121] 계약 당시 현대상선과 2M은 향후 현대상선의 재무구조와 유동성 개선 등을 지켜보며 정식 회원사 가입 여부를 결정하기로 했다. 현재까지 상황만 놓고 보면 현대상선과 2M이 결별할 가능성이 높다. 현대상선이 2M과 맺은 계약이 현대상선 입장에서 불리한 조건인데다 영업에 큰 도움이 되지 않고 있다. 통상적으로 얼라이언스의 계약 기간은 최소 5년에서 10년 정도이지만 현대상선은 2M과 3년 계약을 맺었다. 아울러 정식 회원이 아니기 때문에 노선 운항에 있어 불리한 조건을 떠안고 있다.

2M은 현대상선과의 동맹을 계속 유지하는 것에 회의적인 입장이다. 정부 지원으로 신조 발주하는 대형 컨테이너선 20척에 대해서도 강하게 항의하며 부정적인 입장을 보였다.[122] 이것은 컨테이너선 시장에서의 치킨게임으로 현대상선과 같은 중소형 컨테이너선사들이 빨리 도태 될수록 글로벌 정기선사들의 독과점 체제도 그만큼 빨리 완성되고, 지난 10여 년간 이어온 치킨게임도 끝을 내며 그만큼 빨리 운임도 크게 올릴 수 있기 때문이다. 이 경우 운임이 오른 만큼 물가에도 반영될 것인데, 전체 물동량 중 99.7%를 해상으로 수출입하는 한국으로서는 직격탄을 맞을 것이다. 방패막이 되어주는 국적 정기선사가 사라진 상태로 그 시기가 오면, 출혈 경쟁 때문에 운임이 낮게 유지되는 현재와는 비교할 수 없을 정도로 일반 국민들이 체감하는 물가상승의 폭이 클 것으로 예상된다.

원양컨테이너선사는 얼라이언스에 가입해야 비용절감을 극대화하며 다양한 노선 서비스를 저렴한 운임으로 화주에게 제공할 수 있어 생존할 수 있다. 그런데 얼라이언스 유지비용을 회원사들이 분담해야 하는 구조이기 때문에 재무상태가 부실한 정기선사는 얼라이언스에 가입하기 어렵다. 현재 현대상선은 3년 6개월 간 연속 적자를 이어가는 중이며, 그동안 누적 적자만 2조 원에 달하여 혈세인 정부지원금으로 산소호흡기를 끼고 있는 상태이다.

따라서 2M과의 전략적 협력관계가 종료되는 2020년 3월까지 현대상선이 연속 적자구조를 탈피할 수 있는 대안이 절실히 필요하다. 그렇지 못할 경우 현대상선은 얼라이언스에 가입하지 못하여 일정 기간 단독 운항하다가 공적자금 투입이 중단되는 순간 도태될 우려가 높다. 또한 2025년 이후에는 원양컨테이너선 시장의 독과점 체제가 완성될 것으로 예상되기 때문에, 시간이 갈수록 진입장벽이 높아져 국적선사가 얼라이언스 체제에 끼기도 어려울 것으로 예상된다.

한편, 현대상선은 2만 3,000TEU급 선박 12척을 2020년에, 1만 5,000TEU급 선박 8척을 2021년에 조선사들로부터 인도받을 예정이다.[123] 즉, 현대상선의 선복량은 2021년에 기존 43만 TEU에서 82만 TEU로 200% 증가하게 된다.[124] 그런데 초대형 선박은 화물칸의 60% 이상이 채워져야 흑자가 나오는 구조라고 한다.[125] 따라서 메가 컨테이너선 확보로 단위당 운송원가가 떨어져 규모의 경제 효과를 누릴 수 있는 것이 맞지만, 이것은 일정 수준 이상의 화물적취가 이루어졌을 때 가능한 얘기다.[126] 화물적취(물동량 확보)가 뒷받침되지 않을 경우 정부지원에 기반한 대규모 선박 확충은 상황을 더 나쁘게 만드는 독이 된다.[127] 선박이 늘어난 만큼의 화물을 채우지 못하면 정시성 때문에 운항할 수밖에 없는 빈 선박이 늘어 관리 부담만 높아지기 때문이다. 이것은 정시성을 지키며 지속적으로 운항해야 하는 노선버스의 대수를 늘렸음에도 불구하고 손님이 증가되지 않아서 기름 값 부담만 가중되는 상황과 비슷하다.

한편, 글로벌 정기선사들은 원양컨테이너선 시장의 공급과잉 돌파구로 아시아 역내 사업을 강화하고 있으며, 이를 위해 이미 대량 발주한 피더 컨테이너선[128] 대부분을 2020년에 인도 받고 아시아 역내항로에 본격적으로 진출할 것이 예상되고 있다. 이 경우 아시아 역내항로(한국과 중국, 일본, 동남아를 오가는 노선)에서 운항하고 있는 국내 12개 근해선사들은 원가경쟁력에 밀리면서 퇴출될 우려가 큰 상황이다.[129]

문제는 국적선사들이 한진해운 사태로 외국 화주들로부터 신뢰를 잃어버려 이를 회복하는 데 수년에서 수십 년이 걸린다는 것이다. 즉, 외국 화주의 적취율(물동량 확보)을 끌어올리는 데에는 오랜 기간이 걸릴 것이다. 특히 한진해운 사태 이후 외국 화주들이 국적선사의 재무건전성을 꼼꼼히 살피고 있는 상황에서 취약한 재무구조나 지속적인 적자운영은 신뢰를 회복하는 데 큰 장애가 된다.[130]

2020년은 글로벌 정기선사들이 국적 근해선사 12개사들이 운항하는 아시아 역내항로에 본격적으로 진출하는 시점이자, 국적 원양선사인 현대상선이 초대형 컨테이너선 20척을 인도 받아 고정비가 크게 늘면서 얼라이언스 가입 여부가 판가름 나는 시점이기도 하다. 따라서 골든타임인 2020년 안에 국적선사의 화물적취(물동량 확보)를 끌어올릴 수 있는 실효성 있는 제도의 시행 여부가 한국 해운업의 생존을 좌우할 것이다. 그런데 신뢰를 잃어버린 외국 화주의 적취율을 끌어올리는 것은 단기간에 어렵다. 따라서 짧은 기간 안에 국내 화주의 적취율을 높일 수 있는 제도적 장치 마련이 현실성 있고, 또한 절실히 필요하다. 왜냐하면 2020년부터 20척의 선박을 인도받는 국적 원양선사는 고정비(선대규모)가 2배 늘어날 것이고, 국적 근해선사들은 글로벌 정기선사에 비해 규모의 경제를 전혀 이루지 못한 상황인데, 예상되고 있는 국적선사들의 적자를 지속적으로 혈세로 메꾸며 산소호흡기를 유지시킬 수 있는 재정적 여력이 없기 때문이다. 만일 골든타임 내에 이러한 실효적인 제도가 조속히 마련되지 못할 경우, 한국은 국적 원양선사, 국적 근해선사들 뿐만 아니라 미래 국가경쟁력을 잃어버리며 경제주권이 크게 훼손될 우려가 있다.

V. 한진해운 파산 사태의 원인

1. 표면적 원인

가. 장기 해운 불황과 치킨게임

2008년 세계를 덮친 글로벌 금융위기와 중국의 경기침체 등으로 물동량이 급격히 감소한 이후 현재까지 해운업계는 장기침체를 벗어나지 못하고 있다. 더구나 해운업 호황기인 2000년대 중반에 정기선사들이 경쟁적으로 발주했던 선박들의 시장진입은 수요가 급감된 컨테이너선 시장에 심각한 초과공급으로 이어져 전 세계 컨테이너선사들의 생존을 위협했다. 세계 해운경기의 침체라는 대외 환경적 요인은 한진해운 사태에서 무시할 수 없는 이유인 것이다.

그런데 물동량에 비해 선박 공급량이 심각하게 초과되는 상황임에도 불구하고 왜 글로벌 정기선사들이 선박 공급량을 줄이지 않고 오히려 확대했을까? 그 이유는 유럽계 위주의 상위 글로벌 정기선사(특히 머스크라인)들이 치킨게임(대형 선사의 물량공세로 중소형 선사 죽이기) 전략을 펼쳤기 때문이다. 아시아계 중소형 컨테이너선사를 시장에서 퇴출시키기 위해 과다 출혈 경쟁을 하며 선복 경쟁을 촉발시킨 것이다. 글로벌 정기선사들이 전략적으로 선박의 초대형화를 통해 단위당 운송원가를 낮추는 규모의 이익(Scale Merit)을 위한 투자를 하고, 운임 덤핑 등 출

혈 경쟁을 하면서 중소형 컨테이너선사를 고사시키는 전략을 썼던 것이다.[131]

한편, 주요 해운국들은 이러한 추세에서 자국 정기선사가 살아남을 수 있도록 적극적인 국가지원정책을 쓰며 장기 해운 불황을 극복했다. 덴마크는 국가신용보증을 통해 머스크라인에 62억불, 중국은 코스코에 150억불, 독일은 하파그로이드에 12억불을 각각 지원했으며, 중국은 공공화물 몰아주기 및 폐선보조금 제도, 일본은 항로유지 보조금제도 등을 통한 비금융정책을 대폭 강화했다.[132] 또한 일본은 선사와 화주가 상호신뢰를 통해 경쟁력을 확보할 수 있는 제도적 여건을 마련하여 선화주(선주와 화주)의 전략적 동반관계를 형성했다.[133] 즉, 일본 화주가 일본 정기선사에게 물량을 몰아줄 수 있도록 유인하는 제도적 장치를 만드는데 성공하여 해운 불황기를 잘 극복한 것이다. 주요 해운국들과 달리, 유독 한국 정부에서는 자국 정기선사를 위한 국가적 정책지원을 하지 않았으며 오히려 국제경쟁력을 키우는데 발목 잡는 정책을 시행했다. 또한 일본 화주와 달리, 한국 대형 화주(대기업 물류자회사)는 상생 대신 오랫동안 갑질로 국적 정기선사의 재무구조를 악화시켰다.

결국, 장기 해운 불황과 치킨게임이 한진해운 사태의 표면적 원인 중 하나일 것이나, 제도적 관점에서 보면 근본적 원인이 아니다. 동일한 대외 환경적 요인 속에서 다른 주요 컨테이너선사들은 모두 자국의 정책적 지원을 통해 어려운 시절을 잘 이겨냈음에도 불구하고 세계 7위였던 국적 정기선사인 한진해운만 몰락케 한 원인이 한진해운 사태의 진짜 근본적 원인일 것이다. 이러한 근본적 원인으로서 정부 정책의 실패와 2자물류 자회사의 슈퍼갑질을 꼽을 수 있는 바, 아래에서 살펴보겠다.

나. 경영진의 잘못

2006년 조수호 한진해운 회장이 사망하며 경영능력이 부족한 부인 최은영 회장이 경영권을 넘겨받았다. 외국의 글로벌 정기선사들은 장기적 안목을 갖고 원가경쟁력을 위해 초대형 선박을 발주하고, 비용절감 등 체질개선 노력을 기울인 반면, 한진해운의 경영진은 잘못된 판단을 하며 미래를 위한 투자를 하지 않았다. 그리고 최은영 회장이 7년간의 재임기간 동안 보수·주식 등으로 253억 원의 이익을 챙기고, 2014년 퇴직금으로도 52억 원을 챙겼으며, 자율협약 신청 직전에 내부정보를 이용해 주식매각까지 하며 사회적 책임을 다하지 않았다.[134] 2014년 최은영 회장은 한진그룹의 조양호 회장에게 경영권을 넘겼고, 조양호 회장은 대한항공의 유상증자, 주주대출 등으로 약 1조 원 이상의 자금[135]을 한진해운에 투입해 경영정상화를 시도했지만 실패했다.[136] 이후 2016.4. 채권단에 자율협약을 신청하고 5,000억 원 자구안을 제시했다가 채권단으로부터 거절당하여 한진해운이 파산에 이르게 된 것이다.

정부는 한진해운 사태의 근본적 원인이 이러한 대주주 경영자의 판단 잘못으로 인한 '경영 실패'라고 규정하고, 국민 혈세를 투입하는 것은 도덕적 해이를 야기한다는 입장을 견지하며 한진해운 사태에 미온적 태도로 일관했다.[137] 언론과 국민들도 온통 표면적 원인인 경영진의 잘못에만 집중하며, 대주주를 대신해 국민 세금으로 기업을 살리는 것에 부정적 여론을 형성했다. 이것은 수십 년에 걸쳐 키워온 국적 원양컨테이너선사가 국가경쟁력에 없어서는 안 될 국가 기간산업이기 때문에 살려야 된다는 사실을 이해하지 못한 것이다. 또한 경영진의 잘못 이면에 있는 정부 정책의 실패[138]나 2자물류 자회사의 슈퍼갑질에 대해서는 관심을 갖지 않았다. 그러나 한진해운 사태의 진짜 근본적 원인을 이해하고 이를 개선하기 위한 국민공감대가 형성되지 않는다면 한국 미래를 좌우할 해운재건을 위한 실효성 있는 대안이 제시되기 어렵다.

2. 근본적 원인

가. 정부 정책의 실패

(1) 금융당국 정책의 실패(고액 용선료의 원인)

정부는 역대 세 번에 걸쳐 해운업 구조조정을 추진했는데, 첫 번째 구조조정(1984년)만 해운업 경쟁력을 강화시켰다. 그러나 해운업에 대한 이해도가 부족한 금융당국이 주도했던 두 번째와 세 번째 구조조정(1998년 및 2009년)은 오히려 해운업 경쟁력을 극도로 약화시켰고, 급기야 2017년에 한진해운이 파산토록 했다.

첫 번째 구조조정(1984년)과 관련하여, 정부는 오일쇼크 때문에 진행했던 '해운사업 합리화' 정책으로 63개 해운사들을 20개로 통폐합하여 선사의 대형화(규모의 경제화)를 유도했다. 그리고 정부는 세금 감면과 부채상환 연기 등을 같이 추진함으로써, 해운업이 1990년대에 비약적으

로 발전할 수 있는 계기를 마련했다.[139]

두 번째 구조조정(1998년)과 관련하여, 금융당국은 IMF 외환위기 이후 제조업 중심으로 적용된 200%의 부채비율을 해운업에도 동일하게 적용했다. 그러나 이것은 선박 가격이 척당 수백억 원 혹은 수천억 원을 웃도는 등, 해운업이 다른 제조업과 근본적으로 다른 자본집약적 산업이라는 특성을 이해하지 못했기 때문이다. 해운사들은 금융당국이 제시한 부채비율 200% 적용 때문에 현금유동성 확보로 채무를 줄이기 위해 보유 자사 선박을 매각했다. 1998~2001년 당시 125척(360만 톤)의 국내 선박이 헐값으로 해외 투자자에게 매각된 것이다.[140] 이후 해운사들은 부족한 선박을 확보하지 못한 채 호황기를 맞이했고, 부족한 선박량을 충당하기 위해 부채비율로 인식되지 않는 높은 용선료(선박 임대료)의 선박을 다수 확보할 수밖에 없었다. 결국 국적 정기선사들은 두 번째 구조조정으로 인해 2008년 글로벌 금융위기 이전에 많은 선박을 장기용선 형태(장기 선박임대 형태)로 확보하게 되었다.

세 번째 구조조정(2009년)과 관련하여, 2008년 글로벌 금융위기 이후 연쇄적인 지급불능 사태가 확산되자, 정부는 해운업 지원의 전제조건으로 부채비율 400%를 적용했다. 금융당국은 구조조정을 할 때 자국 선사의 경쟁력 강화보다 금융논리만을 앞세우며 채권 회수에 몰두했다. 다른 모든 주요 해운국들과 달리, 한국의 금융당국은 호황기에 투자하고 불황기에 자금을 회수하는 거꾸로 가는 지원정책을 펴서 자국 선사의 경쟁력을 약화시켰다.[141]

한편, 이미 두 번째 구조조정(1998년)으로 한진해운을 포함한 국적 정기선사들은 고액의 용선료(선박 임대료)를 주며 외국선사로부터 선박들을 대거 장기용선했기 때문에,[142] 해운 불황기를 맞아 원가경쟁력이 극도로 나빠진 상태였다. 일례로, 한진해운은 Seaspan으로부터 세척의 10,000TEU 선박을 하루 43,000달러에 빌렸는데, 한진해운이 벌어들일 수 있는 수입은 그것의 반도 되지 않았다. 그런데 불황기 때 운임은 큰 폭으로 추락해서, 용선한 선박 한 척당 하루 수천만 원씩 적자가 발생했다. 한진해운이 용선한 56척의 선박은 10년 동안 그 적자를 변제해야 하는 계약이 된 것이다. 결국 한진해운이 지불해야 할 용선료(선박 임대료)는 실제 벌어들일 수 있는 금액의 세배, 네배 수준이었고,[143] 적자가 수년간 누적될 수밖에 없었다. 이것은 이후 펼쳐진 글로벌 정기선사들의 치킨게임에 한진해운이 무너진 주요 원인이 되었다.

한편, 많은 자금을 요하는 선박 건조에는 선박금융을 활용한다. 통상적으로 다른 주요 해운국에서는 선박건조비용의 80% 정도가 금융으로 채워져 선박 인도 후 10년 정도의 기간 동안 분할상환을 하게 되고, 잘 확보된 용선계약(선박임대계약)에 의해 보증되어 단순한 채무로 계산되지 않는다. 그러나 이것을 단순한 일반 채무로 계상하여 부채비율 400%를 적용할 경우 국적선사는 선박발주를 하기 어렵다. 이러한 융통성 없는 규제 때문에 선박금융을 얻지 못해 선박을 발주할 수 없었던 국적(한국) 정기선사들은 외국선사로부터 계속 선박을 용선할 수밖에 없어, 원가구조가 개선될 수 없었다.[144]

2008년 이후 산업은행, 수출입은행[145] 등 한국 정책금융기관의 지원 실적을 보면 국적선사에 25억 달러를 지원한 반면, 외국선사에 124억 달러를 지원하며 국적선사를 역차별 했다. 특히 치킨게임을 주도하며 한진해운을 고사시켰던 덴마크의 세계 최대 정기선사인 머스크라인에게는 42억 달러를 금융지원 했다.[146] 즉, 한국 정책금융기관이 돈 대주어서 외국 정기선사가 선박을 건조하게 하고 한국 정기선사가 그 선박을 사용하기 위해 고액의 용선료를 내는 악순환이 반복된 것이다.[147] 이러한 역차별적 금융지원 등으로 한국 정기선사들의 경쟁력은 계속 약화되는 반면 외국 정기선사들의 경쟁력은 강화되어 격차가 벌어지게 된 것이다.

한국과 달리, 불황기인 2009년 이후 주요 해운국인 중국은 자국선사에게 최근까지 252억 달러를, 덴마크는 머스크라인에게 67억 달러를, 독일은 하파그로이드에게 27억 달러를 각각 지원하는 등 적극적인 해운산업 육성정책을 폈다.[148] 불황기에 자금을 회수하는 한국 금융당국의 구조조정으로 국적선사들이 유동성을 마련하느라 터미널과 같은 핵심 영업자산을 매각하며 원가구조가 악화되었던 것과 달리, 외국선사들은 자국 정부의 지원[149]으로 핵심 영업자산을 지키며 규모의 경제를 이루며 경쟁력을 키워나갔다. 이와 같이 불황기 때 글로벌 정기선사들은 한국 정책금융기관과 자국 정부의 이중 지원을 받으며 덩치를 키우고, 이를 바탕으로 치킨게임을 한 것이다. 반면 한국 정책금융기관은 금융논리를 앞세워 국적선사의 영업기반이 사라지게 하는 방식으로 구조조정을 단행함으로써, 외국선사와의 원가경쟁력 격차를 갈수록 벌어지게 한 것이다.

넷째, 금융당국은 약 3,000억 원 규모의 부족 자금을 대주주가 공급하지 않는다는 이유로 한진해운이 파산(2017년)토록 하여 연간 약 17조 원(직접적 피해금액)의 손실이 발생하고 117조 원 규모의 해운산업 전체가 고사하는 위기에 처하도록 했다. 더군다나 한진해운을 법정관리(회생절차)로 보낸지 3일 후 중소기업청에서 포워더(국제물류주선업체)들을 상대로 4,000억 원의 지원금을 풀었던 사실을 볼 때, 금융당국은 대주주인 한진그룹에 금융논리를 앞세운 자구책만 요구했을 뿐 법정관리 후폭풍에 전혀 대비하지 못했다.[150]

해운산업을 이해하지 못하는 금융당국은 분식회계[151] 문제까지 있었던 대우조선해양[152]에는 4조 2,000억 원을 지원한 이후 추가로 2조 원을 투입한 반면, 한진해운은 자구안 부족자금 3,000억 원을 지원하지 않고 한진해운이 파산토록 했다.[153] 금융당국과 채권단의 지원방식이 이렇게 다르게 추진되었던 것은 현대상선과 한진해운이 민간기업인 데 비해 대우조선해양은 국책은행 소유기업이라는 지배구조의 차이에서 비롯된 것으로 판단된다.[154] 국적 원양컨테이너선사가 국가 기간산업이며 조선업이 해운업 없이 독자생존 할 수 없는 해운 연관산업이라는 점에 대한 이해가 없었던 것으로 보인다.

결국, 한진해운 사태의 근본적 원인 중 하나는 해운산업을 이해하지 못한 금융당국[155]이 금융논리 중심의 근시안적인 구조조정 정책을 주도한 데에서 비롯된 것이라고 할 것이다.

(2) 공정거래위원회 정책의 실패(2자물류 자회사 갑질의 원인)

'3자물류'란 화주가 그와 특수관계[156]에 있지 않은 물류기업에 물류활동을 위탁하는 것을 말하며, 주로 중소기업에서 담당한다. 반면 회사 내 물류부서를 이용하는 것을 '자가물류'라고 하며 계열사를 이용하는 것을 '2자물류'라 하는데, 주로 대기업에서 담당한다. 2자물류 자회사는 주요 대기업 물류자회사로, 화주가 재화에 대하여 계열사인 물류회사의 시설, 장비, 인력 등을 사용하여 물류활동을 한다.[157] 현재 매출액 1조 원 이상의 물류기업 대부분이 재벌그룹의 계열회사인 대기업 물류자회사이다.[158]

그런데 물류산업의 내부거래 비중 및 금액은 다른 산업에 비해 매우 높다. 총수가 있는 기업집단의 경우 총수가 없는 기업집단에 비해 내부거래 비중이 특히 높다.[159] 대기업의 내부거래를 제재하기 위해 존재하는 규제로는, 상속세 및 증여세법 제45조의 3이 있는데, 특수관계 있는 법인(계열사 포함)의 매출액이 30% 이상일 경우 증여세를 부과한다. 그런데 증여세법 상의 규제 기준인 30% 비율에 도달하지 않기 위해 대기업 물류자회사가 계열사의 물량을 줄이는 것이 아니라, 3자물류의 물량을 덤핑으로 대거 흡수해[160] 전체 매출액 중 계열사 매출이 차지하는 비중을 '상대적으로' 낮춘다.[161]

대기업 물류자회사들이 3자물류에 진출해서 기존 화물들을 덤핑(저가)으로 빼앗아 물량을 대거 흡수하는 것[162]은 내부거래[163] 비중을 낮춰 공정거래위원회의 규제를 피하고자 하는 의도가 있다. 그러나 무엇보다 내부거래를 통해 2자물류 자회사를 단기간 내에 급성장시키는 이유 중 하나는 상속과 경영권에 필요한 자금을 모으고, 대기업 오너 자녀에게 '경영권 승계'를 할 수 있는 통로가 되기 때문이다.[164]

대기업 물류자회사들은 모기업(계열사 포함)의 물량과 3자 물량을 흡수해 시장지배력과 운임협상력을 높인 후, 오랫동안 국적선사에게 원가 이하로 적자운송을 강요해 왔다. 이렇게 2자물류 자회사들이 급성장하기 위해 국적선사들의 재무구조가 악화되는 희생이 따른 것이다.[165] 결국 대기업 물류자회사들이 오랜 기간 국적선사들에게 운임 인하를 강요하는 등의 슈퍼갑질을 해온 것도 한진해운 파산의 근본적 원인 중 하나였다는 것이 해운업계의 전반적인 시각이다.[166]

이와 같이 대기업 물류자회사가 시장지배적 지위를 남용하면서 오랜 기간 해운시장을 왜곡하는 한국에만 있는 기형적 물류현상은 공정거래위원회의 일감 몰아주기 규제가 가져온 부작용에서 연유한다.[167] 공식명칭이 '몰아주기' 금지임에도 불구하고, "계열사에 물량 100%를 모두 줘도 받는 회사에서 100%에 미치지 않는다면 문제가 되지 않는다"는 형식 논리적인 정책의 부작용[168]인 것이다.[169] 결국, 대기업 물류자회사는 운임 덤핑을 하며 3자 물량을 대거 흡수하기만 하면 일감 몰아주기 규제를 피해갈 수 있으므로, 부의 일방적인 상속을 방지하기 위한 공정거래위원회의 정책적 목표도 달성하지 못할 뿐만 아니라 정책 실패의 부작용이 해운산업 자체를 고사시키는 주요 원인 중 하나가 된 것이다.

(3) 해양수산부의 약한 위상(컨트롤타워 부재)

한진해운 사태 당시 정부 부처 가운데 해양수산부(해운업의 주무부서)[170]의 위상은 결코 높지 않았다.[171] 1996년 설립된 해양수산부는 2008년 폐지되면서 국토해양부와 농림수산식품부로 그 기능이 이원화 되어 해양수산업무가 분산수행 되었다가, 2013년 부활했으나 부처 내 위상은 여전히 밑바닥이었다.[172]

한진해운 사태의 소관 부처는 기획재정부(전체 조율), 해양수산부(해운), 금융위원회(구조조정) 3곳이었다.[173] 그러나 한진해운에 대한 법정관리가 금융위원회와 채권단 주도로 진행되면서 항만, 물류 분야를 책임지고 있는 해양수산부는 논의 구조에서 소외되었다. 한진해운 구조조정 논의가 시작된 이후 해양수산부는 진행된 내용 자체를 알지 못하고 언론 등을 통해 겨우 분위기 정도만 파악할 수 있을 정도로 금융당국 주도의 구조조정에서 들러리에 불과하고 목소리가 묻혀버렸다. 이렇다 보니, 한진해운 사태에 따른 후속대책 마련도 이루어지지 않아 한국해운이 전 세계 화주의 신뢰를 잃어버리게 된 것이다.[174] 즉, 관계당국 간 소통 부재, 정부 부처 간 높은 칸막이로 인한 '고립형 정책'과 해양수산부의 낮은 위상으로 인한 전문성 있는 컨트롤타워 부재가 한진해운 사태의 원인 중 하나인 것이다.[175]

예산 집행권을 쥐고 있어 입김이 매우 강한 집행부처인 금융당국의 담당자들은 금융 및 제조업을 중심으로 구성되어 해운산업을 이해하지 못하기 때문에, 해양수산부가 입안한 해상 정책이 유명무실하게 되는 경우가 많다.[176] 이로 인해 해상정책에 관한 부처 간 합의가 매우 어렵고 업무 협조도 쉽지 않아 지속적인 엇박자로 문제가 방치되고 해결할 수 있는 골든타임을 놓치게 한다.

결국 해상정책에 있어서 전문성 있고 힘 있는 컨트롤타워가 없기 때문에 다른 주요 해운국들처럼 국적선사의 경쟁력을 키울 수 있는 정책적 지원과 선제적 구조조정을 하지 못한 것이고, 글로벌 정기선사와의 격차가 점점 심해지다가 한진해운 사태가 발생한 것이다.

한편, 한진해운 사태의 결정 과정에서 정부 부처 내 위상이 약한 해양수산부의 목소리가 묻혀 버렸다면, 해운산업의 중요성에 대해 국민이 이해할 수 있도록 공개적으로 논의하고 국민적 공감대를 모았을 필요가 있었던 것으로 보인다.[177]

나. 2자물류 자회사의 슈퍼갑질

(1) 유례없는 기형적 물류

대부분의 선진국에서는 재벌 시스템이 없다. 한 기업의 대주주가 자신과 특수관계인이 대주주로 있는 기업에 일감을 몰아주면서 자신과 특수관계자의 사익을 극대화하는 기업문화를 찾아보기 힘들다.[178] 2자물류[179]는 한국의 대기업(재벌)이 내부거래(일감 몰아주기)를 확대하기 위해 인위적으로 거대하게 발전시킨 기형적 물류 형태로써,[180] 세계에서 유례가 없는 독특한 물류구조이다.[181] 즉, 전 세계 어느 국가를 봐도 한국처럼 모든 대기업이 물류회사를 만들어 일감을 몰아주는 곳은 없다.[182] 삼성은 삼성SDS, 현대는 현대글로비스, LG는 판토스, 한화는 한익스프레스, 롯데는 롯데로지스틱스 등을 두고 있다.

2자물류 자회사는 대부분 물류업무를 직접 처리하지 않고 중간수수료를 받는 영업 형태를 가진다. 즉, 2자물류 자회사가 대기업 화주와 선사 사이에 물류주선업자로 위치하면서 일종의 통행세(재하청을 통한 세금계산서 장사)를 받는 역할을 하기 때문에, 국가 물류비 상승의 주요 원인이 되고 있다.[183] 그리고 큰 자본이 필요한 한국 정기선사와 대조적으로, 2자물류 자회사는 물적 설비에 대한 고정비 부담이 낮고 단기간 내에 회사를 쉽게 설립하여 성장시킬 수 있다.

한국과 달리, 다른 국가의 세계적인 물류회사들은 3자물류기업으로 성장했다. UPS, DHL Fedex 등은 태생부터 3자물류기업으로 성장하면서 전 세계 서비스망을 확보하고 M&A 등을 거치면서 규모를 확장했다.[184] 한국 대기업 물류자회사 7개사 매출을 합해도 세계적인 물류기업 절반에 불과하다. 세계적인 물류기업은 육상 및 항공 등 물류수송수단을 활용해 직접 물류업무를 진행하나 한국의 2자물류 자회사들은 주요 업무영역이 물류주선업에 한정되다 보니 국제적으로 성장하는 데 한계가 있다.[185] 3자물류가 생산성, 전문성 및 효율성이 높아 2자물류보다 바람직한 물류구조인 것이다. 최근 세계은행이 발표한 LPI(물류성과지수)에 따르면 한국은 2016년 24위에서 올해 25위로 하락한 반면 일본은 12위에서 5위로 급등했다. 일본을 비롯해 상위 10위권에 포함된 유럽 국가들의 공통점은 높은 3자물류 비중이다.[186] 그러나 한국에서는 기형적인

내부거래 확대로 2자물류가 거대하게 발전되어 3자물류 발전의 기회를 앗아갔다.[187]

(2) 경영권 승계자금 통로

한국의 재벌들은 부의 증식과 증여를 위해 '일감 몰아주기'라는 기법을 애용하고 있다.[188] 특히 2자물류 자회사는 일감 몰아주기를 통한 편법적 경영권 승계자금의 통로로 쓰이고 있다. 오너 일가가 대주주로 참여하는 대기업 물류자회사를 설립한 뒤 대기업 그룹사의 전폭적인 일감 몰아주기로 2자물류 자회사를 폭발적으로 성장시킨 이후 배당금과 지분매각으로 현금을 확보해 2세 경영진이 주력 계열사의 지분을 매입하는 방식으로 활용되는 것이다.[189] 이것은 일감 몰아주기로 손쉽게 재산을 불려 대기업 후계자에게 증여하는 것과 유사한 효과가 있지만, 상속세나 증여세를 회피할 수 있는 변칙적인 부의 대물림 수단으로 활용되는 것이다.

2자물류 자회사 중 현대기아자동차의 일감 몰아주기로 급성장한 업계 1위 현대글로비스 사례를 보면 이것을 명확히 알 수 있다.[190] 현대글로비스는 2001년 회장과 부회장이 각각 10억 원, 15억 원을 출자해서 만들었고, 2005년 상장 시 투자 자본금은 60억 원에 불과했다. 그런데 2004~2016년까지 현대글로비스의 회장과 부회장은 2,316억 원을 배당으로 가지고 가고, 일감 몰아주기로 현대글로비스를 급성장시킨 후[191] 지분을 낮추기 위해(지분율을 30% 이하로 낮춰 공정거래위원회 규제를 피하기 위함) 2015년 주식매각으로 1조 1,576억 원을 가지고 갔다. 이 둘을 합치면 2자물류 자회사 내부거래를 통해 대기업 오너 일가가 챙겨간 배당금만 1조 3,892억 원에 달한다.[192]

    2자물류 자회사 중 판토스도 경영권 승계자금의 통로로 사용되기는 마찬가지이다. LG그룹 회장이 판토스 지분을 사들였던 상무일 당시(2015년 1월), LG계열사를 통한 일감 몰아주기로 판토스가 급성장하여 상장되고 차익실현을 통해 경영권 승계자금이 마련될 것이라고 업계에서 이미 예측하고 있었다.[193] 예상대로 판토스는 초고속 성장을 거듭했다. 회장이 주식을 사고 불과 10개월 만에 LG전자는 물류회사 하이로지스틱스 주식 100%를 판토스에 넘겼다. 판토스는 손쉽게 LG그룹 주력사 물류를 독점할 수 있게 되었다. 전자 뿐 아니라 화학, 디스플레이, 하우시스 등 한 해 매출 수십조 원 대의 그룹 계열사들이 앞을 다퉈 판토스에 일감을 몰아주었다. 2014년 1조 2천억 원이었던 판토스 매출액은 불과 3년 만에 3조 6천억 원으로 껑충 뛰어 올랐다. 매출 3조 6천억 원 중 LG계열사로부터 올린 매출만 2조 6천억 원, 즉 81%에 달한다. 최근 LG그룹 재벌 오너들은 주식을 매각했는데,[194] 적어도 천억 원 이상 많게는 수천억 원에 달하는 차익을 남겼을 것으로 보인다. 이것은 일감 몰아주기로 급성장한 2자물류 자회사가 경영권 승계자금을 마련하려는 당초 목적대로 그 역할을 다한 것이다.[195]

    2자물류 자회사가 경영권 승계 수단이 되기 위해서는 급성장을 해야 하는데, 이를 위해 3자물류의 화물을 덤핑으로 대거 흡수하고 계열사들이 일감을 몰아줌으로써 시장지배적 지위를 형성해야 한다. 현대글로비스, 판토스, 롯데로지스틱스, 삼성SDS(물류부문), 삼성전자로지텍, 한익스프레스, 효성트랜스월드 등 7개 대기업 물류자회사들의 일감 몰아주기 그룹(계열사) 의존도는 평균 77%에 이를 정도로 높다.[196] 구체적으로, LG그룹 계열 물류회사인 판토스의 내부거래 비중은 60%이고, 삼성그룹 계열 물류회사인 삼성SDS, 삼성전자로지텍은 각각 75.58%, 88.74%이며, 롯데로지스틱스는 90.89%에 달한다.[197]

이렇게 7개 대기업 물류자회사들의 매출은 2000년 기준 3,000억 원에서 2015년 기준 23조 9,000억 원으로 15년 만에 72배 급성장했다.[198] 이 과정에서 삼성전자로지텍은 지난 2003년 대비 2017년 매출액이 330.9% 증가했고, 롯데로지스틱스는 6,267%라는 폭발적인 성장세를 보였다.[199] 롯데로지스틱스의 2005년 매출액이 40억 원 규모에 불과했으나, 2016년 기준 3조 1240억 원으로 급성장했다.[200]

이렇게 급성장하여 시장지배적 지위를 형성한 2자물류 자회사들은 아래에서 보는 바와 같이 고질적인 관행으로 국적선사 등에게 적자운송을 강요하며 해운시장을 왜곡해 왔다. 이에 따라 2자물류 자회사가 15년간 72배 성장한 것과 대조적으로, 해운업계의 성장세는 2000년부터 15년간 2.3배에 그치고,[201] 해운업계의 매출은 2010년 기준 44조 원 규모에서 2017년 기준 28조 원 규모로 급감하며, 2010년 이후 매출이 크게 하락했다.[202]

(3) 컨테이너 물동량 83%

지난 2015년 현대글로비스 등 국내 7대 2자물류 자회사들이 처리한 컨테이너 수출 물동량은 611만 개에 달한다. 이는 같은 해 전체 컨테이너 수출 물동량 732만 개의 83%에 이르는 절대적 수치다. 이 같은 물량 쏠림 현상은 모기업의 일감 몰아주기로 규모를 키운 2자물류 자회사들이 시장지배력을 남용하여 3자물류 물량마저 저가(덤핑)로 빼앗기 때문이다.

한국선주협회에 따르면 지난 2015년 7대 2자물류 자회사들이 취급한 수출입 물량 764만 개 가운데 자사 물류는 287만 개(37.6%)다. 나머지 477만 개(62.4%)는 제3자 물량이다. 대기업 물류자회사들이 전체 매출 가운데 계열사 물량을 30%로 제한한 규제를 피하기 위해 3자물류기업의 일감을 덤핑으로 가져가는 것이다.[203]

그런데 한국의 국적선 적취율이 세계 최하위 수준인 것으로 나타났다.[204] 국적 원양컨테이너선사들의 자국 화물 적취율이 13%에 불과하며,[205] 나머지는 외국선사들이 이용된다는 얘기다. 그렇다면 한국 전체 컨테이너 물동량의 83%를 7대 2자물류 자회사가 처리하고 있는 바, 2자물류 자회사들은 전체 자국 물량 중 70% 이상을 외국 정기선사에게 주고, 13% 이하의 물량만 국적 정기선사에게 준다는 것을 추론할 수 있는 셈이다.

이것은 일본 정기선사 NYK, MOL, 케이라인 등의 자국 화물 적취율이 62%에 달하고, 수입 의존도가 높은 철광석·석탄·원유 등의 화물 적취율이 90%에 육박하면서, 일본 선화주가 상생하는 것과 매우 대조적이다.[206]

결국 해운재건의 관건인 국적선 적취율을 올리는 문제는 2자물류 자회사가 갖고 있는 83%의 컨테이너 물동량을 어떻게 국적선 적취율과 연계시킬 수 있느냐의 문제로 귀결된다.

(4) 슈퍼갑질(불공정행위)

일감 몰아주기와 덤핑 등으로 83%의 물동량을 확보한 2자물류 자회사들은 국적선사 등에게 적자 운송 강요 등 부당한 슈퍼갑질을 오랫동안 해왔다. 그러나 국적 정기선사 등은 이러한 부당한 운임 인하 강요를 수용할 수밖에 없는 실정이었다. 왜냐하면 2자물류 자회사들은 절대적인 시장지배자적 지위에 있었고, 국적 정기선사는 물량을 확보하지 못할 경우 정시성을 지키기 위해 빈 선박으로 운항할 수밖에 없어 고정비 부담이 더 커지는 어려운 상황에 있었기 때문이다.

2자물류 자회사들의 슈퍼갑질로는 다음과 같은 전형적인 사례들이 있다. 첫째, 온라인 입찰시 신호등 체계를 운영하면서 그들이 생각한 운임보다 높게 나올 경우 적색신호등을 표시하여 운임인하를 강요한다.[207] 둘째, 할증료 전체를 운임에 포함시키는 총비용 입찰(할증료 삭감을 하는 총액운임)을 강요한다. 셋째, 최저가 입찰계약을 해도 계약내용을 수시로 변경[208]하여 운임인하 추가압박을 하며 불응 시 계약을 파기한다. 넷째, 이러한 요구를 거부하거나 비협조적인 선사에 대해서는 입찰참여를 원천적으로 봉쇄한다. 다섯째, 부당한 입찰에 불참할 때는 외국 정기선사를 이용하겠다며 국적 정기선사들을 압박한다. 여섯째, 운임인하를

목적으로 외국 정기선사의 운송 비중을 확대한다.[209]

2자물류 자회사들이 국적선사에게 자행하는 슈퍼갑질은 불공정거래행위에 해당하는 것으로 보이나,[210] 정작 국적선사는 이러한 행위에 대해 쉽사리 항의하거나 신고할 수 없으며 적자운송을 할 수밖에 없는 구조이다. 이미 '갑을' 관계가 명확한 상황에서 공정거래법 위반 등으로 화주를 신고하는 것은 '화주와 거래를 끊겠다'는 선전포고와 같기 때문이다.[211]

구체적 사례를 보면, 2자물류 자회사가 중국 수입화물을 운송하던 국내 A선사에 컨테이너 1TEU당 220달러이던 운임을 50달러로 대폭 낮출 것을 강요했고, 국내 A선사가 이를 거절하자 2자물류 자회사는 선사를 교체했는데,[212] 이러한 경우가 비일비재하다.

또한 국적선사에서 2자물류 자회사의 갑질에 대한 고충을 해결하기 위해 한국선주협회에 알리거나 부당한 운임인하 압력을 거절할 경우, 다른 선사의 본보기로 삼기 위해 2~5년간 비딩 참여가 원천 봉쇄된다. 2자물류 자회사의 갑질 횡포를 방지하기 위해 국적선사에서 합심하여 '정당한 계약을 하지 않으면 입찰에 불참 하겠다'고 하면, 2자물류 자회사에서는 모든 물량을 외국선사에 넘기겠다며 위기감을 조성한다. 실제 인트라아시아 국적선사(국적 근해컨테이너선사)들이 부당한 운임 인하에 반발하자 2자물류 자회사들은 외국선사(머스크라인의 자회사인 MCC와 중국선사)에게 주는 운송물량 비율을 대폭 확대했다.[213]

결국 2자물류 자회사들이 급성장하기 위해 고질적 병폐로 자행한 슈퍼갑질들은 국적선사들의 재무구조를 크게 악화시키며 한진해운 파산의 근본적 원인 중 하나로 작용했다.[214] 또한 수조 원의 국민혈세가 투입되는 해운재건에서 가장 큰 걸림돌이 되는 것도 2자물류 자회사들이 갖고 있는 전체 컨테이너 물량 83% 중 대부분을 외국선사에게 몰아주는 것인데, 이것은 갑질의 연장선상인 측면도 있다고 보인다.

VI. 해운재건의 기존 주요정책 및 평가(문제점)

1. 한국해양진흥공사의 설립

한국해양진흥공사법이 2017년 12월에 제정됨에 따라, '해운산업 재건'을 목표로 2018년 7월 법정 자본금 5조 원 규모의 해양진흥공사(해양수산부 산하 공공기관)가 설립되었다. 해양진흥공사는 해운업계에 특화된 해운산업 전담지원기관으로서 해운산업에 대한 정책지원과 금융지원을 종합적으로 수행하며, 보증 및 투자 등에 참여해 해운재건에 필요한 자금조달에 도움을 주는 역할을 한다. 즉, 여러 기관에 분산되어 있던 정책과 금융 기능을 연계하는 '원스톱 서비스' 역할을 하며, 선박 터미널에 대한 투자, 보증 등의 금융업무와 함께 해운거래 관리·지원, 친환경선박 대체 지원, 한국해운연합 지원 등 종합적인 업무를 수행하게 된다.[215] 특히 국적 원양컨테이너선사 선대 확충의 핵심 사업을 집중적으로 지원하고, 중소형 선사 지원 등 금융 사각지대를 해소하는 역할도 예정되어 있다.[216]

그런데 해양진흥공사는 투자와 보증의 기능만 할 수 있을 뿐,[217] 대출 기능이 없는 한계가 있다.[218] 그 동안 국적선사에 대한 리스크를 이유로 홀대해온 금융권에서 해양진흥공사 설립을 빌미로 기존 선박금융 프로그램을 축소하거나 회피할 수 있다는 우려가 제기되고 있다. 이것은 기존의 선박금융에 추가해서 국적선사들을 지원하겠다는 해양진흥공사의 설립취지를 무색하게 만드는 것이다.[219] 따라서 해운재건을 위해서는 해양진흥공사의 지원과 별개로 '장기계약에 기반 한 민간금융(금융권의 선박금융프로그램)'의 활성화 방안도 모색할 필요가 있다.

또한 해양진흥공사는 법정자본금 5조 원에 훨씬 못 미치는 3조 1,000억 원 규모로 출범했는데,[220] 초기 납입금 3조 1,000억 원은 해양진흥공사로 흡수·통합된 한국선박해양, 한국해양보증보험, 해운거래정보센터 자본금과 정부 항만공사 지분 및 해양수산부 예산 등으로 마련되었다.[221] 그렇기 때문에 해양진흥공사의 초기 자본금 대부분이 현물출자(금전 이외의 재산을 목적으로 하는 출자)로 이뤄져 해운재건을 위한 자금 조달에 차질[222]이 많은 상황이다.[223]

한편, 현재 해양진흥공사의 1대주주는 지분 40.7%를 보유한 기획재정부이다. 뒤를 이어 산업은행 22.6%, 수출입은행 19%, 해양수산부 12.4%, 캠코(한국자산관리공사) 3.6% 순이다.[224] 즉, 해양진흥공사가 입안하는 해운재건 정책도 금융당국의 영향을 상당히 많이 받을 수밖에 없는 구조이다.

실제 가용할 수 있는 현금이 거의 없는[225] 해양진흥공사가 출범한지 반년도 되지 않아 최근 '자금 부족'을 호소하며 국회에 예산 증액(1,000억 원)을 요구하는 상황이 벌어졌다. 그러나 해양진흥공사의 추가 국비 투입 요청에 대해서는 돈줄을 쥐고 있는 금융당국이 부정적인 태도를 보이며 눈을 감고 있는 형국이다. 자금이 부족한 해양진흥공사가 모든 자금을 '현대상선 살리기'에 사실상 '올인' 하는 모습을 보이고 있고, 2019년에는 현대상선 적자를 메꾸기 위해 현대상선 채권 매입에만 5,000억 원을 사용할 예정이기 때문인 것으로 보인다.[226]

그러나 이것은 3,000억 원 규모의 자금 부족 때문에 연간 17조 원(직접적 피해금액)의 손실을 발생시키며 한진해운 파산을 결정한 금융당국의 정책 실패가 되풀이 되는 것이 아닌지 우려된다. 국가 기간산업이자 전방산업인 해운업을 살리지 못하면 117조 원 규모의 해운산업 80% 이상을 차지하는 조선업과 항만업(해운연관사업)도 독자생존 할 수 없을 뿐만 아니라 한국도 국가경쟁력을 잃게 될 우려가 큰데, 금융당국은 해운업을 살리지 못할 경우의 심각한 상황(제2의 한진해운 사태)에 대해 인지하지 못하는 것으로 보인다.

물론 연속 적자를 이어가는 국적 원양컨테이너선사(현대상선)의 손실을 메꾸기 위해 혈세를 투입하면서 무한정 공적자금에 기댄 산소호흡기를 유지할 수만은 없다. 그러나 지금 이 상태로 산소호흡기를 뗄 경우 국적 원양컨테이너선사(현대상선)가 즉시 파산할 뿐만 아니라 그 순간 99.7%를 해상무역에 의존하는 한국의 미래 국가경쟁력도 함께 잃게 된다. 그렇기 때문에 해운재건의 어려운 여건 속에서도 국적 원양컨테이너선사(현대상선)가 스스로 자생할 수 있도록 국적선 적취율을 올릴 수 있는 강력한 정책적 대안이 조속히 제시되고 실행되어야 하는 것이다.

결국 해운재건의 성공 여부를 좌우하는 골든타임인 이 시기에 해양진흥공사가 그 역할을 다 할 수 있도록 금융당국이 재정적으로 뒷받침해야 하는 동시에, 혈세가 필요 최소한으로 투입될 수 있도록 즉각적인 효과가 있는 국적선 적취율 제고 방안이 신속히 마련되어야 한다.

2. 해운재건 5개년 계획(선박 확충, 화물 확보, 경영 안정화)

정부는 한국 해운업을 살리기 위해 ① 경쟁력 있는 선박 확충,[227] ② 화물 확보 지원, ③ 경영 안정 지원을 축으로 하는 '해운재건 5개년 (2018~2022년) 계획'을 2018.4. 발표, 확정했다.[228] 해운산업 내부적으로는 「화물 확보 → 저비용, 고효율 선박 확충 → 경영안정 및 재투자」, 외부적으로는 「안정적 수출입 화물 운송 → 해운산업 재건 → 조선 수주 확대」로 이어지는 '이중 선순환 체계' 구축을 목표로 한 것이다.[229] 해운재건 5개년 계획에서도 해운재건의 선순환 체계 구축을 위해서는 안정적인 화물 확보(국적선 적취율 제고)가 그 시발점인 것을 알 수 있다.

계획에 따르면 정부는 한국해양진흥공사 등을 통해 2020년까지(3년간) 초대형 컨테이너 선박 20척을 포함한 총 200척 이상의 발주 투자를 지원하고[230] 총 8조 원(민간·공공 합산)의 투자를 하기로 했다.[231] 구체적으로 140척의 벌크선과 2만 3,000TEU급 초대형 컨테이너선 12척, 1만 4,000TEU를 적재하고 파나마 운하를 통과해 미국 동해안까지 서비스할 수 있는 원양컨테이너선 8척을 건조할 계획이다. 또 중소형 정기선사들이 아시아 역내 서비스를 하면서 틈새시장을 개척할 수 있도록 중소형 컨테이너선도 40척 이상 건조할 계획이다.[232] 세계 14위 규모인 현대상선이 초대형 컨테이너 선박 20척(2만 TEU급 이상 12척, 1만 4,000TEU급 8

척)을 인도받음으로써 10위권 선사로 키운다는 복안이다.[233]

그런데 현대상선이 인도받을 초대형 컨테이너 선박 20척에 대한 신규 투자 금액은 3조 1532억 원으로, 최근 사업연도 말 현대상선 자기자본의 3.5배가 넘는 투자 규모이다.[234] 이러한 대규모 투자를 하는 이유는, 대형 컨테이너선이 연료 효율이 높고 일반 컨테이너선보다 운송원가가 30% 정도 낮아서 원가경쟁력을 높일 수 있기 때문이다.[235] 만일 대형 컨테이너선을 확보하지 못할 경우, 글로벌 정기선사와의 경쟁이 불가능하고 비용절감을 극대화할 수 있는 얼라이언스 가입도 어렵기 때문에, 해운재건의 필요조건으로서 대규모 자본을 들여 선박을 확충하는 것이다. 문제는 이러한 대규모 선대 확보가 한국 해운재건을 위한 필요조건임은 틀림없으나 충분조건이 될 수 없다는 것이다.

현대상선이 선대를 늘리는 동안 글로벌 정기선사와의 격차가 좁혀지지 않았다. 지난 2년간 머스크라인(391만 TEU→401만 TEU), MSC(278만 TEU→324만 TEU), 코스코(155만 TEU→281만 TEU), CMA CGM(230만 TEU→265만 TEU), 하파그로이드(91만 TEU→157만 TEU) 등 글로벌 주요 정기선사 대부분은 선복량(화물적재용량)을 크게 늘렸다.[236] 현대상선이 초대형 컨테이너선 20척을 인도 받아도 선복량이 82만 TEU 수준인데, 이 정도 규모를 갖고는 글로벌 컨테이너선 시장에서 단독으로 운항할 수 없을 뿐만 아니라 얼라이언스에 끼워주지 않고 오히려 컨테이너선 시장에서 퇴출하려는 시도들이 이어질 우려가 있다.[237]

다음으로, 일정 수준 이상의 화물적취(물동량 확보)가 이루어지지 못할 경우, 정시성 때문에 계속 운항할 수밖에 없는 정기선사 특성상 오히려 고정비와 관리 부담만 크게 늘어 선박 확충이 국적선사의 수익률을 더 나쁘게 만드는 독이 될 수 있다.[238]

또한 현대상선에 대한 6조 원 규모의 정부 지원이 사실상 대출로 이루어져 빚 부담으로 재무구조가 나빠질 우려가 크지만, 정부지원 이후에는 현대상선 스스로 이익을 내서 해결해야 한다는 '원칙론' 이외에는 이를 개선하기 위한 뾰족한 대책이 없는 상황이다.[239] 초대형 컨테이너선 20척 발주에 들어간 3조 1,532억 원 중 일부도 현대상선이 부담해야 한다. 관련업계에서는 약 10%인 3,000여억 원을 현대상선이 투자하고, 나머지 90%는 정부가 보증과 정책금융 등을 통해 지원할 것으로 보고 있다. 즉, 연속 적자(매년 약 5,000억 원의 손실)[240]를 면하지 못하는 현대상선의 재무 상황이 갈수록 악화될 것이라는 얘기다.[241] 결국, 현대상선의 경영 환경이 더욱 악화될 가능성이 크고 특단의 대책이 없는 한 경영 안정화를 위해 앞으로도 혈세로 적자를 메울 수밖에 없을 것으로 보인다.

그런데 재무상태가 부실한 정기선사는 그 생존에 필수불가결한 얼라이언스에 가입하기 어렵다. 따라서 2M과의 전략적 협력관계가 종료되는 2020년 3월까지 현대상선은 선박 확충으로 고정비 부담이 2배 이상 늘은 상태에서도 흑자를 낼 수 있는 정책적 대안(안정적인 화물적취 방안)이 절실히 필요하다. 결국, 골든타임(2020년 3월) 내에 국적선 적취율을 올릴 수 있는 효과적인 제도적 장치가 마련되지 못할 경우, 대규모 선박 확충이 오히려 유일하게 남은 국적 원양컨테이너선사의 몰락을 촉진하고, 투입된 수조 원의 혈세도 의미 없게 낭비되며, 한국의 국가경쟁력도 상실될 것이다. 반면 안정적인 화물적취 방안이 마련될 경우, 선박 확충이 국적선사의 원가경쟁력을 크게 높이며 해운재건 선순환 체계의 시발점이 될 수 있을 것으로 기대된다.

결국, 혈세가 투입된 선박 확충이 국적선사의 원가경쟁력이나 경영 안정화에 기여할 수 있기 위해서는 안정적인 화물 확보 방안(국적선 적취율 제고 방안)이 병행되어야 한다. 그렇지 못할 경우 적자를 메꾸기 위한 혈세만 낭비되는 악순환만 거듭될 뿐이다. 즉, 현재와 같이 국내 국적선사들의 적취율이 세계 최하위 수준을 벗어나지 못할 경우, 아무리 정부가 국적 원양컨테이너선사인 현대상선에 막대한 혈세를 쏟아 붓고 있어도 흑자를 내기에는 역부족인 상황이 지속될 수밖에 없다. 결국 국적선 적취율을 끌어올리기 전에는 국내선사들의 경쟁력 회복이 요원하기 때문에 '해운재건 5개년 계획'도 유명무실할 뿐이라는 것이 해운업계의 지적이다.[242] 그런데 최근 해운재건의 관건인 국적선 적취율 제고 방안(선화주 상생정책)으로 ① 선화주 상생협약, ② 우수 선화주 인증제도와 상생펀드, ③ 장기운송계약 모델 개발이 논의되고 있다. 그러나 국내 선화주 간 상생이 어려운 여건을 고려할 때 선화주 상생정책의 실현가능성이 그렇게 높아 보이지 않는다는 논란이 있는 바,[243] 아래에서 살펴보겠다.

3. 선화주 상생정책

국적선사의 안정적 수입원 확보를 위해 국적선 적취율(국내 화주가 국내선사에 화물을 맡기는 비율)을 올리려는 선화주 상생정책으로 ① 선화주 상생협약, ② 우수 선화주 인증제도와 상생펀드, ③ 장기운송계약 모델 개발이 논의되고 있다.

첫째, 선화주 상생협약은 2018년 10월 23일 한국선주협회, 한국해운연합(KSP)과 2자물류 자회사인 현대글로비스, 판토스, 삼성SDS 사이에 체결된 '선화주 기업 상생협력을 위한 업무협약'이다. 국내선사는 효율적인 해상운송을 위해 노선 신설과 서비스 공급망 확대에 힘쓰고 화주는 신규 노선을 유지하는 데 필요한 최소 화물을 보장하는 데 협조한다는 업무협약이다. 다만, 2자물류 자회사 측은 국내선사의 서비스 경쟁력 향상이 지속적인 협력을 위한 전제조건임을 밝히면서, 글로비스는 운임경쟁력을, 삼성SDS는 IT(정보기술)경쟁력을 요구했다.[244]

둘째, 상생펀드는 선화주, 조선사가 공동으로 선박 투자에 참여해 선박 신조에 따른 수익을 공유하는 펀드이다. 해운재건 5개년 계획 발표 당시 1조 원 규모의 상생펀드를 조성하고, 펀드의 안정성 확보를 위해 해양진흥공사가 보증을 하며, 상상펀드에 참여하는 화주에게 우대 혜택을 주겠다고 밝힌 바 있다. 펀드 자금으로 선박을 발주하고 선박 이용에 따른 수익을 투자자에게 배당금 형태로 지급하는 구조이다.[245]

'우수 선화주 인증제도'는 우수 선화주 인증을 받은 업체에 대해서는 선화주 공통으로 인증 등급에 따라 항만시설 사용료를 30~50%까지 감면해주고, 통관절차를 간소화하여 통관시간을 줄여주며, 보증료율을 인하해 주는 등 인센티브를 제공하는 제도이다. 정부가 상생 협력 정도에 따라 등급을 부여하고 차별적 인센티브를 제공해 선화주 간 상생 협력을 독려하겠다는 취지다. 감면 받은 항만시설 사용료의 절반은 해양진흥공사가 운영하는 상생 협력자금으로 조성된다.[246] 그리고 향후 '우수 선화주 인증제도'를 '상생펀드'와 연계할 방침이다.[247]

셋째, 장기운송계약이란 해상운송이 요구되는 국제교역에서 화주와 선주 사이에 체결되는 장기간에 걸친 운송계약을 말하는데, 영업구조상 장기운송계약을 맺기 어렵고 통상 1년 미만의 계약이 일반화된 컨테이너선 시장에서 3~4년짜리 장기운송계약 모델을 개발하면서 표준계약서를 보급하는 정책을 추진한다.[248] 우리나라 컨테이너 화물 해상운송계약은 주로 미국 수출화물에 적용되는 1년 장기계약, 유럽 수출화물에 적용되는 3~6개월짜리 입찰 계약, 아시아 중심의 1회성 단기계약 등 크게 3가지로 구분된다. 구체적으로, 한국 수출입화물의 77~78%는 1회성 단기계약이며 12~13%가 미국 장기계약, 8~9%가 입찰 계약 등으로 구분된다. 국적선 적취율을 높이기 위해 3개월 이상 장기계약은 운임공표제 의무의 예외로 해주는 유인책을 쓰고 있지만 효과는 미미한 상황이다.[249] 또한 국적 정기선사가 이러한 장기운송계약을 갖지 못한 것이 기존 금융 프로그램 이용을 어렵게 하는 이유 중 하나가 되기도 하다.[250]

선화주 상생정책으로 논의되고 있는 ① 선화주 상생협약, ② 우수 선화주 인증제도와 상생펀드, ③ 장기운송계약 모델 개발의 공통점은, 외국선사 대신 국적선사를 선택할 경우 화주에게 인센티브를 통한 더 큰 이익이 확보될 것이라는 시장경제원리가 작동하는 제도들이라는 것이다. 즉, 기업의 본질은 이윤 창출이기 때문에 시장경제원리에 기한 무한경쟁 체제에 따라 국적선사의 경쟁력 열위를 상쇄할 만큼 큰 이익을 인센티브를 통해 부여하겠다는 취지인 것으로 보인다.

문제는 국내선사의 운임은 외국선사에 비해 20% 이상 비싸고 커버리지(노선 서비스)도 외국선사의 60% 수준에 불과한데,[251] 이러한 격차를 기존에 논의되는 선화주 상생정책만으로는 상쇄하기 어렵다는 것이다. 선화주 상생정책의 구체적인 문제점으로는 다음과 같은 점들이 있다.

첫째, 원양항로 노선 1개를 신규로 만드는 데 선박과 네트워크 구축비용만 1조 원이 넘게 들어가는 점을 생각할 때,[252] 국내선사의 서비스 경쟁력 향상이 선행되어야 한다는 선화주 상생협약의 전제조건은 자금력이 부족한 국적선사가 충족하기에는 불가능하다. 먼저 안정적인 화물 확보(국적선 적취율 제고)가 될 수 있도록 하고 파생되는 자금으로 국내선사의 서비스 경쟁력을 최우선으로 향상시킬 수 있는 제도적 장치가 마련되어야 비로소 해운재건이 가능한 이유이다.

둘째, 상생펀드는 오랜 기간이 지나야 수익을 공유할 수 있는 제도이다. 그런데 컨테이너선 시장의 수급 불균형(물동량 대비 선복 공급 초과) 등 해운시황 침체를 장기화하는 요인들이 많고,[253] 2017년부터 상위 글로벌 정기선사들을 중심으로 한 치킨게임이 재개되면서 해운시황이 더욱 악화되어 가까운 시일 내 흑자전환을 기대하기 어렵다. 이러한 이유로 화주가 상생펀드에 출자할 유인이 부족하다는 지적이 많다.[254] 또한 화주가 선사를 선택하는 최우선 기준이 비용절감을 위한 운임경쟁력과 노선(항만) 서비스 커버리지(범위)인 점에 비추어 볼 때, 우수 선화주 인증제도에서 부여하는 인센티브만으로 국적선사의 경쟁력 열위를 극복할 수 있을지 의문이다.

셋째, 장기운송계약 모델 개발은 국적선 적취율을 올릴 수 있는 제도가 먼저 뒷받침 되어야 가능한 제도인데, 기존에 논의되는 선화주 상생정책으로는 실현 가능성이 낮아 보인다.

따라서 시장경제원리에 기반 하여 국내선사의 서비스 경쟁력 향상이 선행적으로 이루어질 것을 요구하는 국적선 적취율 제고 방안(선화주 상생정책)은 현재와 같은 여건 아래에서는 실효성이 담보되기 어렵다.[255] 또한 국적선사의 경쟁력을 향상시킬 때까지 걸리는 오랜 기간 동안 혈세로 손실을 메꾸는 것도 재정적 부담이 크다.

결국 선화주 상생정책은 이윤을 바탕으로 한 파트너십에서 대기업의 사회적 책임을 바탕으로 한 파트너십으로 패러다임을 바꿀 필요가 있다. 어느 정도 강제성(강력한 유인책)을 갖고 먼저 안정적으로 화물 확보(국적선 적취율 제고)가 될 수 있도록 하고, 파생되는 이윤으로 국내선사의 경쟁력(서비스)을 향상시킬 수 있는 현실적 대안이 새롭게 모색되어야 한다. 한국 해운업이 몰락한 원인을 제공하고 컨테이너 물동량의 83%를 갖고 있는 대기업(2자물류 자회사)의 사회적 책임과 공정거래질서 확립에 기반 하여 즉각적이고 실효성 있게 국적선 적취율을 올리는 제도적 장치를 모색할 필요가 있는데, 이러한 방안으로 2자물류 부담금과 인센티브제(감면)를 아래에서 살펴보겠다.

4. 운임공표제

운임공표제[256]란 선사들이 신고한 운임과 다른 운임으로 서비스를 제공할 경우 과징금 부과 등을 통해 시장의 거래 질서를 확립하는 제도를 말한다.[257] 해양수산부가 선사 해상운임을 해운종합정보시스템(www.sis.go.kr)에 의무적으로 공표하도록 한 제도로 2016년 4월부터 시행되었다.[258] 국적선사 간 '제 살 깎아먹기' 식의 경쟁구도를 해소하고 공정한 해상운임 시장이 유지되도록 운임공표제를 시행하여 과도한 운임덤핑이 발견될 경우 해운법 등 관계법령에 따른 조치를 취하도록 제도적 장치를 마련한 것이다.[259] 이후 운임공표제를 보완하면서, 운임공표가 제외되는 계약운임의 계약기간을 6개월에서 3개월로 제외 범위를 확대하는 대신 해양수산부에 미리 신고해 승인받도록 제외 요건을 강화했다. 3개월 이상 장기계약 건에 대해 신고의무(공표의무 제외)만 부여했으나, 장기운송계약 체결이 유인되지 못하고 있는 실정이다.[260] 또한 공표한 운임의 5분의1 범위 내에서 별도의 공표 없이 운임변경이 가능하던 것을 10분의1로 축소해 운임 안정화를 도모했다.[261] 이것은 2자물류 자회사가 원가 이하의 과도한 운임을 인하하거나 일방적인 계약변경 등의 갑질을 견제하기 위해 운임공표제를 확대한 것이다.[262]

마이너스(-)와 0달러 운임을 원천적으로 불허하는 운임공표제 시행

이후, 한중항로에서는 마이너스[263]와 제로 운임의 적자운송을 하던 붕괴된 운임구조에서 마이너스 운임이 퇴출되고 운임을 인상시켜 국적선사들의 수익개선에 도움을 주었다.[264]

그런데 2자물류 자회사들은 운임공표제를 와해시키기 위한 전략으로, 여러 선사에게 골고루 화물을 맡기던 운송 방식을 벗어나 운임공표제 시행 이후에는 한두 선사에게 물량을 몰아주거나 운임률이 높은 국적선사에서 중국선사로 운송선을 바꾸는 전략을 펼쳤다. 물동량 유치에 어려움을 겪는 선사들이 생기면 자연스레 운임도 떨어질 거란 생각이었다.[265] 전자, 자동차, 화학 등 한중항로 주요 2자물류 자회사들의 물량 몰아주기가 표면화되면서 대형 화주들의 '신종담합'이 운임공표제를 무력화하는 방향으로 나아갔다.[266]

운임공표제 시행으로 2자물류 자회사들의 덤핑이나 적자운송 강요 등의 갑질은 견제되고 있었으나, 그 부작용으로 2자물류 자회사들이 갖고 있는 물동량의 국적선사 이탈현상이 심각해진 것이다.[267] 즉, 국내 7대 2자물류 자회사들이 일감 몰아주기와 덤핑 등으로 확보한 한국 전체 컨테이너 물동량의 83% 중 70% 이상의 물량을 외국 정기선사에게 몰아주고 나머지 13% 이하의 물량만 국적 정기선사에게 주고 있다.[268] 국적선 적취율이 세계 최하위인 것이다.[269]

결국, 운임공표제는 2자물류 자회사의 불공정행위를 어느 정도 견제하는 기능이 있는 반면, 해운재건의 관건인 국적선 적취율을 올리는 기능은 없다. 운임공표제의 시행은 오히려 2자물류 자회사들이 외국선사에게 대부분의 물량을 몰아주도록 하는 역기능을 일으킨 것으로 보인다. 따라서 운임공표제의 부작용을 보완할 수 있는 제도적 장치가 조속히 마련되어야 할 것인 바, 이러한 방안으로 2자물류 부담금과 인센티브제(감면)를 아래에서 살펴보겠다.

5. 2자물류 폐해 방지 법안

2자물류 자회사의 갑질과 해운시장 왜곡을 불러오는 현행 일감 몰아주기 규제법의 폐해를 개선하기 위해 관련 법안들이 수차례 발의 되었다. 2자물류 자회사들의 3자물류 거래를 원천적으로 금지하는 내용의 해운법과 물류정책기본법 개정안이 발의되기도 했다.[270] 2자물류 자회사들이 아예 3자 물류시장에 진입하지 못하도록 칸막이를 둬 자사(계열사) 물량만 처리토록 하는 입법이 추진된 것이다. 또한 2자물류 자회사들이 계열사와 일정 비율 이상의 해운중개업을 하지 못하도록 하는 해운법 개정안이 발의되기도 했다.[271]

그러나 이 법안들은 국토교통부, 산업자원통상부, 공정거래위원회 등 관계부처들이 과도한 규제라며 입법 내용에 부정적 입장이어서 입법이 어려울 수도 있다.[272] 특히 2자물류 자회사들의 3자물류 시장 진입규제는 대기업 계열사끼리만 거래하라는 특례를 해운업계에 제공하는 것으로서 다른 업종에서도 비슷한 요구가 빗발칠 것인데,[273] 이것은 기존의 공정거래 정책기조에 상충되고 시장논리에 부합되지 않는다는 것이다. 또한 이 법안들은 2자물류 자회사들의 사업기회를 원천적으로 제한하

고, 기업경영의 자율성과 시장자율경쟁원리도 저해할 우려가 있다며 반대하고 있다.[274]

한편, 이 법안들이 국적선 적취율(화주가 보유한 화물 중 국적선사로 운송하는 비율)을 올리는 대안으로 얼마나 실효성이 있을지 의문이다. 국내선사는 규모의 경제를 이루지 못하여 운임이 외국선사에 비해 20% 이상 비싸고 커버리지(노선 서비스)도 외국선사의 60% 수준에 불과하여 경쟁력이 현저히 약해졌으며,[275] 한진해운 사태로 화주들의 신뢰를 잃은 상태이다. 그렇기 때문에 2자물류 자회사가 아닌 다른 화주들도 특별한 유인이 없는 한 국적선사 대신 외국선사를 이용할 가능성이 훨씬 높다.

또한 2자물류 자회사들은 태생적으로 출발이 공정하지 못했지만, 이제 되돌릴 수 없을 정도로 해운업계 시장에서의 입지가 커졌다. 지금에 와서 2자물류 자회사의 성장을 시장자율경쟁원리에 반하여 규제하는 것도 문제가 될 수 있다.[276] 그러나 시장지배적 지위에 있는 2자물류 자회사들의 폐해는 한진해운 사태 이전에는 갑질을 통해 국적선사의 재무구조를 악화시켰던 반면, 한진해운 사태 이후에는 일감 몰아주기와 덤핑으로 확보한 전체 컨테이너 물동량 83% 중 대부분을 외국선사에게 몰아줌으로써 해운재건 5개년 계획에 가장 큰 걸림돌이 되는 것이다. 만일 2자물류 자회사가 확보한 물동량 83% 중 대부분을 통상마찰 없이 국적선사에게 몰아줄 수 있도록 유도하는 제도적 장치를 마련할 수 있다면, 2자물류 자회사의 역기능이 오히려 해운재건의 순기능으로 전환될 수 있다.

결국 현행 일감 몰아주기 규제법의 폐해로 인한 해운시장의 왜곡을 개선하는 동시에 국적선 적취율을 실효성 있게 올릴 수 있는 새로운 방안이 모색되어야 해운재건이 가능하다. 아래에서는 이러한 새로운 방안으로 2자물류 부담금과 인센티브제(감면)를 살펴보겠다.

6. 조선업 지원

2008년 글로벌 금융위기 이후 중국이나 덴마크, 프랑스 등 주요 해운국들은 WTO(세계무역기구)[277] 협정에 걸리지 않도록 먼저 해운업에 대규모 자금을 투입하고, 자국 선사들은 이를 통해 자국 조선소에 선박을 발주해 규모를 키우고 또 다시 추가 발주를 하는 선순환을 이루며 조선업과 해운업 모두를 살리는 정책을 펼쳤다.[278]

그러나 한국은 한진해운 사태 당시 약 3,000억 원 규모의 부족자금도 해운업에 투입하지 않아 한진해운을 파산토록 한 반면, 대우조선해양에 4조 2,000억 원을 지원한 이후 추가로 2조 원을 투입하는 등 조선업에 대규모 자금을 직접 투입했다.[279] 그러나 전방산업인 해운업이 고사할 경우, 해운 연관산업인 조선업도 자연도태의 위기에 처해 공적자금을 지속적으로 투입하는 악순환이 초래된다. 결국 해운업을 고사시키는 정책은 조선업과 해운업 모두를 살리지 못하는 정책으로 귀결될 수밖에 없다. 또한 조선업에 직접 공적자금을 투입하는 것은 세계무역기구(WTO) 협정에 어긋나기 때문에 통상마찰의 위험이 있는 정책이기도 하다.

2018년 11월 13일 일본 정부는 한국 정부가 WTO 보조금 협정을 위반하는 방식으로 조선산업을 지원함으로써 독자생존이 어려운 선박기업의 저가수주를 조장했다며 WTO에 공식 제소했다. 일본은 산업은행, 수출입은행 등 한국의 공적 금융기관이 대우조선해양, 성동조선해양, STX조선해양에 지원한 대출과 보증·보험 등이 WTO보조금 협정을 위반하여 국제규범에 어긋난다고 주장하고 있다.[280] 2002년에 이미 한국의 조선업 공적자금 지원 문제로 한 차례 WTO에 제소한 바 있던 유럽연합(EU)도 일본의 WTO 제소에 참여하며 일본과 공동전선을 구축해 한국의 해운산업을 압박하는 양상을 보이고 있다.[281]

한국 정부는 조선업 공적자금 지원 건을 비롯해 지금까지 총 6개국으로부터 17건에 대해 WTO 제소를 당하며 무역 마찰을 빚고 있는 상황이다. 이와 같이 조선업 공적자금 지원문제가 국제분쟁으로까지 번지고 있고 비슷한 건으로 제소가 반복되고 있기 때문에 한국 정부가 조선업계 회생문제에 직접 개입하는 것도 한계가 있는 것이다.[282]

결국 이러한 통상 마찰을 회피하기 위해서라도 먼저 해운업이 살아나게 한 이후 선박 발주 규모를 확대함으로써 전방산업인 해운업과 후방산업인 조선업 모두를 살리는 선순환 체계를 구축할 필요가 있다.

7. 한국해운연합의 근해선사 구조조정

해양수산부와 해양진흥공사가 추진하는 다양한 해운재건 정책 중 당면한 주요 업무로는 ① 해운업의 대동맥 역할을 하는 국적 원양컨테이너선사(현대상선)의 경쟁력 강화가 있다. 또한 ② 해운업의 실핏줄 역할을 하는 아시아 역내항로(한국과 중국, 일본, 동남아를 오가는 노선)를 운항하는 한국해운연합(KSP) 소속의 국적 근해컨테이너선사들의 구조조정도 있다. 구조조정의 1단계는 항로 구조조정이고,[283] 2단계에는 항로 간 통합과 협력을 넘어 국적선사 간 통합과 협력을 추진하여 국적선사의 경쟁력을 높이는 것이다.[284]

2017년 중소형 국적 컨테이너선사 14개사[285]가 참여하여 민간협력체인 '한국해운연합(Korea Shipping Partnership·KSP)'을 결성[286]한 배경은 아시아 역내항로에서의 한국 정기선사 간 경쟁이 지나치게 치열하여 과당경쟁을 방지하기 위해서다. 일례로, 한국-호치민(베트남)·램차방(태국)과 한국-하이퐁(베트남) 구간의 동남아 항로에서는 이 당시 8개 국적선사들이 11~12개 노선을 운항하며 출혈 경쟁을 벌이고 있어 항로 구조조정이 필요한 상황이었다.[287]

그런데 한국해운연합은 글로벌 얼라이언스와 큰 차이가 있어 국적선사들 간 이해관계를 조율하는 데 어려움이 있다. 얼라이언스는 회원사들이 보유 하고 있는 선박, 선복, 노선 등을 공유해 서로 간 이익을 실현하며, 대내적으로 회원사들 상호 간의 불필요한 경쟁을 최소화 하여 비용을 아낀다. 얼라이언스의 각 회원사가 화주 등을 상대로 개별적으로 영업을 하지만, 운항은 공동으로 하여 비용절감을 극대화 하는 것이다. 반면 한국해운연합은 각 국적선사가 자율적으로 운항하는 것을 원칙으로 하고 공동운항에 구속되지 않기 때문에 서로 경쟁관계로 남아 있고 비용절감 효과도 크지 않다.

또한 한국해운연합은 회원사들에 대한 구속력이 약해 이해관계 조율이 어려우므로, 구조조정의 1단계인 항로 구조조정도 여의치 않고 시간이 오래 걸린다.[288] 예를 들어, 노선 1~2편만을 운영하는 국적선사에게 선박 철수를 요구하는 것은 사실상 사업을 접으라는 것과 같아 반발이 생기고, 다수의 선박을 운영하는 국적선사에게만 희생을 강요할 수도 없다.[289] 이와 같이 한국해운연합의 회원사들 간 이해관계가 다른 경우 접점을 찾기가 매우 힘든 구조이다. 한국해운연합이 현재까지 일부 중복 노선을 정리하는 성과를 내기는 했지만, 비용절감을 위해 아직도 갈 길이 멀다는 지적이 많다.[290]

구조조정의 2단계인 국적선사 간 통합과 협력은 더 어렵다. 일각에서는 아시아 역내에서 운항하는 국적선사가 너무 많다는 목소리가 나온다. 현재 한국해운연합에 참여하고 있는 아시아 역내 국적선사는 고려해운, 남성해운, 동영해운, 동진상선, 두우해운, 범주해운, 장금상선, 천경해운, 태영상선, 팬오션, 한성라인, 흥아해운 12개사이다.[291] 그런데 현재까지 흥아해운과 장금상선만 컨테이너 정기선부문 통합에 합의를 하고 있을 뿐이다. 장금상선과 흥아해운은 각각 선복량 5.5만 TEU와 4.7만 TEU를 보유하고 있으며, 인트라아시아(아시아 권역 내) 전체 국적 컨테이너 선사 선복량 약 30만 TEU(현대상선, SM상선 제외)의 34%를 차지하고 있다.[292] 한국해운연합의 나머지 10개 회원사들은 통합에 거부감을 갖고 있어 제2단계 구조조정의 진척이 매우 더딘 상태이다.

프랑스 해운분석기관 알파라이너(Alphaliner)에 따르면, 한국해운연합(KSP)에 참여하는 한국 정기선사들은 인트라아시아(아시아 권역 내) 항로에서 30만 8,000TEU의 선복량을 운항하고 있으며 글로벌 외국 정기선사들의 경우 128만 TEU의 선복량을 보유하고 있어 상당한 격차를 보이고 있다. 인트라아시아 항로에서 서비스 중인 머스크라인, MSC, 코스코, 에버그린 등 글로벌 정기선사들에 비해 국적선사들은 규모의 경제를 확보하지 못하고 있다. 외국 근해선사인 싱가포르 PIL(42만 TEU), 대만 완하이(26만 TEU), 머스크라인 자회사인 MCC(21만 TEU)와 비교하더라도 국적 근해선사들의 선복량이 매우 작다는 것을 알 수 있다.[293] 또한 한국해운연합의 국적선사들은 치열한 경쟁관계로 남아 있으므로 파트너십 이익이 별로 없고 경쟁력 확보를 위한 통합과는 거리가 멀다고 지적한다. 따라서 중국과 일본의 컨테이너선사 통합 사례와 같이 완전한 형태의 통합이 아니면 한국해운연합의 경쟁력은 확보되기 어렵다고 분석했다.[294]

한편, 국적 근해컨테이너선사들이 특히 강점을 보여 왔던 한일항로와 한중항로에서 커다란 변화가 일어나고 있다. 그 동안 공급 조절로 국적선사들이 수익을 냈던 한일항로와 한중항로는 더 이상 존재하지 않고 원양항로와 마찬가지로 규모의 경제를 앞세우는 시장으로 변질되고 있다.[295] 일본 3대 선사의 정기선 통합법인인 ONE이 통합 이후 비용경쟁력 강화 목적으로 한일항로에 진입할 가능성이 커지고 있다. 또한 한중해운회담에서 한중항로의 점진적 개방이 논의 중이다. 만일 한중항로가 이대로 개방되면 원가경쟁력이 열위인 국적선사들은 한중항로에서 살아남기가 쉽지 않다는 의견이 지배적이다.[296] 또한 동남아항로의 경쟁도 점점 심화되고 있는데 ONE이 일본-필리핀, 일본-태국 항로를 개시했고 대만선사인 완하이라인도 한국-대만-베트남 항로에서 운항을 개시하는 등 경쟁이 점점 치열해지고 있다.[297] 머스크라인은 자회사 MCC를 통해 한국, 중국과 말레이시아 등을 잇는 새로운 노선을, 대만의 양밍도 중국과 인도네시아를 잇는 새로운 노선을 개설하며 노선 서비스 개편을 했다.[298]

해운업은 선복량 수급 변화에 운임이 민감하게 반응하는 자본집약적인 산업이다. 지속적인 선박의 대형화 현상은 먼저 간선항로(원양항로)에 초대형 선박이 공급됨으로써 간선항로에 투입되고 있던 중대형선박들이 지선항로(근해항로)[299]로 밀려나고 지선항로에 취항하고 있던 중소형 선박들이 지역항로로 밀려남으로써 전체 항로가 충격을 받게 되는 폭포효과(Cascading Effect)를 가져온다. 이 과정에서 원가경쟁력이 취약한 중소형 선사들은 시장에서 퇴출되고 선박대형화를 주도해온 몇몇 대형 선사들만 시장에 살아남아 독과점 산업을 형성하게 되며, 이 독점력을 활용해 운임을 크게 인상하는 현상이 벌어진다. 이러한 과정을 순서대로 보면 ① 선박대형화에 따른 선박공급과잉 현상과 시황 폭락(운임 폭락)이 이루어지고 ② 규모의 경제를 이루지 못하여 원가경쟁력이 약한 중소형 선사들이 시장에서 퇴출되며 ③ 대형 선사들이 주도하는 독과점 산업화가 이루어지면서, ④ 운임폭등으로 이어진다.[300] ⑤ 특히 한국의 경우 부존자원 없이 전체 물동량 중 99.7%를 해상으로 수출입하고 있기 때문에 국민들은 물가 폭등의 직격탄을 맞게 된다.

그런데 간선항로(원양항로)에서 운항하는 선박의 초대형화가 급속히 진행됨에 따라 간선항로에서 퇴출된 5,000~7,000TEU급 대형선들이 Intra-Asia 시장으로 전환 배치되고 있다. 2015년 말까지 35척의 18,000TEU급 초대형 선박이 간선항로에 투입되었으며, 2019년까지 순차적으로 70여척의 초대형 선박들이 간선항로에 추가 투입될 것이다. 이에 따라 컨테이너선 시장에서의 경쟁은 더욱 심화될 예정이다. 더욱이 파나마 운하의 확장으로 북미항로에서 14,000TEU급 선박의 투입이 가능해질 것이기 때문에 선박의 대형화에 따른 운임경쟁도 더욱 거세질 것으로 보인다.[301]

더 큰 문제는 글로벌 정기선사들이 컨테이너선 시장 공급과잉의 돌파구로 아시아 역내 사업을 강화하면서 이러한 폭포효과가 급박하게 진행 중이라는 것이다.[302] 글로벌 정기선사들은 풍부한 자금력을 바탕으로 친환경, 고효율 피더 컨테이너선 발주에 적극 나서고 있다. 피더 컨테이너선은 3,000TEU 이하의 중소형 선박으로, 원양항로를 보조하는 노선에 투입하는 선박을 말한다. 세계 1위 컨테이너선사인 머스크라인은 최근 2,200TEU급 선박 5척(옵션 포함 최대 10척)을 중국 조선소에 발주했다. 그에 앞서 대만 양대 컨테이너선사인 양밍(세계 6위)은 2018.8. 2,800TEU급 10척, 에버그린(세계 8위)은 2,500TEU급 14척과 1,800TEU급 24척을 각각 주문했다. 글로벌 정기선사들이 중소형 컨테이너선 발주를 통해 관련 사업을 강화하는 것은 원양항로에서의 출혈 경쟁 때문에 수익이 악화되고 있기 때문이다. 그리고 2016년부터 초대형 컨테이너선 투입이 본격화되면서 공급과잉이 지속될 것이기 때문에 근해로 눈을 돌려 매출 다각화를 꾀하겠다는 의도이다. 최근 일본 정기선사인 원(ONE)과 독일 하파그로이드도 피더 컨테이너선 네트워크를 구축하고, 프랑스 CMA CGM이 자회사를 통해 피더선사를 인수한 것도 이런 맥락이다.

동남아 피더 컨테이너선 시장은 초고속 경제성장으로 물동량 수요가 크고, 향후에도 성장 잠재력이 매우 높다는 판단에 따라 글로벌 정기선사들이 관련 사업을 강화하고 있다. 2020년에 글로벌 정기선사들이 발주한 피더선을 인도 받고 아시아 역내항로에 본격적으로 진출할 경우 국내선사들(영세 피더 선사들)의 운임경쟁력이 떨어지면서 퇴출당할 우려가 크고, 이후 시장 재편이 이루어지면서 글로벌 정기선사들의 지배력 확대가 예상된다.[303] 즉, 머스크라인, 양밍, 에버그린, ONE 등 주요 글로벌 정기선사들이 신조 선박을 앞세워 인트라아시아 항로로 속속 진입할 것이 예상되는데, 그 시기가 오기 전에 경쟁력 있는 통합과 원가구조 개선을 하지 못할 경우 국적선사들이 버티기 어렵다는 전망이다.[304]

Ⅶ. 해운재건을 위한 입법정책적 대안

1. 2자물류 부담금과 인센티브제의 입법취지
가. 국적선 적취율 제고(해운재건의 관건)

2017년부터 상위 글로벌 정기선사들 중심으로 한진해운을 파산으로 몰고 간 치킨게임이 재개되면서 독과점 체제가 완성되어 가고 있다.[305] 이에 따라 해운시황은 더욱 악화될 전망이고 많은 중소형 선사들은 수익성 악화로 퇴출될 것이 전망된다. 국적 근해컨테이너선사들은 물론, 20척을 인도 받는 현대상선도 선박 규모가 5배 이상 큰 머스크라인과 같은 글로벌 정기선사와 동일 선상에서 경쟁하기 어렵다.[306]

해운 경쟁국의 정책적 지원을 받는 글로벌 정기선사들에 의해 한국 해운업이 무너지고 가까운 장래에 운임이 크게 오를 경우, 99.7%를 해상무역에 의존하는 한국은 국가경쟁력을 잃을 뿐만 아니라 다른 국가보다 물가상승의 고통을 더 크게 받을 가능성이 상당히 높다. 반면 무역국가인 한국에게는 이러한 치킨게임에 대응한 생존대책으로 활용될 수 있는 강점도 있다. 바로 풍부한 물동량이다. 한국은 국적 정기선사의 수익률을 좌우하는 물동량이 세계적인 수준으로 많기 때문에 국적선사 영업환경 자체는 매우 유리하다.[307] 그러나 한국만의 이러한 강점은 2자물류 자회사의 기형적인 급성장과 시장지배적 지위 남용으로 인해 활용되지 못하고 있다.

한편, 한진해운 사태로 인해 국적선사들은 외국 화주로부터 신뢰를 잃어버리고 '국적선사 기피 현상'이 심화되었다. 외국 화주의 적취율을 높이는 것이 상당기간 어렵다는 뜻이다. 따라서 글로벌 해운경기 침체기에 한국 해운업이 생존하기 위해서는 국내 화주의 적취율을 끌어올리는 것이 무엇보다 중요하다.

문제는 국내 7대 2자물류 자회사들이 경영권 승계자금의 마련을 위해 급성장하고 공정거래위원회의 규제를 피하기 위해 덤핑과 일감 몰아주기로 한국 전체 컨테이너 물동량의 약 83%를 확보한다는 것이다. 만일 일본 선화주가 상생하는 것과 같이 대기업 물류자회사가 확보한 절대적 수치의 물량을 국적선사에게 주었다면 한진해운 사태가 일어나지 않았을 뿐만 아니라 어려움에 봉착한 해운재건 5개년 계획도 훨씬 수월하게 진척되고 있을 것이다. 그러나 현실은 그렇지 않다. 국적선 적취율이 세계 최하위 수준이다.[308] 7대 2자물류 자회사들은 83%의 물동량 중 70% 이상의 물량을 외국 정기선사에게 몰아주고 나머지 13% 이하의 물량만 국적 정기선사에게 넘기고 있다.[309]

이러한 현상이 골든타임인 2020년까지 지속된다면, 연속 적자를 이어가는 국적 원양컨테이너선사(현대상선)는 재무상태가 더욱 악화되면서 2020년 3월 2M에서 퇴출될 가능성이 높다. 만일 2020년에 비용절감을 극대화할 수 있는 다른 얼라이언스에 가입하지 못할 경우, 저렴한 운임으로 다양한 노선 서비스를 제공할 수 없기 때문에 생존할 수 없다. 특히 화물적취(물동량 확보)가 뒷받침되지 않을 경우 많은 혈세를 투입하여 확충한 대규모 선대가 오히려 고정비만 증가시키면서 상황을 더 어렵게 만드는 독이 될 것이다.[310] 게다가 글로벌 정기선사들은 2020년에 국적 근해선사들이 운항하는 아시아 역내항로에 본격적으로 진출할 것이 예상되는데, 특단의 대책이 없는 한 경쟁 자체가 되지 않은 채 국적 근해선사들은 모두 퇴출 될 가능성이 크다.

이렇게 전방산업인 해운업이 살아나지 못한다면 117조 원 규모의 해운산업 중 80% 이상을 차지하는 조선업과 항만업(해운연관사업)도 독자 생존 할 수 없기 때문에 자연도태가 시간문제일 것이다. 그리고 독과점 체제가 완성되는 수년 후 유럽계, 중국계, 일본계 메가 캐리어들은 10여 년이 넘는 출혈 경쟁의 보상을 받듯이 운임을 크게 올릴 것이다. 그 시점에 방패막 역할을 할 수 있는 한국 해운업이 없다면 국민들은 가파른 물가상승에 그대로 노출될 것이다. 그리고 한국 화주(수출기업)들은 메가 캐리어를 보유한 중국·일본 화주들과 차별을 받으며 큰 물류비용 격차 때문에 경쟁력을 상실할 가능성이 크다. 중소형 물류업체가 먼저 고사할 것이고, 자금이 있는 대기업 물류자회사나 모기업인 대기업은 더 오래 버틸 수는 있겠지만 공멸의 길로 들어설 가능성이 크다. 결국 해운업을 살리지 못한다면 무역국인 한국이 국가경쟁력을 잃어버리며 일본, 중국으로부터 경제주권마저 훼손당할 우려가 있는 것이다.

한편, 가용할 수 있는 현금이 거의 없는[311] 해양진흥공사로서는 국적 선사들의 지속적인 영업적자에 공적자금(혈세)을 계속 투입할 수만은 없는 상황이다. 그러나 이러한 상태로 혈세로 이루어진 산소호흡기가 떼어지는 순간 제2의 한진해운 사태가 일어나며 한국 해운업 자체가 한국의 미래와 함께 파산할 가능성이 크다. 상황이 급박하기 때문에 몇 년 후에나 선화주 상생 효과를 기대할 수 있는 정책으로는 해운업이 살아나기 어렵다.

따라서 국적선사의 손실을 메꾸고 경영 안정화를 위해 혈세가 '밑 빠진 독에 물 붓기' 식으로 낭비되지 않도록 국적선사 스스로 자생력을 갖추게 하는 제도적 장치가 마련되어야 한다. 이를 위해서는 즉각적인 효과를 볼 수 있는 국적선 적취율(국내 화주가 국내선사에 화물을 맡기는 비율) 제고 방안이 골든타임(2020년) 이전에 반드시 시행되어야 한다. 핵심은 2자물류 자회사들이 시장지배적 지위를 남용하여 덤핑과 일감 몰아주기로 확보한 한국 전체 컨테이너 물동량의 83%를 어떻게 국적선 적취율과 연계시킬 수 있느냐이다. 특히 경영권 승계자금 통로의 역할을 위해 2자물류 자회사들이 갑질을 하며 한국 해운업 몰락의 주요 원인을 제공했는데, 그 뒷감당을 국민 혈세로만 하는 것은 온당치도 않고 효과도 없다. 왜냐하면 아무리 국민 혈세를 투입한다고 하더라도 2자물류 자회사들이 갖고 있는 물동량 83%를 움직일 수 없다면 해운업의 몰락은 피할 수 없기 때문이다.

현재 2자물류 자회사가 확보한 물동량 83% 중 대부분을 외국선사에게 몰아주고 있다. 그런데 덤핑과 일감 몰아주기로 확보된 이 물동량을 통상마찰 없이 국적선사에게 몰아줄 수 있도록 유도하는 제도적 장치를 마련할 수 있다면, 2자물류 자회사의 역기능이 오히려 해운재건의 순기능으로 전환될 수 있을 것이다. 아래에서는 한국 해운재건의 관건인 물동량 83%와 국적선 적취율을 연계시키기 위한 정책적 대안으로, 2자물류 부담금과 인센티브제(감면)를 살펴보겠다.

나. 통상마찰 회피

글로벌 경제시대에서 해운기업 간의 경쟁은 거의 국가 간의 경제 전쟁이라고 할 수 있다. 경제 전쟁 시대에 수출입 화주들의 경쟁력을 지원하는 국가 인프라를 구축하는 것이기 때문에, 주요 해운국들은 자국 해운산업을 살리기 위해 적극적인 지원정책을 펼치며 국가시스템으로 전쟁을 하고 있다.[312] 그리고 주요 해운국들의 정책적 지원을 등에 업은 글로벌 정기선사들은 몸집을 불리면서 현대상선 같은 중소형 선사를 몰락시키는 치킨게임을 펼치면서 경쟁국의 해운업을 고사시키는 전략을 쓴다. 경쟁국의 해운업이 더 빨리 고사될수록 그만큼 빨리 글로벌 정기선사의 독과점 체제가 완성되고 운임을 크게 올릴 수 있기 때문이다.

그런데 바다를 통해 99.7%의 물동량을 수출입하는 한국이 이러한 글로벌 경제 전쟁에서 도태되어 해운산업이 무너질 경우, 10여 년에 걸친 운임 출혈 경쟁이 끝나는 시점에 물가도 가파르게 올라 국민이 고통 받을 것이다. 더욱이 무역국인 한국은 국가경쟁력을 상실하며 메가 캐리어(Mega Carrier)를 갖고 있을 중국과 일본으로부터 경제적 주권이 훼손되는 상황이 벌어질 수도 있다. 따라서 한국은 골든타임 안에 해운재건을 위해 사활을 걸어야 하는 입장이고, 해운재건의 관건은 국적선 적취율을 올릴 수 있는 제도적 장치를 마련할 수 있는지 여부에 달려 있다.

그러나 국적선 적취율을 올리는 효과와 세제 혜택 등의 인센티브를 직접 연계시키는 정책적 대안이 제시될 경우, 자칫 경쟁국과의 통상마찰이나 무역보복의 빌미가 제공될 수 있다. 또한 가용할 수 있는 공적자금을 총동원해서 국적선사의 원가구조를 개선하는 데 투자해야 하는 상황이다. 그럼에도 불구하고 해운업 몰락의 원인을 제공하고 시장지배적 지위를 남용하여 컨테이너 물동량의 83%를 확보한 2자물류 자회사에게 세제 혜택이 부여되는 것은 부적절한 측면이 있다.

따라서 국적선 적취율 제고와 인센티브가 직접 연계되지 않도록 정책적 대안이 제시될 필요가 있다. 이러한 정책적 대안으로 2자물류 부담금을 설치하고, 2자물류 자회사에게 상생협력 정도에 따라 등급을 부여하여 차별적 인센티브(2자물류 부담금 감면)를 제공함으로써 국적선 적취율의 제고를 유도할 수 있을 것이다. 그리고 어느 정도의 인센티브를 제공할지 여부를 결정하는 2자물류 회사에 대한 등급 평가 항목에는 국적선사 이용률뿐만 아니라 공정한 해상운송 시장질서 확립 관점에서의 불공정행위 여부,[313] 상생펀드 가입이나 장기운송계약 체결 여부 등 여러 평가 항목을 담아 통상마찰의 가능성을 낮출 수 있을 것이다. 즉, 정부가 현재 추진하고 있는 '우수 선화주 인증제도'와 2자물류 부담금의 감면(인센티브제)을 연계함으로써, 국적선 적취율 제고와 인센티브 사이의 연계 효과가 직접적으로 나타나지 않도록 하는 것이다.

또한 2자물류 부담금 설치의 표면적 목적은 '국적선 적취율 제고'가 아니라, 시장지배적 지위에 있는 2자물류 자회사의 불공정거래행위를 규제해 공정한 해상운송 시장질서를 확립하는 것이므로, 통상마찰의 가능성을 낮출 수 있다. 다만, 2자물류 부담금과 인센티브제가 시행될 경우, '국적선 적취율 제고'가 유도되는 효과가 수반될 뿐이다. 이렇게 국적선사가 안정적으로 화물을 확보할 수 있는 토대가 마련될 때야 비로소 컨테이너 화물에 적합한 장기운송계약 모델 개발이 가능하고, 장기운송계약을 토대로 한 민간금융이 활성화 되어 통상마찰의 빌미가 완전히 제거될 수 있을 것이다.

2. 2자물류 부담금 설치
가. 의의

부담금이란[314] "국가나 지방자치단체 등의 행정주체가 특정한 공익사업에 특별한 이해관계를 가진 자에게 그 사업에 소요되는 경비의 전부 또는 일부를 부담시키기 위하여 부과하는 공법상의 금전급부의무"이다.[315] 실정법상으로는 「부담금관리기본법」 제2조에서 "중앙행정기관의 장, 지방자치단체의 장, 행정권한을 위탁받은 공공단체 또는 법인의 장 등 법률에 의하여 금전적 부담의 부과권한이 부여된 자가 분담금, 부과금, 예치금, 기여금 그 밖의 명칭에 불구하고 재화 또는 용역의 제공과 관계없이 특정 공익사업과 관련하여 법률이 정하는 바에 따라 부과하는 조세 외의 금전지급의무"로 정의하고 있다. 부담금의 정의 속에는 공익사업으로부터 이익을 받거나, 공익사업을 필요하게 하는 행위를 유발하는 자로부터 사업비용의 일부 또는 전부를 징수하는 의미가 포함되어 있다.[316] 한편, 부담금은 동법에서 정하고 있는 법률의 규정에 의하지 아니하고는 설치할 수 없다(동법 제3조).

그렇다면 2자물류 부담금이란 "해양수산부가 해운재건 사업과 관련하여 특별한 이해관계를 가진 2자물류 자회사에게 해운재건 사업에 소요되는 경비의 일부를 부담시키기 위하여 부과하는 공법상의 금전급부 의무"라고 할 수 있다.

2019년 우리나라에서 운용할 부담금의 수는 총 90개[317]로 2019년도 부담금 징수계획은 총 21조 993억 원의 규모이다. 해양수산부가 운용하는 부담금은 총 7개이나 2019년도 부담금 징수계획은 총 826억 원의 규모로 전체 부담금의 0.4%를 차지할 뿐이다.[318] 따라서 해양수산부는 2자물류 부담금 설치의 정당화 요건이 충족될 경우 부담금관리기본법에 기해 이를 새로 설치할 수 있다. 그리고 해운재건이 한국의 미래나 국가경쟁력을 좌우하는 중대한 사업임을 고려하여 해양수산부가 차지하는 전체 부담금에서의 낮든 비율(0.4%)도 상당 부분 높일 필요가 있다.

나. 유형 – 정책실현목적(유도적) 부담금

기획재정부는 부담금을 설치목적 및 성격에 따라 원인자 부담금, 수익자 부담금, 유도적 부담금 등 다양한 형태로 분류하고 있다.[319] 원인자 부담금은 각종 시설의 건설 또는 유지 등을 위하여 그 이용자 또는 원인

자에게서 관련 비용을 징수하는 경우로 기반시설설치비용, 물이용부담금, 환경개선부담금 등이 있다. 수익자부담금은 공공사업 또는 시설로 인해 특별한 이익을 받은 자에게 징수하는 부담금으로 개발부담금, 농산물수입이익금 등이 있다. 유도적 부담금은 직접적인 규제수단이 아닌 금전에 의한 간접적인 규제수단에 의해 일정한 국가목적을 유도하기 위한 부담금으로 장애인고용부담금, 수질개선부담금, 배출부과금, 과밀부담금 등이 있다.

헌법재판소는 "부담금은 공익사업과의 관계가 어떤 것인지에 따라 수익자부담금, 원인자부담금 및 손상자부담금[320]으로 나눌 수 있다. 이러한 전통적인 공용부담제도는 일면에서는 공익상의 수요충족의 관점에서, 또 다른 면에서는 공익과 사익의 조화를 통한 부담의 합리적 조정이라는 관점에서 인정되는 것이다"라고 판시했다.[321] 원인자부담과 손상자부담이 개념적으로 구별되고 있으나 손상자부담은 넓은 의미로 볼 때 원인자부담의 일종이라고 할 것이다.[322]

그런데 2자물류 자회사들은 시장지배적 지위 남용을 통해 한진해운 사태의 원인을 제공했고, 해운재건 사업이 성공할 경우 외국선사에 의한 운임폭등이 방어되는 이익을 2자물류 자회사도 직접 향유하며 수익할 것이다. 따라서 2자물류 부담금은 원인자 부담금(손상자 부담금)과 수익자 부담금의 성격을 모두 갖고 있다. 그러나 2자물류 부담금은 금전에 의한 간접적인 규제수단에 의해 시장지배적 지위 남용을 방지하고 국적선 적취율 제고를 유인하기 위한 유도적 부담금의 성격이 가장 강하다.

법적성격에 따라서도 부담금을 분류할 수 있는데, 비조세적 성격을 지닌 부담금[323]과 조세유사적 성격을 지닌 (특별)부담금으로 구별된다. 비조세적인 부담금으로는 수익자부담금 등이 있으며, 조세유사적 성격을 지닌 (특별)부담금으로서 헌법재판소가 인정하는 재정조달목적 부담금과 정책실현목적 부담금(유도적 부담금)이 있다.[324]

헌법재판소는 "특별부담금의 경우 그 부과목적과 기능에 따라 순수하게 재정조달 목적만 가지는 재정조달목적 부담금과 재정조달 목적뿐 아니라 부담금의 부과 자체로 추구되는 특정한 사회, 경제정책 실현 목적을 가지는 정책실현목적 부담금으로 구분하고 있다. 전자의 경우에는 추구되는 공적 과제가 부담금 수입의 지출 단계에서 비로소 실현되지만 후자의 경우에는 추구되는 공적 과제의 전부 혹은 일부가 부담금의 부과 단계에서 이미 실현된다"고 판시했다.[325]

정책실현목적 부담금(유도적 부담금)은, 국가가 직접적인 통제나 금지와 같은 하명에 의해 국가목적을 달성하는 대신 위법행위(규제하고자 하는 행위)에 대해 부담금을 징수하여 금전적 부담을 줌으로써 간접적으로 개인에 대해 국가목적을 유도하고 조정하는 기능을 한다. 따라서 유도적 기능을 담당하는 부담금은 행정객체의 행위동기에 영향력을 행사하고 부담금을 피하기 위해 국가의 유도적 행위에 따르도록 설득하는 데 그 목적이 있다고 할 수 있다. 한편, 행정객체는 국가가 유도하는 목적을 위한 행위를 하든지 아니면 부담금을 납부하든지 양자택일할 수 있는 선택권이 주어지기 때문에 유도적 부담금이 국가행위 형식의 남용이

라고 볼 수 없다.[326)]

특히 정책실현목적 부담금의 경우에는 다시 ① 부담금이라는 경제적 부담을 지우는 것 자체가 국민의 행위를 일정한 정책적 방향으로 유도하는 수단이 되는 경우인 유도적 부담금과 ② 특정한 공법적 의무를 이행하지 않은 사람과 그것을 이행한 사람 사이 혹은 공공의 출연으로부터 특별한 이익을 얻은 사람과 그 외의 사람 사이에 발생하는 형평성 문제를 조정하는 수단이 되는 경우인 조정적 부담금으로 구분된다.[327)]

만일 한국 정부가 직접적인 통제나 금지 같은 하명으로 국적선 적취율을 올리고자 한다면 통상마찰 또는 무역보복의 우려가 크다. 그런데 2자물류 부담금을 부과하면서 인센티브제(감면)를 시행할 경우, 2자물류 자회사가 시장지배적 지위를 남용하지 않고 국적선사에게 물량을 주도록 행위동기에 영향을 미치며, 2자물류 부담금을 피하기 위해 국가의 유도적 행위에 따르도록 설득될 것이다. 그리고 2자물류 부담금의 부과 단계에서 2자물류 자회사의 행위동기에 영향력을 미칠 것이기 때문에, 추구되는 이러한 공적 과제는 2자물류 부담금의 부과 단계에서 이미 실현될 것이다. 한편, 행정객체인 2자물류 자회사에게는 국가가 유도하는 목적을 위한 행위를 하든지 아니면 부담금을 납부하든지 양자택일하는 선택권이 인정된다. 따라서 2자물류 폐해 방지 법안과 같이 기존의 공정거래 정책기조나 시장논리에 상충된다는 논란도 없을 것이고, 직접적인 세제 혜택도 아니기 때문에 통상마찰의 우려도 낮을 것이다.

또한 2자물류 자회사가 경영권 승계 수단으로 급성장한 이면에는 불공정행위에 의한 국적 원양컨테이너선사의 몰락과 3자물류가 발전할 수 있었던 기회비용이 있었기 때문이므로, 이들과의 형평성 문제를 조정하는 수단이 되는 조정적 부담금의 성격도 있다.

결국, 2자물류 부담금은 대기업 물류자회사(2자물류 자회사)에게 부과할 수 있는 현존하는 모든 유형의 부담금의 성격을 갖고 있어 어떠한 종류의 부담금을 설치해도 무방할 것이다. 그러나 2자물류 부담금은 대기업 물류자회사가 시장지배적 지위를 남용하지 않고 국적선 적취율이 제고될 수 있도록 유도하는 정책실현목적 부담금(유도적 부담금)으로서의 성격이 가장 강하고 중요하다.

다. 신설 심사기준과 정당화 요건

부담금관리기본법 제6조(부담금의 신설 또는 변경에 관한 심사) 제3항에서는 부담금 신설에 관한 6가지 심사기준을 규정하고 있다. 즉, "① 부담금을 신설 또는 변경할 명확한 목적이 있을 것, ② 부담금의 부과요건 등이 구체적이고 명확하게 규정되어 있을 것, ③ 부담금의 재원조성의 필요성과 사용목적의 공정성 및 투명성을 각각 갖추었을 것, ④ 기존의 부담금과 중복되지 아니할 것, ⑤ 부담금의 부과가 조세보다 적절할 것, ⑥ 부담금의 존속기한이 목적을 달성하기 위하여 필요한 최소한의 기간으로 설정되어 있을 것. 다만, 그 부담금을 계속 존속시켜야 할 명백한 사유가 있는 경우에는 그러하지 아니하다"고 규정하고 있다.

2자물류 부담금의 경우 ① 신설의 목적은 2자물류 자회사의 시장지배적 지위 남용을 규제하는 동시에 국적선 적취율을 끌어올리는 것이다. ② 부과요건은 기존의 여러 2자물류 폐해 방지 법안의 내용을 참조하여 부과대상(2자물류 자회사)을 구체적이고 명확하게 규정할 수 있다. ③ 부담금 재원의 사용목적은 국적선사의 운임경쟁력 및 커버리지(노선 서비스) 범위를 개선함으로써 2자물류 자회사가 국적선사를 이용할 수 있는 여건을 개선하는 것이고, 이를 위해 부담금 재원 조성이 필요하다. ④ 기존의 부담금과 중복되지 않는다. ⑤ 통상마찰이나 무역보복을 피하기 위해 부담금의 부과가 조세보다 적절하다. ⑥ 부담금의 존속기한은 해운재건 5개년 계획 기간으로 설정하면 될 것이고, 필요시 존속시킬 수 있을 것이다. 결국 2자물류 부담금은 부담금관리기본법 제6조의 신설 심사기준을 모두 충족한다.

한편, 헌법재판소는 '정책실현목적 부담금의 정당화 요건'과 관련하여 다음과 같이 판시했다. 즉, "정책실현목적 부담금의 경우 재정조달목적은 오히려 부차적이고 그보다는 부과 자체를 통해 일정한 사회적, 경제적 정책을 실현하려는 목적이 더 주된 경우가 많다. 이 때문에, 재정조달목적 부담금의 정당화 여부를 논함에 있어서 고려되었던 사정들 중 일부는 정책실현목적 부담금의 경우에 똑같이 적용될 수 없다.

…(중략)…

부담금도 그 납부의무자에게 추가적인 공과금을 부담시킬 만한 합리적 이유가 있으면 공과금 부담의 형평성에 반하지 않는다. 그리고 바로 그러한 합리적 이유로, 재정조달목적 부담금의 경우에는 납부의무자가 재정조달의 대상인 공적 과제에 대하여 일반 국민에 비해 특별히 밀접한 관련성을 가질 것이 요구되는 것이다. 그런데 정책실현목적 부담금의 경우에는, 특별한 사정이 없는 한, 부담금의 부과가 정당한 사회적, 경제적 정책목적을 실현하는 데 적절한 수단이라는 사실이 곧 합리적 이유를 구성할 여지가 많다. 그러므로 이 경우에는 '재정조달 대상인 공적 과제와 납부의무자 집단 사이에 존재하는 관련성' 자체보다는 오히려 '재정조달 이전 단계에서 추구되는 특정 사회적, 경제적 정책목적과 부담금의 부과 사이에 존재하는 상관관계'에 더 주목하게 된다. 따라서 재정조달목적 부담금의 헌법적 정당화에 있어서는 중요하게 고려되는 '재정조달 대상 공적 과제에 대한 납부의무자 집단의 특별한 재정책임 여부' 내지 '납부의무자 집단에 대한 부담금의 유용한 사용 여부' 등은 정책실현목적 부담금의 헌법적 정당화에 있어서는 그다지 결정적인 의미를 가지지 않는다고 할 것이다"라고 판시했다.[328]

2자물류 부담금은 정책실현목적 부담금(유도적 부담금)이다. 따라서 2자물류 부담금의 부과가 정당한 사회적, 경제적 정책목적을 실현하는 데 적절한 수단이라는 사실이 인정될 경우 2자물류 자회사에게 추가적인 공과금을 부담시킬 만한 합리적 이유가 인정될 것이다. 2자물류 부담금 설치의 사회적, 경제적 정책목적은 시장지배적 지위에 있는 2자물류 자회사의 불공정거래행위를 규제하여 공정한 해상운송 시장질서를 확립하는 동시에 국적선 적취율을 제고하여 한국의 미래가 걸려 있는 해운재건을 하는 것이다. 또한 해운재건 과정에서 국적선사에 대한 정부의 직접적 지원 대신 스스로 자생할 수 있도록 하여 해운 경쟁국과의 불필요한 통상마찰을 회피하는 목적도 있다. 따라서 이러한 사회적, 경제적 정책목적만으로도 정책실현목적 부담금(유도적 부담금)인 2자물류 부담금 설치의 합리적 이유는 충분하다고 할 것이다.

설사 2자물류 부담금의 성격이 재정조달목적 부담금이라고 가정하더라도 설치의 합리적 이유가 구성된다고 할 것이다. 정책실현목적 부담금의 정당화 요건으로서 요구되지 않으나 재정조달목적 부담금의 정당화 요건으로서 요구되는 '재정조달 대상 공적 과제에 대한 납부의무자 집단의 특별한 재정책임 여부' 내지 '납부의무자 집단에 대한 부담금의 유용한 사용 여부'도 2자물류 부담금이 충족하기 때문이다.

2자물류 자회사들이 급성장하기 위해 고질적 병폐로 자행한 슈퍼갑질들은 국적선사들의 재무구조를 크게 악화시키며 한진해운 사태의 근본적 원인 중 하나로 작용했다.[329] 또한 수조 원의 국민혈세가 투입되는 해운재건 정책에 있어 가장 큰 걸림돌이 되는 것도 2자물류 자회사들이 갖고 있는 전체 컨테이너 물량 83% 중 대부분을 외국선사에게 몰아주는 것인데, 이것은 시장지배적 지위를 남용한 갑질의 연장선상인 측면도 있다고 보인다. 따라서 '재정조달 대상인 해운재건 과제에 대한 2자물류 자회사들의 특별한 재정책임'이 인정된다.

한진해운 사태 이후 국내 화주들은 선복 부족에 따른 운송 차질 문제 등 심각한 서비스 품질 문제로 고통을 받고 있다. 2자물류 부담금 재원의 사용목적은 국적선사의 운임경쟁력 및 커버리지(노선 서비스) 범위를 개선함으로써 2자물류 자회사를 포함한 국내 화주가 국적선사를 이용할 수 있는 여건을 개선하는 것이다. 또한 글로벌 정기선사들이 수년 내 독과점 체제를 완성하여 운임을 상승시키는 것과 자국 화주와 차별하여 국내 화주의 경쟁력을 상실시키는 것으로부터 국적선사가 방패 역할을 할 수 있는데, 이를 위해 2자물류 부담금의 재원 조성이 필요하다. 따라서 '2자물류 자회사에 대한 부담금의 유용한 사용'도 인정된다. 그렇다면 납부의무자인 2자물류 자회사가 재정조달의 대상인 해운재건 과제에 관하여 일반 국민에 비해 특별히 밀접한 관련성도 가진다.

결국, 2자물류 부담금은 유형을 불문하고 그 설치의 정당화 요건이 충족되며, 2자물류 자회사에게 추가적인 공과금을 부담시킬 만한 합리적 이유가 있으므로 공과금 부담의 형평성에도 반하지 않는다.

라. 수질개선부담금 설치와의 정당성 비교

아래 각 Ⓐ에서는 수질개선부담금 설치의 정당성에 대한 헌법재판소의 판단(합헌)[330]을 먼저 살펴보고, 아래 각 Ⓑ에서는 이와 비교하며 2자물류 부담금 설치의 정당성에 대해 살펴보고자 한다.

(1) 부담금의 법적 성격

Ⓐ 수질개선부담금과 관련하여, 헌법재판소는 "구 먹는물관리법 제28조 제1항은 공공의 지하수자원을 보호하고 먹는물의 수질개선에 기여하게 하기 위하여 환경부장관으로 하여금 먹는샘물 제조업자로부터 먹

는샘물 판매가액의 100분의20의 범위 안에서 대통령령이 정하는 율에 따라 수질개선부담금을 부과, 징수할 수 있도록 하고 있는 바, 수질개선부담금은 특정한 행정과제의 수행을 위하여 그 과제에 대하여 특별하고 긴밀한 관계에 있는 특정집단에 대하여만 부과되는 조세외적 부담금으로서, 먹는샘물 제조업자에게 재정적 부담을 지움으로써 지하수자원을 고갈시키고 침해하는 기업활동을 억제하도록 간접적으로 유도함과 아울러 먹는물, 특히 수돗물 수질개선이라는 환경정책 실현을 위한 재원을 마련하고자 하는 것이므로 그 내용상 환경에 관한 부담금이고, 기능상으로는 정책목표 달성을 유도하고 조정하는 성격을 가진 부담금이다"라고 판시했다.[331]

Ⓑ 마찬가지로 2자물류 부담금은, 해운재건이라는 특정한 행정과제의 수행을 위하여 그 과제에 대하여 특별하고 긴밀한 관계에 있는 특정집단인 2자물류 자회사에 대하여만 부과되는 조세외적 부담금으로써, 2자물류 자회사에게 재정적 부담을 지움으로써 시장지배적 지위를 남용하여 불공정행위를 하고 덤핑 및 일감 몰아주기로 확보한 물동량을 외국선사에게 몰아주는 기업활동을 억제하도록 간접적으로 유도함과 아울러 해운재건 정책 실현을 위한 재원을 마련하고자 하는 것이므로 그 내용상 해운재건에 관한 부담금이고, 기능상으로는 정책목표 달성을 유도하고 조정하는 성격을 가진 부담금이다.

(2) 부담금 부과의 한계

Ⓐ 수질개선부담금과 관련하여, 헌법재판소는 "수질개선부담금과 같은 부담금을 부과함에 있어서는 평등원칙이나 비례성원칙과 같은 기본권제한입법의 한계를 준수하여야 함은 물론 이러한 부담금의 부과를 통하여 수행하고자 하는 특정한 사회적, 경제적 과제에 대하여 조세외적 부담을 지울 만큼 특별하고 긴밀한 관계가 있는 특정집단에 국한하여 부과되어야 하고, 이와 같이 부과, 징수된 부담금은 그 특정과제의 수행을 위하여 별도로 관리, 지출되어야 하며 국가의 일반적 재정수입에 포함시켜 일반적 국가과제를 수행하는 데 사용되어서는 아니 된다"라고 판시했다.[332]

Ⓑ 마찬가지로 2자물류 자회사라는 특정집단에 국한하여 부과, 징수된 2자물류 부담금은 해운재건이라는 특정과제의 수행을 위하여 별도로 관리, 지출되어야 하며 국가의 일반적 재정수입에 포함시켜 일반적 국가과제를 수행하는 데 사용되어서는 아니 된다. 특히 2자물류 부담금의 재원은 국적선사의 운임경쟁력 및 커버리지(노선 서비스) 범위를 개선함으로써 2자물류 자회사들이 국적선사를 이용할 수 있는 여건을 개선하는 과제에 최우선적으로 지출되어야 할 것이다.

(3) 평등원칙 위배 여부

Ⓐ 수질개선부담금과 관련하여, 헌법재판소는 "주류, 청량음료 제조업자 등 지하수를 사용하는 다른 경우와 달리 먹는샘물 제조업자에 대해서

만 수질개선부담금을 부과하는 것은, 먹는샘물이 수돗물과 마찬가지로 음용수로 사용된다는 점에서 수돗물과 대체적, 경쟁적 관계에 있어서 그 음용이 보편화되면 그만큼 국가가 추진하는 수돗물 수질개선정책이 위축되는 관계에 있는 점, 먹는샘물의 이용이 일반화될 경우 먹는샘물용 지하수 개발 및 취수(取水)가 기하급수적으로 증가되어 그만큼 지하수자원의 고갈 및 오염의 우려가 높아진다는 점, 국민의 대다수가 수돗물을 음용수로 이용하고 있는 상황에서 국가의 수돗물정책이 포기되거나 제대로 실현되지 못한다면 수돗물을 이용하는 대다수 국민의 먹는물 비용 부담이 증가되고, 특히 먹는샘물을 선택할 경제적 능력이 부족한 저소득층 국민들로 하여금 질 낮은 수돗물을 마시게 하는 결과를 초래하게 되는 점 등 여러 가지 사정을 종합적으로 고려할 때 합리적 이유가 있다고 할 것이어서 평등원칙에 위배되지 아니한다"라고 판시했다.[333]

ⓑ 마찬가지로 2자물류 부담금과 관련하여, 중소형 화주나 3자물류와 달리 대기업 물류자회사에 대해서만 2자물류 부담금을 부과하는 것은, 모기업 물량을 양분 삼아 몸집을 불린 2자물류 자회사가 3자물류 물량을 덤핑으로 흡수해 중소형 3자물류기업의 성장을 가로막는 점,[334] 2자물류 자회사가 시장지배적 지위를 남용하여 국적선사에게 적자운송을 요구하는 등 불공정행위를 하거나 일감 몰아주기로 확보한 물량을 외국선사에게 몰아주어 그만큼 국가가 추진하는 해운재건 정책이 위축되는 관계에 있는 점, 이러한 상태가 지속될 경우 국적선 적취율이 기하급수적으로 떨어져 그만큼 한국의 국가경쟁력이 좌우되는 해운업의 몰

락 우려가 높아진다는 점, 국민 대다수가 무역 유통 생필품을 이용하고 있는 상황에서 국가의 해운재건 정책이 포기되거나 제대로 실현되지 못한다면 수년 내 물류비용 증가로 물가가 폭등하여 대다수 국민의 무역 유통 생필품의 비용부담이 증가되는 점 등 여러 가지 사정을 종합적으로 고려할 때 합리적 이유가 있다고 할 것이어서 평등원칙에 위배되지 아니한다.

(4) 과잉금지원칙 위배 여부

Ⓐ 수질개선부담금과 관련하여, 헌법재판소는 "헌법 제35조 제1항, 제120조 제1항, 제2항에 근거하여 국가는 자연자원 보호와 환경보전을 위하여 강력한 규제, 조정의 권한을 가지므로 지하수 보호라는 환경정책 실현을 위하여 수질개선부담금과 같은 환경부담금을 부과, 징수하는 방법을 선택할 수 있다 할 것이고, 먹는샘물 제조업자를 지하수 보전 및 수돗물 우선정책에 대한 특별한 위험을 야기하는 집단으로 보아 이들에 대하여 수질개선부담금을 부과하고, 이들로부터 징수한 부담금을 환경개선특별회계의 세입으로 하여 수돗물 수질개선과 같은 국가환경개선사업, 지방자치단체의 환경개선사업지원 등의 용도로 사용하는 것은 지하수자원 보전 및 먹는물 수질개선이라는 입법목적 달성을 위한 적정한 방법이라고 인정되고, 한편 지하수는 자연자원으로서 유한한 공공재이고, 우리의 후손에까지 물려줘야 할 최후의 수자원인데, 이렇듯 소중한 지하수자원을 소모해 가면서 이윤을 획득하는 먹는샘물 제조업에 대하

여는 상당한 정도 고율의 부담금을 부과하더라도 헌법상 용인된다 할 것이므로 먹는샘물 제조업 자체를 허용하면서 단지 판매가액의 최고 20%의 한도에서 부담금을 부과하도록 했다 하여 헌법재판소가 관여할 정도로 현저히 자의적이거나 과도한 비율의 부담금을 책정한 것이라 볼 수 없다"라고 판시했다.[335]

　ⓑ 마찬가지로 2자물류 부담금과 관련하여, 국가는 국가경쟁력과 물가안정을 통한 국민 삶의 질을 유지시키기 위하여 강력한 규제, 조정의 권한을 가지므로 해운재건 정책 실현을 위하여 2자물류 부담금을 부과, 징수하는 방법을 선택할 수 있다 할 것이고, 일감 몰아주기와 덤핑으로 확보한 물동량을 대부분 외국선사에게 몰아주는 시장지배적 지위에 있는 대기업 물류자회사(2자물류 자회사)를 해운재건 정책에 대한 특별한 위험을 야기하는 집단으로 보아 이들에 대하여 2자물류 부담금을 부과하고, 이들로부터 징수한 부담금을 국적선사의 운임경쟁력 및 커버리지(노선 서비스) 범위 개선 등의 용도로 사용하는 것은 해운재건이라는 입법목적 달성을 위한 적정한 방법이라고 인정되고, 한편 해운업은 전체 물동량 중 99.7%를 해상으로 수출입하는 한국의 국가경쟁력을 결정짓는 중요한 국가 기간산업인데, 이렇듯 소중한 해운업을 몰락시켜 가면서 이윤을 획득하는 2자물류 자회사에 대하여는 상당한 정도 고율의 부담금을 부과하더라도 헌법상 용인된다 할 것이므로 2자물류 사업 자체를 허용하면서 단지 매출액의 최고 20%의 한도(인센티브제를 적용할 경우 실제 퍼센트는 훨씬 낮아짐)에서 부담금을 부과하도록 했다 하여 헌법

재판소가 관여할 정도로 현저히 자의적이거나 과도한 비율의 부담금을 책정한 것이라 볼 수 없다.

ⓒ 2자물류 부담금의 본질은 정책실현목적 부담금(유도적 부담금)이라고 할 것이나, 보다 엄격한 정당화 요건을 요구하는 재정조달목적 부담금으로 보더라도 아래에서 보는 바와 같이 과잉금지원칙(기본권 침해의 정당성을 심사하는 기준)을 충족한다.

과잉금지원칙(비례원칙)은 ① 입법자가 유도하고자 하는 방향 자체가 옳은 것인지(입법목적의 정당성), ② 그러한 방향으로 유도하기 위하여 입법자가 선택한 방법이 적절한지(방법의 적절성), ③ 입법자가 선택한 방법이 적절한 방법이라고 하더라도 불이익을 받는 자에게 피해가 최소화되는 다른 방법이 있는지 여부(피해의 최소성), ④ 그리고 그러한 유도 조치로 인하여 침해되는 사익과 달성되는 공익 사이에 합리적 비례관계가 유지되는지(법익의 균형성) 여부를 심사해야 한다. 그런데 부담금의 법적 성격이 재정조달목적 부담금일 경우, 과잉금지원칙의 '방법의 적절성'과 관련하여 집단적 동일성, 객관적 근접성, 집단적 책임성, 집단적 효용성이라는 4가지 요건을 추가로 판단하게 된다.

재정조달목적 부담금의 헌법적 정당화 요건과 관련하여 헌법재판소는 다음과 같이 판단했다. 즉, "재정조달목적 부담금과 관련하여 부담금 납부의무자가 그 부과를 통해 추구하는 공적 과제에 대하여 '특별히 밀접한 관련성'이 있어야 한다는 점에 있어서 ⅰ) 일반인과 구별되는 동질성을 지녀 특정집단이라고 이해할 수 있는 사람들이어야 하고(집단적 동질성), ii) 부담금의 부과를 통하여 수행하고자 하는 특정한 경제적, 사회적 과제와 특별히 객관적으로 밀접한 관련성이 있어야 하며(객관적 근접성), iii) 그러한 과제의 수행에 관하여 조세외적 부담을 져야 할 책임이 인정될만한 집단이어야 하고(집단적 책임성), iv) 만약 부담금의 수입이 부담금 납부의무자의 집단적 이익을 위하여 사용될 경우에는 그 부과의 정당성이 더욱 제고된다(집단적 효용성)"고 판시했다.[336]

재정조달목적 부담금으로서의 2자물류 부담금이 과잉금지원칙을 충족하는지 여부를 살펴보면, ① 해운재건이라는 공적과제를 위한 재원을 조성하려는 목적으로 설치되기 때문에, '입법목적의 정당성' 요건이 쉽게 충족된다. ② 2자물류 자회사는 중소형 화주나 3자물류기업과 구별되는 동질성을 지닌 특정집단이고(집단적 동질성), 해운업계에서 시장지배적 지위에 있으면서 일감 몰아주기, 덤핑 등으로 해운재건의 관건인 전체 컨테이너 물동량의 83%를 갖고 있기 때문에 부담금의 부과를 통하여 수행하고자 하는 특정한 경제적, 사회적 과제인 해운재건과 특별히 객관적으로 밀접한 관련성이 있으며(객관적 근접성), 한진해운 사태의 원인을 제공했으므로 해운재건 과제의 수행에 관해 조세외적 부담을 져야 할 책임이 인정될만한 집단이고(집단적 책임성), 부담금의 수입이 2자물류 자회사들에게 제공되는 국적선사 서비스의 개선에 사용되므로 부담금 납부의무자인 2자물류 자회사의 집단적 이익을 위하여 사용될 것이다(집단적 효용성). 따라서 대기업 물류자회사는 2자물류 부담금 부과를 통해 추구하는 해운재건이라는 공적 과제에 대하여 '특별히 밀접한 관련성'이

인정되므로, '방법의 적절성' 요건이 충족된다. ③ 해운재건이라는 공적 과제의 재원을 확보하기 위한 수단으로 조세나 세제 혜택이라는 재정수단을 사용할 경우, 자칫 해운 경쟁국과의 통상마찰이나 무역보복의 빌미를 제공할 수 있으므로 부담금이라는 재정수단을 사용하는 것은 '피해의 최소성' 요건이 충족된다. ④ 2자물류 자회사가 경쟁력을 약화시키는 데 원인을 제공한 국적선사를 이용할 경우, 2자물류 자회사가 부담해야 하는 2자물류 부담금 금액은 인센티브제로 상당 부분 감면될 것이다. 따라서 해운재건을 통해 유지하는 한국의 국가경쟁력과 국민의 삶에 직접 영향을 미치는 물가상승의 방어라는 공익은 2자물류 자회사가 감수하는 재산권 피해에 비하여 결코 작다고 할 수 없으므로, '법익의 균형성' 요건도 충족된다.

결국 2자물류 부담금은 정책실현목적 부담금으로 볼 경우는 물론이거니와 정당화 요건이 보다 엄격한 재정조달목적 부담금으로 본다고 하더라도, 과잉금지원칙에 위배되지 않는다.

마. 대기업 사회적 책임의 반영

해운재건의 가장 큰 어려움은 대외적 요인으로 2017년부터 주요 해운국들의 지원을 받는 글로벌 정기선사들이 현대상선과 같은 중소형 정기선사를 고사시키기 위해 치킨게임을 재개한 점이다. 대내적 요인으로는 2자물류 자회사들이 시장지배적 지위를 남용하여 확보한 물동량 중 대부분을 외국선사에게 몰아주고 있는 점이다.

  해운업은 무역국인 한국의 국가경쟁력을 위해 없어서는 안 될 국가 기간산업이기 때문에 현재 수조 원의 국민 혈세가 투입되는 중이다. 대기업 오너 일가의 경영권 승계자금을 만들기 위해 급성장한 2자물류 자회사들의 고질적인 갑질 관행이 한국 해운업을 몰락시킨 근본적 원인 중 하나인데, 국민 혈세로 뒷감당하는 상황이다. 더욱이 2자물류 자회사들이 갖고 있는 물동량 83%가 국적선 적취율과 연계되지 않고 있기 때문에 해운재건 계획은 공전을 거듭 중이고 국민 혈세가 낭비되는 형국이다. 이러한 상황이 골든타임(2020년) 이후에도 지속된다면 해운재건에 성공하지 못하면서 해운 연관산업인 조선업과 항만업 뿐만 아니라 2자물류 자회사도 나중에는 경쟁력을 잃어 자연도태 될 우려가 크다. 해운업을 몰락시키면서까지 경영권 승계자금을 마련하며 크게 수익한 대기업 오너 일가들이 사회적 책임을 방기하는 대가로 수년 내에 물가 폭등의 고통과 책임이 고스란히 일반 국민들의 몫으로 남게 될 가능성도 상당히 높다.

  글로벌 정기선사를 앞세운 해운 경쟁국의 한국 해운업 고사 전략을 막을 수 있는 관건은 2자물류 자회사들이 확보한 물동량을 국적선 적취율과 연계시키는 것뿐이다. 따라서 한국이 처한 위기나 그 원인을 감안할 때 해운재건의 정책적 대안은 시장경제원리가 아니라 대기업의 사회적 책임 차원에서 접근할 필요가 있다.

또한 2자물류 자회사들이 급성장하는 과정에서 모회사(대기업)로부터 일감 몰아주기를 추진해 3자물류기업의 기회를 박탈했을 뿐만 아니라, 3자물류기업이 운송해오던 기존 화물까지 덤핑으로 빼앗았다. 이것은 3자물류 성장의 기회를 박탈시키면서[337] 일자리 창출 효과까지 저조하게 한 것이므로,[338] 3자물류 기회비용에 대한 사회적 책임도 있다.

헌법재판소는 "장애인 고용의무제도의 실효성 확보수단으로써 가장 강력한 수단으로 평가되는 부담금제도는 사회연대책임의 이념을 반영한 것이며, 장애인고용부담금은 재정적인 목적보다는 고용에 어려움을 겪는 장애인의 고용촉진을 주된 목적으로 하는 '유도적, 조정적 (특별)부담금'의 성격이 강하다"라고 판시한 바 있다.[339] 마찬가지로, 2자물류 부담금과 인센티브제는 2자물류 자회사들의 시장지배적 지위 남용을 견제할 뿐만 아니라 확보된 물동량을 국적선 적취율과 연계시키기 위한 실효성 확보수단으로써 사회연대책임의 이념이 반영된 '유도적, 조정적 (특별)부담금'의 성격이 강하다.

한편, 2자물류 자회사들이 해운시장을 왜곡하는 기형적 물류현상은 공정거래위원회의 일감 몰아주기 규제가 가져온 부작용에서 연유한다.[340] 2자물류 자회사를 일감 몰아주기와 덤핑 등으로 급성장시킨 대기업 오너들은 이미 지분 매각이나 배당금을 통해 변칙적인 경영권 승계자금 마련을 위한 소기의 목적을 달성했을 가능성이 크고, 그 과정에서 해운업을 몰락시킨 원인이 제공되었다. 공정거래위원회가 오랫동안 2자물류 자회사들의 시장지배적 지위 남용을 방치하여 한국 해운산업 자체가 고사될 위기에 처한 것이기도 하다. 따라서 공정거래위원회는 실패된 정책을 바로잡기 위해서라도 한국의 미래가 걸린 해운재건을 위해 2자물류 자회사 및 그 대기업 오너들이 사회적 책임을 다하도록 유도하는 정책을 수립하고 시행할 필요가 있다.

바. 산정원칙

조세는 일반 국민의 담세력을 기준으로 부과하는 담세능력의 원칙이 산정원리로 적용된다. 이와 달리, 부담금은 사업소요경비나 이해관계 등을 기준으로 하는 등가성 및 비용부담의 원칙 등이 산정원리로 적용된다.[341]

현재 국내선사는 운임이 외국선사에 비해 20% 이상 비싸고 커버리지도 외국선사의 60% 수준에 불과하다.[342] 경쟁력 열위에 있는 국적선사(한국선사)를 선택하는 화주의 불이익을 상쇄할 만큼 강력한 유인 정책이 새롭게 도입되지 않는 한, 세계 최하위 수준의 국적선 적취율[343]을 끌어올리기는 어렵다. 따라서 2자물류 자회사들이 국적선사를 이용할 경우 피할 수 있는 손실 금액이나 얻는 이익(인센티브제 적용으로 인한 2자물류 부담금 감면 폭)이 클수록 그만큼 국적선사를 이용케 하는 유인책이 강력해진다. 즉, 2자물류 부담금에서 산정된 부과금액이 클수록, 그리고 국적선사를 이용하여 적용되는 인센티브제로 2자물류 자회사가 실제 납부해야 하는 금액이 작아질수록 국적선 적취율이 올라가는 효과가 클 것이다.

그런데 정책목표 달성을 유도하고 조정하는 성격(정책실현목적)의 수질개선부담금에서는 먹는샘물 제조업자로부터 먹는샘물 판매가액(매출액)의 100분의 20의 범위 안에서 시행령이 정하는 율에 따라 수질개선부담금을 부과, 징수할 수 있도록 했고, 헌법재판소는 이를 합헌으로 판단했다.[344] 2자물류 부담금은 정책실현목적 부담금뿐만 아니라 재정조달목적 부담금 설치를 위한 보다 엄격한 정당화 요건도 모두 충족시킨다. 그리고 수질개선부담금이 유도하려는 수질환경개선보다 2자물류 부담금이 유도하려는 '해운재건을 통한 국가경쟁력 유지'라는 정책목표가 결코 가볍다고 할 수 없다.

게다가 해운재건이 공전을 거듭하며 수조 원의 국민 혈세가 들어가는 상황은 대기업의 경영권 승계자금 마련을 위해 일감 몰아주기와 덤핑으로 확보한 물동량 중 대부분을 외국선사에게 몰아주는 2자물류 자회사의 책임이 작지 않다. 특히 7대 2자물류 자회사들의 매출이 2000년 기준 3,000억 원에서 2015년 기준 23조 9,000억 원으로 15년 만에 72배 급성장했는데,[345] 이를 위해 국적선사 등에게 적자운송 등을 강요하며 해운업계의 매출이 2010년 기준 44조 원 규모에서 2017년 기준 28조 원 규모로 급감케 하는 데 주요 원인을 제공했다.[346] 이러한 연유로 몰락한 해운업을 재건하기 위한 재원은, 안정적 화물 확보에 별반 실효성을 거두지 못한 채 낭비되는 국민 혈세보다 국적선 적취율 제고를 유도할 수 있는 2자물류 부담금이 보다 적절할 것이다.

따라서 2자물류 부담금 부과금액은 해운재건의 사업소요경비나 위에서 본 2자물류 자회사의 이해관계나 사회적 책임을 종합적으로 고려하여 산정 기준이 마련되어야 할 것이다(등가성 및 비용부담의 원칙). 2019년에 징수되는 총 90개 부담금의 규모가 총 21조 993억 원인데, 그 중 해양수산부가 운용하는 부담금이 차지하는 비율은 0.4%에 불과할 뿐이다.[347] 해운재건이 한국의 미래나 국가경쟁력을 좌우하는 중대한 사업임을 고려할 때, 2자물류 부담금을 징수하는 금액을 늘림으로써 해양수산부가 차지하는 전체 부담금에서의 비율(0.4%)도 상당 부분 높일 필요가 있다.

3. 인센티브제와 화주 보호장치

운임공표제[348]는 2자물류 자회사의 일부 불공정행위 유형에 대하여 견제 역할을 어느 정도 하고 있다. 한진해운 사태의 원인 중 하나인 적자 운송 강요가 제도적으로 금지되기 때문이다. 그러나 운임공표제의 부작용으로 2자물류 자회사들이 시장지배적 지위를 남용하여 확보한 물동량 대부분을 외국선사에게 몰아주는 국적선사 이탈현상이 심화됨에 따라 해운재건의 가장 큰 걸림돌이 되고 있다. 이와 같이 국적선 적취율을 떨어뜨리는 운임공표제의 부작용을 보완할 수 있는 제도적 장치가 2자물류 부담금의 인센티브제이다.

2자물류 자회사에게는 2자물류 부담금을 전액 납부하든지 국가가 유도하는 목적을 위한 행위(국적선사를 이용하는 행위 포함)를 하여 부담금 상당 부분이 감면(인센티브제 적용) 되든지 양자택일할 수 있는 선택권이 인정된다. 인센티브제 적용으로 인한 2자물류 부담금 감면의 폭이 크면 클수록 후자를 선택하여 국적선 적취율 제고를 유도하는 효과도 커진다. 따라서 2자물류 부담금 부과금액이 높게 산정되고, 인센티브제 적용(2자물류 부담금 감면)으로 2자물류 자회사들이 실제 납부해야하는 금액이 낮게 산정될수록 국적선 적취율이 올라가는 효과가 그만큼 강력해지는 것이다.

한편, 한국 해운업을 고사시키고자 하는 해운 경쟁국과의 통상마찰이나 무역보복 가능성을 낮추기 위해 2자물류 부담금의 인센티브제(부담금 감면)는 정부가 현재 추진 중인 '우수 선화주 인증제도'[349]와 연계해서 시행할 필요가 있다. 즉, 2자물류 자회사에게 어느 정도의 인센티브(부담금 감면)를 제공할지 여부를 결정하는 '우수 선화주 인증제도'에서의 등급 평가 항목에 국적선사 이용률뿐만 아니라 불공정행위 여부,[350] 상생펀드 가입이나 장기운송계약 체결 여부 등 선화주 상생과 관련된 여러 항목을 담아 통상마찰의 가능성을 낮추는 것이다.

만일 2자물류 자회사가 '우수 선화주 인증제도'에서 최고 등급을 받아 2자물류 부담금 전액을 면제받을 경우, 2자물류 자회사가 감수하는 불이익은 사실상 외국선사와 국적선사 사이의 경쟁력 차이에서 오는 불이익(물류비용의 증가 등)을 감수하는 정도에 그칠 것이다. 그러나 한국 해운업 몰락의 원인과 파급효과를 고려할 때, 2자물류 자회사에게는 이러한 불이익을 감수할 사회적 책임이 있다고 할 것이다.

한편, 2자물류 부담금의 재원은 국적선사의 운임경쟁력 및 커버리지

(노선 서비스) 범위를 개선함으로써 2자물류 자회사들이 국적선사를 이용할 수 있는 여건을 개선하는 과제에 최우선적으로 사용되어야 할 것이다. 점차 국적선사의 경쟁력이 살아나면서 2자물류 자회사들이 감수하는 불이익도 적어질 것이다. 또한 글로벌 정기선사들이 수년 내 독과점 체제를 완성하여 운임을 상승시키는 시점이 오면, 이러한 운임상승을 방어하고 국내 화주를 외국 화주와 차별하여 경쟁력을 훼손시키는 것으로부터 보호하는 방패 역할을 국적선사가 감당하게 될 것이다.

그렇다면 2자물류 자회사가 단기적으로 감수하는 불이익은 국적선사의 경쟁력이 살아날 때까지의 낮은 운임경쟁력과 커버리지(노선 서비스)이다. 그렇지만 장기적으로 얻는 이익은 독과점 체제를 이룬 글로벌 정기선사에 의해 운임이 수배 폭등하는 것을 방어하고 차별적인 물류비용 증가로 인해 경쟁력을 상실하는 한국 화주의 공멸을 막는 것이다. 물론 한국 국민의 물가 부담으로 인한 고통을 덜어주고 한국의 국가경쟁력도 유지할 수 있게 된다. 단기적으로 2자물류 자회사가 먼저 불이익을 감수하지만 장기적으로 선화주 모두 상생하는 것이다.

한편, 구체적인 화주 보호장치로 운임공표제가 활용될 수 있다. 지금과 같은 불황기나 해운업 위급 상황 때 국적선사에게 전가된 이득을 호황기 때 2자물류 자회사가 환원할 수 있도록 하는 제도적 장치인 것이다. 즉, 호황기 때 국적선사가 2자물류 자회사에게 합리적인 운임을 제공할 수 있도록 정부가 적극 개입한 운임 가이드라인을 마련하는 것이다. 이를 위해 합리적인 운임을 산정할 수 있는 지표로 사용되어질 KCFI(Korean

Container Freight Index)를 개발할 필요가 있다. 그리고 선화주 상생의 연장선상에서 호황기(운임상승의 방어가 필요한 시기)에 2자물류 자회사들이 물류비용을 충분히 절감할 수 있게 하는 보호장치가 운임공표제와 연계되어 마련될 것을 제안한다.

또한 2자물류 부담금 인센티브제 적용을 위해 2자물류 자회사가 컨테이너 화물 장기계약을 체결할 경우, 국내선사들은 적시성 담보와 우대 운임, 선복량 우선 배정 등을 포함한 차별적인 프리미엄 서비스를 2자물류 자회사에게 제공할 필요가 있다.[351] 이를 위해 2자물류 부담금 인센티브제와 연계하여 컨테이너 화물에 적합한 장기운송계약 모델을 조속히 개발할 필요가 있다.

Ⅷ. 해운재건을 위한 기타 입법적 제언

1. 해양수산부와 한국해양진흥공사 주도의 구조조정
가. 해양수산부 주도의 관계부처 협의

예산 집행권이 있는 집행부처인 금융당국과 위상이 낮았던 해양수산부 사이의 높은 칸막이로 해양수산부가 소외된 채, 금융당국이 금융논리로 '고립형 정책'을 주도한 결과 한진해운 사태가 일어났다.[352] 그리고 금융당국이 해운산업을 이해하지 못하여 해양수산부가 입안한 해상 정책을 재정적으로 뒷받침하지 않아 유명무실케 하면서,[353] 문제를 해결할 수 있는 골든타임을 놓치는 경우가 많다. 이러한 모습은 한진해운 사태 이전뿐만 아니라 그 이후에도 지속되는 것으로 보인다.

해운재건을 주도해야 하는 해양진흥공사의 1대주주는 지분 40.7%를 보유한 기획재정부이고, 뒤를 이어 산업은행 22.6%, 수출입은행 19%, 해양수산부 12.4%, 캠코(한국자산관리공사) 3.6% 순이다.[354] 즉, 해양진흥공사는 태생적으로 금융당국의 영향을 받을 수밖에 없다. 그런데 해양진흥공사의 초기 자본금 대부분이 현물출자(금전 이외의 재산을 목적으로 하는 출자)로 이루어져,[355] 실제 가용할 수 있는 현금이 거의 없는 [356] 해양진흥공사는 출범한지 반년도 되지 않아 자금이 바닥났다.[357] 그런데 해운재건 정책을 재정적으로 뒷받침해야 하는 집행부처인 금융당국은 모르쇠 하는 형국이다.

금융당국은 금융논리를 앞세워 국적선사들의 영업기반이 사라지게 하는 방식으로 구조조정을 단행하여 외국선사와의 원가경쟁력 격차를 벌어지게 하고 한진해운 사태 당시 3,000억 원을 재정적으로 뒷받침하지 않아 117조 원 규모의 해운산업 전체를 위기에 빠뜨리는 정책 실패를 했다. 그런데 이러한 금융당국 정책의 실패를 만회하고 한국 해운재건을 위해 공적자금을 의미 있게 투입할 수 있는 골든타임(2020년)이 얼마 남지 않았다. 금융당국이 금융논리 중심의 근시안적인 정책으로 해운재건의 골든타임을 놓치는 과오를 반복해서는 안 될 것이다. 금융당국은 국적선사들이 잃어버린 영업기반을 다시 구축할 수 있도록 힘을 보탤 필요가 있다.

해운업의 재기를 위해 해양수산부에 기획재정부, 금융위원회, 산업통상자원부 등 관계행정기관의 차관급 공무원이 참여하여, 해운산업 발전을 위한 금융지원, 안정적 화물 확보 지원, 해운 전문 인력육성과 지원 등의 협의와 심의를 담당하는 '해운산업발전위원회'를 설치하는 내용의 '해운법 개정안'이 국회를 통과했다.[358] 해운산업발전위원회라는 범정부적이고 장기적인 정책협의를 통해 해양수산부 주도로 해운재건 정책을 입안하고 금융당국이 이를 재정적으로 뒷받침하여 힘을 보태는 정부 부처 간 협조 시스템이 구축되어야 할 것이다.

나. 한국해양진흥공사 주도의 선제적 구조조정

일본은 한진해운 사태를 교훈 삼아 곧바로 자국 선사 간의 출혈 경쟁을 반성하며 완전한 형태의 통합을 했다.[359] 일본 3개 정기선사 NYK, MOL, 케이라인은 2016.10. 컨테이너 부문 통합을 발표하고 2017.7. 컨테이너 부문 통합법인 'ONE(Ocean Network Express)'을 설립했다. ONE은 2018.1. 기준 9위(MOL, 56만 TEU), 10위(NYK, 55만 TEU), 13위(케이라인, 35만 TEU) 일본 정기선사를 인수합병(M&A)하는 방식으로 통합하며 세계 6위급 정기선사로 탄생했고,[360] 현재는 선복량(적재용량) 154만 TEU 이상을 확보하며 해운업계에서 확실하게 자리를 잡았다.[361] ONE은 통합으로 연간 1,100억엔(약 1조 2,000억 원)의 비용을 절감하는 성과를 거두고 있다.[362] 그리고 이렇게 규모의 경제를 이룬 ONE은 현대상선이 운항하던 노선에 선박을 띄웠는데, 원가경쟁력에서 밀린 현대상선은 결국 노선 재편에 나서야 했다.[363]

일본뿐만 아니라 전 세계 주요 해운국들(중국, 유럽)도 하나 같이 불황 위기를 극복하기 위해 정기선사 간 인수합병(M&A)을 활발히 진행하며 규모의 경제를 키워 나갔다.[364] 그러나 인수합병에 익숙하지 않은 한국만은 유독 인수합병(M&A)에 의한 통합에 대해 적대적 또는 미온적 태도를 보이며 선제적 구조조정을 통한 경쟁력 제고의 기회를 포기했다.[365] 한진해운 사태 이전이나 그 이후에도 국적선사들은 좀처럼 뭉치지 못하는 모습이다. 그나마 국내 근해선사인 장금상선과 흥아해운이 자율 구조조정 차원에서 합병하면서 국적선사 간 불필요한 역내 출혈 경쟁을 다소 완화할 가능성이 생겼으나, 완전한 형태의 통합을 한 일본의 ONE에 비하면 걸음마 단계이다. 주요 해운국들과 비교할 때, 국내선사들의 통합 움직임은 진척되지 않고 있으며 각자도생을 도모하는 분위기이다.[366]

현재 인트라아시아의 국적 근해선사들은 총 12개사인데, 방콕이나 하노이 서비스에 중복항로 개설이 많아 경쟁관계에 있는 국내선사별 출혈경쟁이 벌어질 수밖에 없는 상황이다. 만일 중복항로 구조조정이 이루어져 선박 한척만 빼더라도 연간 200억~300억 원의 비용절감 효과를 볼 수 있다.[367] 한편, 일본의 ONE이나 중국의 코스코, 프랑스의 CMA CGM, 덴마크의 머스크라인 등 세계 5대 원양 정기선사들의 2019년 최대 전략은 아시아 역내항로 진출이다.[368] 그리고 글로벌 정기선사들이 이미 대량 발주한 피더 컨테이너선을 인도 받는 2020년에는 아시아 역내항로에서 본격적으로 규모의 경제를 활용한 출혈 경쟁(치킨게임)을 하여 국내 12개 근해선사들을 퇴출시키려고 할 것은 불 보듯 뻔하다.[369] 결국, 인트라아시아의 국적 근해선사들이 실질적인 통합을 이루어 원가경쟁력을 높이지 못하면 살아남기 어려운 상황이다.

해양진흥공사나 국내 근해선사들 할 것 없이 모두, 출혈 경쟁을 펼치는 경쟁관계로 남아 있는 한국해운연합 형태로는 국적선사들이 앞으로 생존하기 어렵다는 점을 인정하고 있다.[370] 그런데 해양진흥공사의 입장은 "정부가 근해선사들을 통폐합할 권한이 없고 해운업계의 자율적인 합의 아래 항로를 합리화하고 국내선사 간 통폐합을 해야 한다"면서 정부가 선제적 구조조정을 도울 뿐 주도하지 않을 것이라는 입장이다.[371] 반면 흥아해운과 장금상선을 제외한 국내 근해선사 대부분은 한국해운연합의 약한 구속력 아래 이해관계를 쉽게 조율하지 못하는 상태에 있음에도 불구하고 통합에 대한 거부감이 큰 것으로 알려져 있다. 통합 거부의 원인 중 하나는 '기존 근해선사들이 새롭게 통합되는 회사의 주주로 남을 경우 통합된 회사 내 지분의 균형을 잘 맞출 수 있을지에 대한 두려움' 때문인 것으로 보인다.[372]

문제는 국내 근해선사들이 빠른 시간 안에 실질적인 통합을 이루지 못할 경우 생존이 어려운 상황인데, 통합할 수 있는 시간이 얼마 주어지지 않았다는 것이다. 현재의 한국해운연합 시스템은 각 국적선사가 얼라이언스나 통합된 선사처럼 공동운항에 구속되지 않아 비용절감 효과가 크지 않고 의사결정 속도가 느리며 서로 경쟁관계로 남아 있다.[373] 따라서 유일한 정책적 대안은 한국해운연합 자체의 자율적 합의이건 해양진흥공사(정부)의 적극적 주도이건[374] 빠른 시간 내(최소한 2020년 내)에 국내 근해선사들이 공동운항에 구속되는 수준 이상의 실질적인 통합을 이룸으로써, 원가경쟁력을 높이고 급변하는 해운시장에 신속하게 대응할 수 있는 선제적 구조조정을 완성하는 것이다. 예컨대, 일본의 ONE과 같은 완전한 형태의 통합을 하든지 한국해운연합의 성격을 글로벌 얼라이언스보다 구속력이 강한 해운동맹으로 탈바꿈시키는 것이다. 그렇지 못할 경우 조만간 아시아 역내항로를 잠식하는 글로벌 정기선사들이 펼치는 치킨게임에 대응할 수 없을 것이다. 다른 주요 해운국들과 달리, 한국만 선제적 구조조정의 타이밍을 놓친 것도 한진해운 사태의 원인 중 하나인데, 같은 과오를 되풀이해서는 안 될 것이다.

한편, 국적 근해선사들도 오랜 기간 지속된 해운업 불황으로 재무 여력이 충분치 않다.[375] 그런데 아시아 역내항로에서 외국선사들이 최근 서비스 노선을 신규로 개설하면서 국내 근해선사들의 시장점유율과 수익성이 심각하게 떨어지고 있다. 일례로 흥아해운은 2018년 상반기 누적 영업손실 149억 원으로 2017년 상반기보다 적자 규모가 118억 원 늘었고, 고려해운이나 장금상선처럼 탄탄했던 국적 근해선사들마저 최근에 어려움을 겪고 있다.[376] 그럼에도 불구하고 정부의 지원은 국적 원양컨테이너선사(현대상선)에만 집중되고 있어 국적 근해컨테이너선사들이 정부 지원의 사각지대에 놓인 것이 현실이다.[377] 이것은 해양진흥공사의 초기 자본금 대부분이 현물출자(금전 이외의 재산을 목적으로 하는 출자)로 이루어져 해운재건을 위한 자금 조달에 차질이 많기 때문이다.

정책적 대안으로 제시한 2자물류 부담금과 인센티브제가 조속히 실행되어 국적선 적취율이 올라갈 경우, 국적 근해선사들의 수익성 개선에 상당한 도움이 되고, 글로벌 정기선사들의 치킨게임에 대응할 수 있는 기반을 형성할 수 있을 것이다. 그리고 국적 근해선사들이 실질적 통합을 할 경우 비용절감의 효과도 발생할 것이다. 그러나 규모의 경제를 이룬 글로벌 정기선사의 출혈 경쟁에 대응하기 위해서는 원가경쟁력 제고도 필요하다. 따라서 공동운항을 할 수 있는 실질적인 통합을 한 국내 근해선사들이 원가구조를 개선할 수 있도록 해양진흥공사가 골든타임 내에 투자할 수 있는 여건이 되어야 한다. 골든타임(2020년) 안에 의미 있는 공적자금이 투입될 수 있도록 금융당국은 해운재건 계획을 재정적으로 뒷받침하는 정책을 조속히 수립하고 시행할 필요가 있다. 그리고 해양진흥공사는 국적선사들을 지원하며 도와주는 입장을 넘어 해운업의 경쟁력이 제고되는 선제적 구조조정이 골든타임(2020년) 안에 완성될 수 있도록 보다 적극적으로 주도하는 입장을 가져야 할 것이다.

2. 기타 입법적 제언

2자물류 부담금과 인센티브제가 시행될 경우 국적선사가 화물을 안정적으로 확보하는 효과가 즉각적으로 나타나 수익률이 크게 개선되고, 국적선사들이 공적자금에 기대지 않더라도 자생할 수 있는 기반이 형성될 것이다. 연속 적자를 이어가는 원양컨테이너선사(현대상선)의 손실을 메꾸기 위해 더 이상 '밑 빠진 독에 물 붓기' 식으로 국민 혈세가 낭비될 필요가 없고, 해양진흥공사의 자금이 원가구조 개선(재투자)이나 국적 근해컨테이너선사 지원에도 집중될 수 있을 것으로 기대된다.

또한 국적선사들은 증가된 물량을 처리하기 위해 자국 조선소에 지속적으로 선박을 발주해 조선업이 자연스럽게 살아날 수 있을 것이다. 직접적인 혈세 투입의 문제로 해운 경쟁국의 WTO 제소 등 통상마찰로 국력을 낭비할 필요도 없어진다. 그리고 국적 원양컨테이너선사의 재무구조가 좋아져 2020.3. 비용절감 효과를 극대화할 수 있는 얼라이언스에 가입하여 컨테이너선 시장에서 자리를 잡을 수 있을 것이다. 국적 원양컨테이너선사가 얼라이언스 내 입지를 확고히 할 경우 국내항 기항 빈도수를 증가시킴으로써 항만업도 자연스럽게 살아날 것이다. 그리하여 117조 원 규모의 한국 해운산업 전체가 활성화될 것이 기대된다.

결국, 2자물류 부담금과 인센티브제로 국적선 적취율이 제고될 경우 해운재건 5개년 계획에서 목표로 하고 있는 해운재건의 선순환 체계가 구축될 것이다. 이에 더해 해운재건을 위한 기타 입법적 제언으로 ① 장기계약에 기반 한 민간금융 활성화, ② 외국 화주 신뢰 회복을 위한 하역비지급담보 기금제도 마련, ③ 4차산업 혁명을 도입한 상생펀드를 제안한다.

첫째, 2자물류 부담금 인센티브제와 연계하여 컨테이너 화물에 적합한 장기운송계약 모델을 개발하고, 이를 기반으로 민간금융(선박금융) 활성화 방안이 조속히 모색되어야 한다. 해양진흥공사는 투자와 보증의 기능만 할 수 있을 뿐,[378] 대출 기능이 없다.[379] 그러나 낮은 금리로 대규모 자금을 대출 받아 장기 사용할 수 있는 민간금융의 지원이 없을 경우 국적선사들은 자체 힘만으로 원가구조를 개선할 수 있는 여건이 되지 않아 글로벌 정기선사들과 경쟁하기 어렵다.

둘째, 국적 정기선사의 정시성 확보를 위한 하역비지급담보 기금제도를[380] 마련하여 외국 화주의 신뢰 회복을 모색할 필요가 있다. 한진해운 사태 당시 물류대란의 시작은 마지막 항차에서 한진해운 선박이 부두에 접안해도 하역회사들이 하역비를 받지 못할 것을 우려해 작업을 하지 않았기 때문이었다. 한진해운 사태 때와 같이 국적 정기선사가 회생절차에 들어가더라도 국내 정기선사에 실은 화물이 정시에 항구에 도착하고 정시에 약속한 장소에서 수하인에게 인도될 수 있다는 확신을 심어줌으로써 외국 화주의 신뢰를 회복하는 것이다.[381] 글로벌 얼라이언스에서도 비상시에 물류대란으로 비화할 수 있는 위기를 모면하기 위해 기금을 구축하여 하역업자에게 현금을 지급하는 제도를 갖추고 있다.[382]

셋째, 2자물류 부담금 인센티브제와 연계할 경우 2자물류 자회사가 상생펀드에 출자할 유인이 커질 것인데, 선화주, 조선사가 공동으로 참여해 수익을 공유하는 펀드에 4차산업 혁명을 도입할 것을 제안한다. 2030년쯤에는 무인선박을 운항하지 못하도록 하는 국제조약이 개정되고 현재 선박이 무인선박으로 교체되기 시작할 것으로 예상된다.[383] 인공지능 등 4차 산업혁명 기술이 필요한 분야가 될 것이므로, 이를 대비하여 장기적인 안목을 갖고 대기업(화주), 조선사, 국적선사가 4차산업 신기술(블록체인 기술, 빅데이터 등의 신기술) 협력을 바탕으로 상생펀드를 운영함으로써 공유 수익을 극대화하는 동시에 한국의 4차산업혁명 발전도 도모하는 것이다. 다만 해운업은 해양수산부의 소관이고 조선업은 산업통상자원부의 소관이므로, 해운업과 조선업 간의 상생을 위해 행정 일원화가 선행되는 것이 보다 효율적일 것이다.[384]

IX. 맺음말

2017년부터 상위 글로벌 컨테이너선사들 중심으로 한진해운을 파산으로 몰고 간 치킨게임이 재개되면서 독과점 체제가 완성되어 가고 있다. 이에 따라 해운시황은 더욱 악화되고 많은 중소형 선사들은 수익성 악화로 퇴출될 것이 전망된다.

그런데 무역대국인 한국에게는 이러한 치킨게임에 대응한 생존대책으로 활용될 수 있는 강점이 있다. 바로 풍부한 물동량이다. 한국은 국적 정기선사의 수익률을 좌우하는 물동량이 세계적인 수준으로 많기 때문에 국적선사 영업환경 자체는 매우 유리하다. 그러나 한국만의 이러한 강점은 2자물류 자회사의 기형적인 급성장과 시장지배적 지위 남용으로 인해 활용되지 못하고 있다.

2자물류 자회사가 시장지배적 지위를 남용하여 국적선사에게 적자 운송을 요구하는 등 고질적인 관행으로 불공정행위를 하여 한진해운 사태의 근본적 원인 중 하나를 제공했다. 그리고 일감 몰아주기와 덤핑으로 확보한 전체 컨테이너 물동량의 83% 중 대부분을 외국선사에게 몰아주어 그만큼 국가가 추진하는 해운재건 정책이 위축되는 관계에 있다. 이러한 상태가 지속될 경우 국적선 적취율이 기하급수적으로 떨어져 한국의 국가경쟁력이 좌우되는 해운업이 몰락하고 수년 내 물가 폭등으로 일반 국민들이 고통을 받을 우려가 그만큼 높아진다.

따라서 국적선 적취율을 실효성 있게 올릴 수 있는 제도적 장치가 신속히 마련될 필요가 있다. 이를 위해 이윤 창출의 파트너십으로 논의되었던 기존의 선화주 상생정책이 대기업의 사회적 책임을 바탕으로 한 파트너십(2자물류 부담금)으로 패러다임을 바꿀 필요가 있다. 어느 정도 강제성(강력한 유인책)을 갖고 먼저 안정적으로 화물 확보(국적선 적취율 제고)가 될 수 있도록 하고, 파생되는 이윤으로 국내선사의 경쟁력(서비스)을 향상시킬 수 있는 현실적 대안을 새롭게 모색하는 것이다.

만일 2자물류 자회사가 확보한 물동량 83% 중 대부분을 통상마찰 없이 국적선사에게 몰아줄 수 있도록 유도하는 제도적 장치를 마련할 수 있다면, 2자물류 자회사의 역기능이 오히려 해운재건의 순기능으로 전환될 수 있을 것이다. 이러한 제도 개선 방안으로 2자물류 부담금과 인센티브제를 제안했다. 이것은 국적선 적취율 제고라는 정책목표 달성을 유도하고 조정하는 성격을 가진 부담금인 것이다.

2자물류 부담금과 인센티브제가 시행될 경우 국적선사가 화물을 안정적으로 확보하는 효과가 즉각적으로 나타나 수익률이 크게 개선되고, 국적선사들이 공적자금에 기대지 않더라도 자생할 수 있는 기반이 형성될 것으로 기대된다. 연속 적자를 이어가는 원양컨테이너선사(현대상선)의 손실을 메꾸기 위해 더 이상 '밑 빠진 독에 물 붓기' 식으로 국민 혈세가 낭비될 필요가 없고, 해양진흥공사의 자금이 원가구조 개선(재투자)이나 국적 근해컨테이너선사 지원에도 집중될 수 있을 것이다.

또한 국적선사들은 증가된 물량을 처리하기 위해 자국 조선소에 지속적으로 선박을 발주해 조선업이 자연스럽게 살아날 수 있을 것이다. 직접적인 공적자금 투입 문제로 해운 경쟁국의 WTO 제소 등 통상마찰로 국력을 낭비할 필요도 없어진다. 그리고 국적 원양컨테이너선사의 재무구조가 좋아져 2020.3. 비용절감 효과를 극대화할 수 있는 얼라이언스에 가입하여 컨테이너선 시장에서 자리를 잡을 수 있을 것이다. 국적 원양컨테이너선사가 얼라이언스 내 입지를 확고히 할 경우 국내항 기항 빈도수를 증가시킴으로써 항만업도 자연스럽게 살아날 것이다. 그리하여 117조 원 규모의 한국 해운산업 전체가 활성화될 것이 기대된다. 결국, 2자물류 부담금과 인센티브제로 국적선 적취율이 제고될 경우 해운재건 5개년 계획에서 목표로 하고 있는 해운재건의 선순환 체계가 구축될 것으로 기대된다.

한편, 국내 근해컨테이너선사들이 빠른 시간 안(최소한 2020년 내)에 실질적인 통합을 이루지 못할 경우 글로벌 컨테이너선사들의 출혈 경쟁으로 생존이 어려울 수 있다. 정책적 대안은 한국해운연합 자체의 자율적 합의이건 해양진흥공사(정부)의 적극적 주도이건 조속히 국내 근해컨테이너선사들이 공동운항에 구속되는 수준 이상의 실질적인 통합을 이룸으로써, 원가경쟁력을 높이고 급변하는 해운시장에 신속하게 대응할 수 있는 선제적 구조조정을 완성하는 것이다. 예컨대, 일본 3대 선사의 컨테이너선 통합법인인 ONE(오션네트워크익스프레스)과 같은 완전한 형태의 통합을 하든지 한국해운연합의 성격을 글로벌 얼라이언스보다 구속력이 강한 해운동맹으로 탈바꿈시키는 것이다. 다른 주요 해운국들과 달리, 한국만 선제적 구조조정의 타이밍을 놓친 것도 한진해운 사태의 원인 중 하나인데, 같은 과오를 되풀이해서는 안 될 것이다.

Part 02
세월호 참사

알기 쉬운 핵심요약 | 세월호 참사

세월호 선체조사위원회 제도 개선 보고서

알기 쉬운 핵심요약

(세월호 참사)

- 세월호 참사의 근본적 원인
- 근본적 원인들에 대한 법제도 개선
- 선박안전에 관한 기타 법제도 개선
- 제도 개선 방안

    2014년 4월 16일, 진도 팽목항에서 여객선 세월호가 침몰했다. 대부분 어린 학생인 304명이 목숨을 잃게 되는 비극적인 참사를 전 국민이 생중계로 지켜보았다. 세월호 참사로 대한민국은 함께 침몰했다. 우리는 한마음으로 진실 규명을 촉구하고 이러한 비극적인 참사가 다시는 발생하지 않도록 간곡히 소망하고 다짐했다. 그렇다면 현재 세월호 참사의 재발 방지를 위한 제도 개선은 어떻게 이루어지고 있을까? 일선 현장에서는 여객선에 대한 안전불감증이 여전하다며 탄식한다. 이에 대한 평가를 위해 세월호 참사의 근본 원인이 무엇인지 먼저 규명하고, 이에 대응하는 법제도가 제대로 개선되었는지 단단히 살펴보고자 한다.

세월호 참사의
근본적 원인

세월호 참사의 원인으로 가장 먼저 떠올리는 것은 "움직이지 말고 대기하라"는 안내 음성, 그리고 아이들을 선박에 남겨둔 채 선장(계약직 선장 이준석)과 선원들이 선박에서 가장 먼저 빠져나온 사실일 것이다. 이것은 크게 비난 받아 마땅하다. 그러나 이는 세월호 참사의 표면적 원인에 지나지 않는다.

법제도적 관점에서 세월호 참사의 근본 원인을 더 깊이 파헤쳐 보면 크게 세 가지로 나누어 볼 수 있다. 첫째, 선박소유자(여객선 선사인 청해진해운)가 선박이 안전하지 않다는 사실을 사전에 알았음에도 불구하고 이윤추구를 위해 필요한 시정조치를 취하지 않은 점이다. 둘째, 해양사고에 대비하기 위한 비상훈련이 제대로 이루어지지 않은 점이다. 셋째, 선박의 안전운항을 위한 관리체제가 제 기능을 발휘하지 못한 점을 들 수 있다.

첫 번째 근본적 원인을 살펴보겠다. 청해진해운이 18년간 사용하여 수명을 다한 일본의 노후선박을 도입하여 복원성(배가 기울었다가 다시 회복되는 성질)에 악영향을 미치는 개조 공사를 마친 뒤 바다에 띄운 배가 세월호다. 약 1년간 139회에 걸쳐 운항(인천-제주 항로)하여 합계 29억 6,000만 원의 초과운임을 취득했다. 그런데 위 기간 동안 세월호의 원래 선장(정규직 선장 신보식)은 세월호의 불감항 상태(선박이 안전하지 못한 상태)를 여러 차례 지적·보고했지만, 선박소유자인 청해진해운은 여객의 안전보다 비용절감과 이윤증가를 중시하여 이러한 보고·신고를 묵살했다. 즉, 원래 선장이 노후되고 불법 개조된 세월호를 과적 상태에서 운항하는 것은 위험하다고 안전관리담당자(안전관리책임자) 안기O에게 수차례 보고했지만, 돌아온 것은 계속 이의 제기를 할 경우 해고하겠다는 위협이었다. 그리고 청해진해운은 선박안전에 필요한 아무런 시정조치를 하지 않은 채 선장·선원들에게 세월호를 계속 운항하도록 지시하며 1년간 약 29억 원의 이윤을 남겼다. 선박소유자의 이러한 부당한 운항지시를 어길 경우, 선장·선원들은 사실상 고용관계에 불이익을 받아 생계가 어려워진다. 그 때문에 안전관련 시정조치가 이루어지지 않은 세월호는 1년간 지속적으로 운항되다가 끔찍한 참사로 이어진 것이다. 만일 청해진해운이 선박안전에 관한 시정조치가 필요하다는 상황을 알면서도 이토록 쉽게 묵살한 것을 제도적으로 억제하는 장치가 마련되어 있었다면, 세월호 참사는 발생하지 않았을 가능성이 높다.

두 번째 근본적 원인을 살펴보겠다. 세월호 참사의 전년도에 청해진해운이 해양사고에 대비하기 위해 비상훈련에 들인 비용은 총 54만 1천 원에 불과하다. 이것은 선원 1인당 훈련 교육비로 4,600원이 지출된 셈이다. 그런데 이 금액은 청해진해운이 같은 해 광고 선전비(2억 3천만 원)나 접대비(6천 60만 원)로 쓴 금액과 비교하면 훨씬 적은 액수이고, 미술품 구입에 사용한 돈의 180분의 1 수준이었다. 즉, 청해진해운이 비상훈련에 필요한 비용을 지출하지 않은 이유는 돈이 없어서가 아니라 안전을 위한 비용을 자발적으로 지출하도록 유인하는 효과적인 제도적 장치가 없었기 때문이다.

세월호 참사 당시 선장·선원들이 비상시 인명구조 조치를 하지 않은 채 퇴선한 행위는 비난받아 마땅하다. 이것은 선장·선원들이 자신의 안위만을 우선시하고 어린 학생들이 살 수 있는 기회를 박탈시킨 비인간적인 행위이다. 그러나 선장·선원들의 이러한 행위가 비롯된 근본적인 이유는 비상훈련이 선행되지 않아 선박이 침몰하는 급박한 상황에서 어떠한 조치를 취해야 할지 알지 못한 데서 연유한다. 청해진해운처럼 비상훈련을 위한 필요비용을 부담하지 않거나 안전관리책임자가 훈련교육계획을 수립하지 않은 경우, 선장이 단독으로 비상훈련을 실시하는 것은 불가능하다. 그리고 비상훈련이 선행되지 않으면 선박 위험시 인명구조 조치가 제대로 이루어지기 어렵다. 만일 선박소유자와 안전관리책임자가 자신의 역할을 수행하고 비상훈련의 여건을 마련하여 세월호 선장·선원들이 비상시 어떠한 역할을 해야 할지 숙지했더라면, 세월호 참사가 발생하지 않았을 가능성이 크다.

세 번째 근본 원인을 살펴보면, 선박의 안전운항을 위한 관리체제(안전관리체제/운항관리규정)가 제 기능을 발휘하지 못하는 제도적 여건이다. 선박소유자의 자율적 선박안전 시정조치나 비상훈련 등이 이루어질 수 있도록 하는 강제적 자기규제 기능을 하는 것이 안전관리체제(운항관리규정)이다. 안전관리체제가 제 기능을 발휘할 경우, 선박안전에 관한 의사결정권자인 선박소유자가 선박안전 시정조치나 비상훈련의 필요에 대해 손쉽게 묵살하기는 부담스러운 여건이 조성된다. 왜냐하면 선사의 안전관리체제의 핵심기능은, 선장·선원들과 해기지식이 없는 의사결정권자인 경영진을 연계(link)하는 안전관리책임자의 역할로 선박안전 조치의 투명성을 확보하는 것이기 때문이다. 안전관리책임자가 그 역할을 제대로 수행해야 선박안전에 관한 필요사항이 효과적으로 지원될 뿐만 아니라, 이러한 투명성 확보로 인해 선박소유자는 선박안전 관련 책임관계가 추적 받을 수 있다는 심리적 압박을 받게 되어 선박안전에 관한 자기규제가 강화된다.

그런데 문제는 선박운항을 위해 필수적으로 요구되는 안전관리체제가 수립 되어도, 안전관리체제 시행을 담보하는 마땅한 제도적 장치가 없어서 선박안전의무 이행에 기여하지 못하고 있다는 점이다. 즉, 선박운항을 위해 없어서는 안 되기 때문에 비용을 들여 시정조치, 비상훈련 등 선박안전에 관한 규정(안전관리규정)을 여객선사의 여건이나 특성에 맞게 만들어 놓기는 하나, 현행법 아래에서는 이렇게 애써 만든 안전관리규정을 안 지켜도 그만이다. 현실은 그저 허울뿐인 안전관리체제로 운영하고 있다. 연안여객선사(내항선사)와 달리, 외항선사는 운항서비스 품질경쟁을 해야 하고 선박의 입출항 시 항만국(Port State Control)의 통제를 받기 때문에 안전관리체제를 자율적으로 잘 시행하고 있다. 그러나 연안여객선사는 재무구조가 취약하고 운항서비스 품질경쟁을 하지 않는 독과점 체계이기 때문에 안전관리비용 투입 등 안전관리체제(안전관리규정)의 시행을 꺼려한다. 이로 인해 발생하는 선박안전위험(제2의 세월호 참사 위험)은 연안여객선을 대중교통으로 이용하는 여객들에게 전가된다.

청해진해운도 세월호 운항을 위해 필수적으로 요구되는 운항관리규정을 2013년 2월 25일에 승인받아 수립했다. 그러나 청해진해운은 이윤증가 및 비용절감을 위해 세월호의 불감항 상태를 알면서도 이를 묵살한 채 시정조치를 하지 않고 비상훈련도 하지 않았다. 자신이 수립한 안전관리체제를 준수하지 않은 것이다. 만일 선박의 안전운항 등을 위한 관리체제(안전관리체제/운항관리규정)를 허울뿐인 제도로 전락시키지 않았다면, 선박소유자(청해진해운)는 자신의 이윤추구를 위해 국민들의 생명위협을 감수하면서 이토록 쉽게 시정조치나 비상훈련을 묵살하기가 어려웠을 것이다. 그렇기 때문에 세월호 참사의 근본적 원인에 대응하는 제도 개선 시스템이 제대로 정비되었는지 살펴볼 필요가 있다.

근본적 원인들에 대한 법제도 개선

그렇다면 세월호 참사 이후, 앞에서 살펴본 근본적 원인들에 대응하는 법제도가 제대로 개선되었을까? 그렇지 않다고 판단된다.

첫 번째 근본적 원인과 관련해서는, 세월호 참사 후 개정된 법에서 선박소유자가 '선박안전 시정조치의 필요성을 알고 묵살하면서 선박의 안전운항에 필요한 조치를 하지 않을 경우' 사실상 1천만 원 이하의 벌금만 적용할 수 있다(선원법 제7조 제4항, 제172조).

두 번째 근본적 원인과 관련해서는, 선박소유자가 비상훈련을 실시하지 않을 경우 과태료 500만 원만 부과할 수 있도록 개정했다(선원법 제63조, 제179조). 청해진해운이 시정조치나 비상훈련을 묵살하고 1년간 취득한 불법한 이득이 약 29억 원이었던 사실을 돌아 볼 때, 위 두 가지 근본적 원인들에 대한 벌금인 1천만 원이나 5백만 원만으로는 선박소유자가 이윤추구를 위해 국민생명 위협을 감수하는 것을 억제하기 힘들 것이다.

세 번째 근본적 원인과 관련하여, 외항선을 규율하는 해사안전법에서는 "안전관리체제의 시행을 위하여 안전관리책임자와 안전관리자를 두어야 한다"고 규정하고 있다(해사안전법 제46조 제5항).

그런데 세월호 참사 이후 연안여객선 등 내항선을 규율하는 해운법에서도

"내항여객운송사업자는 해당(안전관리규정) 업무를 수행하기 위하여 안전관리책임자를 두어야 한다.는 규정을 신설했다(해운법 제21조의5 제1항). 이것은 안전관리체제 시행단계에서 핵심적 역할을 하는 자가 안전관리책임자임을 확인한 것이다. 이에 따라 세월호 참사 이후 해사안전법이나 해운법에서는 안전관리책임자의 자격기준을 강화하며 안전관리교육의무를 부과했고, 2018년 초부터 선박안전기술공단에서 안전관리책임자에 대한 교육을 실시하고 있다. 그런데 이율배반적인 것은 관련법에서 가장 기본적인 내용의 입법에 해당하는 안전관리책임자의 역할에 대한 규정이 없을 뿐만 아니라 그 책임 이행을 강제할 수 있는 어떠한 제재규정도 없다는 것이다. 이러한 기본적인 내용의 입법 미비는 안전관리체제 시행의 핵심역할을 담당해야 하는 안전관리책임자가 그 책임을 방기하더라도 아무런 법적책임을 지지 않도록 한다. 이것은 안전관리체제가 시행되지 않아도 그만인 제도로 전락시키는 셈이다.

또한 안전관리책임자의 책임방기에 대해 아무런 제재수단이 마련되지 않아 발생하는 역기능 문제도 심각하다. 즉, 해양사고가 발생할 경우 안전관리책임자는 월급을 주는 고용주인 선사의 경영진을 위해 책임관계를 밝히는 수사·조사에 협조하지 않게 될 가능성이 크다. 심지어 사실관계를 밝힐 수 있는 주요 증거서류를 폐기·은닉하는 폐단까지 발생하여 책임관계를 더욱 불투명하게 하는 역기능이 있다. 예를 들어, 세월호 참사처럼 선장·선원들이 안전관리책임자에게 시정조치 필요사항을 보고했음에도 불구하고 묵살되어 해양사고가 발생한 경우를 상정해 보자. 안전관리책임자는 선장과 선사의 경영진 사이에서 보고를 받고 전달하는 위치에 있다. 이러한 안전관리책임자는 수사진행 시 참고인의 자격으로 묵비권을 행사하며 고용주인 경영진에 대한 불리한 진술을 거부하고 시종일관 모르쇠로 일관하는 경우가 대부분이다. 청해진해운의 경영진이나 안전관리책임자 안기O도 관련 재판에서 그러했다. 이 때문에 수사기관은 안전관리책임자에 대한 수사단계에서 책임 소재를 추적할 수 있는 연계점(link)을 잃게 된다. 이에 따라 안전관리책임자에게 선박위험성에 대하여 보고했다가 묵살된 경우에도, 해양사고 시 선장만 형사처벌 되고, 안전관리책임자와 경영진은 증거불충분으로 인해 처벌될 가능성이 거의 없다. 그렇기 때문에 세월호 참사에서도, 청해진해운의 경영진은 책임 소재를 추적 받을 수 있다는 심리적 압박을 받지 않은 채 위험한 세월호에 대한 시정조치 없이 계속 운항할 것을 선장에게 구두로 지시하고 국민생명 위협을 감수하며 이윤추구를 할 수 있었던 것이다. 전 국민이 언론을 통해 관심을 갖는 등의 특별한 사정이 없는 한, 통상적인 해양인명사고의 경우에는 형사처벌을 받은 선장만 대체하고 선박소유자는 계속 영업을 이어가면 그만이다. 이와 같이 책임관계를 불명확하게 하고 선장·선원들에게 모든 불법적인 결과에 대한 책임전가를 하기 쉬운 시스템 아래에서는 선박안전에 관한 실질적 결정권자가 개인적 책임을 부담할 가능성이 극히 낮다. 그렇기 때문에 세월호 참사처럼 선박안전에 대한 결정권이 있는 경영진은 법적 방탄복을 입은 안전관리책임자 뒤에서 국민생명 위협을 감수하면서까지 선박안전의 시정조치나 비상훈련을 묵살하기 쉬운 구조가 되는 것이다.

특히 징벌적 손해배상 같은 제도가 없는 우리나라 법체계 아래에서 기업(법인)과 직원(행위자)에게 동일한 금액의 벌금만을 부과하도록 하는 양벌규정(1천만~3천만 원)의 한계로 인해(세월호 참사로 인해 청해진 해운이 선고받은 벌금은 기껏해야 1천만 원에 불과했다), 경영진(의사결정권자) 개인책임의 위험이 없는 한 선박소유자는 이윤 추구를 위해 선박안전을 도외시하거나 필요한 시정조치 사항을 묵살할 가능성이 더욱 크게 된다.

결국 세월호 참사를 야기한 위 세 가지 근본적 원인에 대응하는 법제도는 제대로 개선되지 않았다고 판단된다.

선박안전에 관한 기타 법제도 개선

그렇다면 선박안전을 담보하기 위해 개선된 다른 법제도는 얼마나 효과가 있을까?

첫째, 세월호 참사 이후 안전관리감독관과 운항관리자의 수를 늘려 타율적인 통제를 강화했다. 우리나라 연안여객선 대형사고와 관련하여

1953년 창경호는 229명, 1970년 남영호는 326명, 1993년 서해훼리호는 292명, 그리고 2014년 세월호 참사에서는 304명의 고귀한 인명이 희생되는 아픔을 주기적으로 겪어왔다. 그런데 세월호 참사 이후와 마찬가지로 서해훼리호 침몰사고 이후에도 정부는 운항관리자를 90명 수준까지 늘려 타율적 통제를 강화했지만, 사고 이후 처음에만 반짝 관리가 강화되었을 뿐 시간이 지날수록 타율적인 통제 및 감독은 느슨해졌다. 그 결과 세월호 참사가 다시 반복된 것이다. 여객선 일선 현장에서는 이미 안전불감증이 우려되고 있는 상황이라고 하는 바, 이러한 타율적 통제만으로 연안여객선의 안전관리를 시스템적으로 얼마나 담보할 수 있을지 의문이다.

둘째, 세월호 참사 이후 선장·선원들이 선박 위험시 인명구조 조치를 다하기 전에 퇴선을 하는 경우, 사람이 사망에 이르렀을 때 선장은 무기 또는 3년 이상의 징역, 선원은 3년 이상의 징역에 각 처하도록 처벌규정을 강화했다(선원법 제11조, 제161조). 그러나 통신의 발달 및 연안여객선 단거리 항로의 특성상 선장은 선박소유자의 지시를 받을 수밖에 없고 이를 어길 경우 선장·선원들은 해고 등으로 인한 생계의 위협을 받는다. 따라서 선박소유자가 부당한 지시를 하거나 필요한 시정조치를 묵살하기 어렵도록 하는 근본적인 제도 개선이 병행될 필요가 있다. 그렇지 않을 경우, 구두로 이루어지는 선박소유자의 부당한 지시는 입증되기 어렵고 안전관리책임자의 선박안전관리 방임에 대해서도 법적책임을 물을 수 없기 때문에, 선박소유자 및 안전관리책임자의 결과불법(불법적인 책임)

도 지시를 따른 선장·선원들에게 모두 전가된다. 즉, 선장·선원들이 모든 결과불법을 책임지는 속죄양이 되는 시스템이 되는 것이다. 이로 인해 선원직 기피현상이 심화되고 선원의 고령화와 질 저하로 이어져 비상훈련의 어려움 및 해양사고의 위험성은 더욱 증대된다. 그리고 선박안전에 실질적 영향을 미칠 수 있는 의사결정권자는 사실상 면책되기 때문에 선박안전을 위한 동기가 부여되지도 않고 승객의 안전보다 이윤 창출에 초점을 맞출 유인이 커지게 된다.

셋째, 세월호 참사 이후 세월호 참사 원인과 아무런 관련이 없는 선장·선원의 신고의무 불이행에 대해서는 '1년 이하의 징역'으로 처벌을 강화했다. 그러나 세월호 참사는 청해진해운이 세월호의 불감항 상태를 몰라서 발생한 것이 아니었다. 선박소유자가 수차례 신고를 받아 알았음에도 불구하고 이를 묵살하면서 시정조치를 하지 않았기 때문에 발생한 것이다. 그런데 세월호 참사의 근본적 원인인 시정조치의 묵살과 관련하여, 법개정 이후에도 비난가능성이 큰 선박소유자의 시정조치 불이행에 대해 사실상 1천만 원의 벌금만 적용시킬 수 있을 뿐이다. 심지어 세월호의 원래 선장 신보식이 지속적으로 선박안전에 관한 이의(신고)를 제기하자 안전관리책임자(안기O)는 해고 위협을 하며 책임을 방기했는데, 법개정 이후에도 이를 억제할 수 있는 어떠한 제재규정이 마련되지 않았다. 이러한 현행법을 볼 때, 과연 선박안전을 공고히 하기 위한 제도 개선인지 의문이 든다. 혹여 연안여객선이 우리나라의 대중교통 기능을 사실상 담당하여 선박안전의 의사결정권자들을 보호하고자 하는 취지일지라도,

선박안전이 담보되지 않아 생명의 위협을 받는 피해는 세월호 참사 당시 희생된 어린 학생들과 같은 국민들에게 고스란히 전가된다.

넷째, 세월호 참사 이후 선박안전의무 이행확보를 위하여 면허취소(영업폐쇄) 또는 10억 원 이하의 과징금을 부과할 수 있도록 하는 타율적 사후통제수단이 강화되었다. 그런데 대중교통 기능을 담당하는 영세한 연안여객선사 전체 중 반 정도가 자본금이 불과 2억~10억 원 미만의 취약한 자본구조를 지니고 있다. 그 때문에 10억 원에 상당하는 과징금을 부과하는 것은 연안여객선사를 파산·해산시키는 것과 동일한 효과가 있다. 따라서 해양사고가 발생하여 인명피해가 실제로 발생하기 전에는 대중교통수단을 없애는 결과를 야기하는 이러한 과징금 부과나 면허취소(영업폐쇄)를 시행하는 것이 쉽지 않다. 한편, 세월호 참사와 같은 해양사고가 실제로 발생할 경우, 경영진은 어차피 여객선사를 해산할 것이기 때문에 이러한 타율적 사후통제수단이 선박안전을 담보하는 데 한계가 있다. 또한 세월호 참사와 같이 선사가 불감항 상태를 알면서 선박을 운항하다가 해양사고가 발생할 경우, 국가가 특별히 특례법을 제정하여 직접 피해보상을 하지 않는 한 피해자들은 해산한 선사나 경영진 개인으로부터 피해보상을 받기 어려울 뿐만 아니라 심지어 선사의 보험사로부터도 보험금을 받기 어렵다. 그렇기 때문에 선사가 선박안전을 알면서 묵살하기 어렵도록 담보하는 제도적 장치가 더욱 필요한 실정이다.

결국 세월호 참사를 야기한 위 세 가지 근본적 원인들에 대응하는 효과적인 법제도 개선이 병행되지 않는 한, 선박안전을 담보하고자 하는 다른 법제도만으로는 세월호 참사의 재발방지에 크게 기여하지 못할 것으로 판단된다.

제도 개선 방안

세월호 참사의 재발방지를 위한 제도 개선방안과 관련하여 무엇보다 안전관리책임자의 책임(역할)을 명확히 하고 그 책임이행을 담보할 수 있는 최소한의 제재규정을 마련해야 한다. 물론, 세월호 참사를 야기한 위 세 가지 근본 원인 외에 청해진해운이 선박안전을 감독하는 기관들에게 로비활동을 하여 선박안전 부실에 대해 눈감도록 한 것도 세월호 참사를 야기한 주된 원인 중 하나이다. 그러나 선박안전에 관한 의사결정권자(경영진 및 안전관리책임자)가 선박안전을 도외시 한 자신의 모든 책임을 직원인 선장·선원들에게 쉽게 전가시킬 수 있도록 하는 현행제도의 맹점을 개선하고, 선사 자체 내의 투명성을 높였을 때 비로소 이러한 불법적인 로비활동(상급 감독기관과의 유착관계)도 근절될 수 있는 시발점이 될 것이다.

다음으로, 영세한 연안여객선사가 지출해야 되는 선박안전관리비용을 보조하는 영역까지 준공영제(공적인 기관에서 공공의 이익을 위하여

관리 하는 사업)를 확대하여 운영할 필요가 있다. 국민의 교통수단을 확대하는 것뿐만 아니라 안전한 운송 서비스가 제공될 여건을 마련하는 것도 국가의 기본적인 책무에 해당한다. 그런데 대중교통으로써의 중요한 기능을 수행하는 연안여객선은 상당수가 노후화되어 있는데, 연안여객선사의 영세성으로 인해 안전관리비용 투입은 어려운 여건이다. 게다가 여객선사의 열악한 근무환경으로 인해 선원들의 고령화 현상이 따르고 양질의 선원 확보가 더욱 어려워져서 효율적인 비상훈련이 불가능하다. 이에 따라 해양사고의 위험성도 증가하고 있는 실정이다. 정부는 연안여객선의 안전취약 요인을 해소하기 위해서라도 대중 교통권 확대에만 초점을 맞추어 준공영제를 운영하는 현실을 개선할 필요가 있다.

세월호 선체조사위원회 제도 개선 보고서

4·16 세월호 참사 재발 방지를 위한 정책적·입법적 제언

Ⅰ. 서론
Ⅱ. 우리나라 해상사고의 취약 요인
  1. 연안해운의 실태
    가. 연안여객선의 대중교통으로써의 역할
    나. 연안여객선의 안전관리 취약 요인
    다. 연안여객선 대형 참사의 주기적 반복
  2. 기업(연안여객선사)에 대한 처벌 미흡의 문제점
Ⅲ. 세월호 침몰의 원인
  1. 직접적·표면적 원인
  2. 간접적·심층적 원인
    가. Ⓐ 시정 조치 요인
    나. Ⓑ 비상훈련 요인
    다. Ⓒ 안전관리체제 요인
Ⅳ. 정부의 세월호 침몰 원인에 대한 법령 개정 사항
  1. 관련법 주요 개정 사항
  2. 직접적·표면적 원인에 대한 법령 개정 사항 및 평가
    가. 관련 법령
    나. 평가(문제점)
  3. 간접적·심층적 원인에 대한 법령 개정 사항 및 평가
  4. 기타 법령(면허 취소 및 과징금 최대 10억 원 상향) 개정 사항 및 평가
    가. 관련 법령
    나. 평가

V. 정부의 세월호 침몰 원인에 대한 법령 개정 사항의 문제점 및 입법적 제언
  1. Ⓐ 시정 조치 요인 및 Ⓑ 비상훈련 요인 관련
    가. Ⓐ 시정 조치 요인 관련 법령
    나. 문제점 및 입법적 제언
    다. Ⓑ 비상훈련 요인 관련 법령
    라. 문제점 및 입법적 제언
  2. 선장·선원 처벌 강화 관련
    가. 선박 위험시 조치 관련 법령
    나. 문제점 및 입법적 제언
    다. 선박 결함 신고 관련 법령
    라. 문제점 및 입법적 제언
  3. Ⓒ 안전관리체제 요인 관련 법령 개정 사항의 문제점
    가. 안전관리체제(운항관리규정)의 일반론
    나. 현행법상 관련 법령
    다. 안전관리체제의 문제점
  4. Ⓒ 안전관리체제 요인 관련 법령 개정 사항에 대한 입법적 제언
    가. 입법적 제언의 개요
    나. 안전관리책임자 임무 이행(안전관리체제 시행)의 강제를 위한 입법적 제언
    다. 안전관리책임자 책임(임무)에 대한 정책적·입법적 제언
    라. 책임 소재의 명확화를 위한 제도 개선 방안
VI. 선박안전관리비용에 대한 준공영제 지원 확대
VII. 맺음말 및 향후 과제

I. 서론

우리나라 연안해운은 실질적으로 대중교통으로써의 중요한 기능을 수행하고 있음에도 불구하고 연안여객선의 실태를 보면 세월호 참사에 큰 영향을 미친 안전관리 취약 요인들이 있다. 그러나 세월호 참사 이후 개정된 법제도는 이러한 연안여객선사의 안전관리 취약 요인들을 해소하지 못한 것으로 판단된다.

해상인명안전조약(SOLAS) 협약 비준 국가들은 국제안전관리규약(ISM Code)를 강행적으로 수용할 의무를 부담하는데, 해운 선진국인 영국과 노르웨이는 ISM Code를 국내법으로 수용할 때 효율적인 안전관리 책임자 제도를 통해 안전관리체제 시행의 실질화를 도모하는 동시에 기업에 대한 효과적인 제재 수단(기업살인법 및 상한의 제한이 없는 벌금 제도 등)이 있어 선사의 선박안전의무 이행을 중첩적으로 담보하는 시스템을 운영하고 있다. 이에 따라 선사 자체 내에서 안전관리가 필요한 사항이 발견되면 자율적으로 선박 안전관리 시정 조치가 잘 이루어지는 법체계를 운영하고 있다.

이에 반하여 우리나라는 기업에 대한 효과적인 제재 수단이 매우 미약(법인인 선사가 국민의 안전을 희생하며 수십억 원의 부당한 이윤을 추구하는 것을 규율하기 위한 제재 수단은 상한이 3,000만 원을 넘지 않는 양벌규정 및 개별적 처벌규정임)하기 때문에 국민의 생명과 안전에 직결되는 안전관리체제의 효율적인 시행이 위 해운선진국보다 더 절실하게 필요한 상황이다. 그럼에도 불구하고 안전관리체제의 시행 주체인 안전관리 책임자의 책임이 불명확하고, 그 책임 이행을 강제할 수 있는 법제도가 전혀 없기 때문에 안전관리체제가 유명무실하게 운영되어 선박안전관리에 기여하지 못하고 있는 실정이다. 이에 따라 연안여객선사 자체 내에서 선박안전관리가 필요한 사항이 발견될 경우에도 비용을 아낄 수만 있다면 자율적인 선박안전관리를 위한 시정 조치도 묵살하고자 하는 유인이 매우 큰 법체계가 운영되고 있다. 이것이 세월호 참사를 야기한 주요 원인 중 하나임에도 불구하고 세월호 참사 이후 개정된 입법체계에서도 이러한 주요 원인이 개선되지 않은 것으로 판단된다.

1993년 292명의 여객 희생을 야기한 서해훼리호 침몰 이후 정부는 운항관리자를 90명 수준까지 늘려 타율적 통제를 강화했지만, 사고 이후 처음에만 반짝 관리가 강화되었을 뿐 시간이 지날수록 타율적인 통제 및 감독은 느슨해져 304명의 희생을 야기한 세월호 참사가 다시 반복되었다. 그런데 서해훼리호 침몰 이후와 마찬가지로 세월호 참사 이후 개정된 법제도도 타율적 통제 위주로 일관하고 있는데, 위 개정된 법제도도 선박소유자에게 큰 위하력을 줄 수 없기 때문에 시간이 지남에 따라 안전불감증으로 인해 다시 세월호 참사가 재발할 가능성을 배제하지 못한다고 할 것이다.

결국 세월호 참사를 포함해 약 20년 주기로 일어나는 여객선 사고로 인한 대형 인명피해의 재발을 방지하기 위해서는 연안여객선사 자체 내에서 선박안전관리가 필요한 사항이 발견될 경우 이를 묵살하지 않고 자율적으로 시정 조치가 이루어질 수 있도록 유인하는 위하력 있는 제도 개선이 필요한데, 타율적 통제로 일관하는 현행 법제도만으로는 한계가 있다고 판단된다. 즉 현행 법제도 아래에서 연안여객선사는 상급 감독기관의 유착관계로든, 인력 부족으로 인한 부실한 선박검사로든 타율적 통제를 벗어날 수만 있다면 비용을 아끼기 위해 선박안전관리에 필요한 사항이 자체적으로 발견되더라도 이를 묵살하고 시정 조치를 하지 않으려는 유인이 매우 크다고 할 수 있다. 그러나 반복적으로 일어나는 여객선 대형 인명피해의 재발을 방지하기 위해서는 연안여객선사 자체 내에서 이미 인지하고 있는 선박안전관리의 결함에 대해 묵살하거나 방치하는 것을 어렵도록 하는 위하력 있는 제도 개선이 필요하다.

본 보고서에서는 이러한 문제의식을 가지고, 세월호 참사 원인에 대한 문제를 개선할 수 있는 방안에 관해 연안여객선사의 자율적인 시정 조치를 유인할 수 있는 제도 개선을 중심으로 제시하고자 한다.

Ⅱ. 우리나라 해상사고의 취약 요인

1. 연안해운의 실태
가. 연안여객선의 대중교통으로써의 역할

2017년 12월 31일 기준 연안여객선 항로 수는 총 107개 항로로, 일반항로 80개, 보조항로 27개를 운영하고 있고,[1] 2017년 기준 연안여객선을 통한 해상운송 이용객은 총 16,909,861명[2]이며, 이 중 도서민(3,715,521명)을 제외한 일반인 이용객은 13,194,340명으로 전체 이용객의 78%에 이른다.[3] 또한 연안에 위치한 도시 간을 연결하거나 내륙과 도서 지역을 연결하는 연안여객선 항로는 육지교통과 달리 대체 교통수단이 없으며, 도서민(섬주민)에게 생활항로로써의 성격이 강한 점에 비추어볼 때 실질적으로 대중교통수단[4]으로 기능하고 있다.

그러나 이와 같이 연안여객 운송이 대중교통수단의 기능을 수행하고 있음에도 불구하고 법률이 정하는 대중교통수단으로는 규정되지 않아 지원 대상의 사각지대에 있는 실정이다. 즉 육상교통수단[노선버스(여객자동차운수사업), 도시철도(도시철도법 및 철도산업발전기본법)]을 주 대상으로 한 '대중교통의 육성 및 이용 촉진에 관한 법률'의 규정에 의하면,[5] 연안여객 운송은 대중교통수단에서 제외되어 육성 및 지원의 법적 근거가 미약하다.[6] 그렇기 때문에 연안여객운송에 대해서는 육상대중교통에 비해 국가 차원의 지원 규모와 지원체계가 매우 열악하고, 단지 보조항로 결손 보상금과 도서민 운임 보조에 한정하여 국가 지원(준공영제)을 받고 있을 뿐이다.

그러나 연안도서를 연결하는 여객선을 이용하는 일반 국민과 도서주민에게 여객선이 유일무이한 교통수단인 점에 비추어볼 때 국가의 공익 서비스(Public Service Obligation) 관점에서 국민의 교통수단으로써 안전한 운송 서비스가 제공될 수 있도록 하는 것은 정부의 기본적인 책무에 해당한다. 특히 아래에서 보는 바와 같이 각종 외부 요인으로 인해 여객운송사업자로서는 안전관리비용의 투입 유인이 매우 약하기 때문에 여객운송의 안전관리가 효과적으로 이루어질 수 있도록 하는 제도적 장치를 마련하고, 정부 차원의 적극적인 지원 및 통제가 요구된다.

나. 연안여객선의 안전관리 취약 요인

1) 노후화된 연안여객선

2017년 기준 전체 연안여객선 168척 중 선령 25년 초과 여객선은 11척, 20~25년 여객선은 31척, 15~20년 여객선은 24척으로, 선령 15년 초과의 고선령 노후 선박은 전체 연안여객선의 약 39.3%를 차지하는 바, 전체 연안여객선 중 노후화된 선박 비중이 높음을 알 수 있다.[7] 그리고 연안여객선사의 영세성, 수익성 저하로 인해 돈이 많이 드는 선박의 신조선을 기피하고 해외 중고 선박을 도입함으로써 연안선박의 노후화가 가속화되고 있는데, 특히 선가가 높고 신조 기반 조성이 부족한 카페리 및 초쾌

속선은 일반적으로 해외 중고선을 도입하고 있는 실정이며, 해외 중고선을 도입하여 개조한 세월호도 그러했다.

즉 청해진해운이 도입한 세월호도 1994년 6월에 일본 나가사키의 하야시카네 조선소에서 건조되었는데, 일본 마루에이 페리사에서 '페리 나미노우에'라는 이름으로 18년 이상 가고시마-오키나와 나하 간을 운항하다가 2012년 10월 1일 운항을 끝으로 퇴역한 직후 청해진해운이 중고로 도입하여 개조 작업[8]을 거친 후 2013년 3월부터 인천-제주 항로에 투입되었던 것이다.[9]

결국 이와 같이 노후화된 연안여객선이 안전한 대중교통으로 기능하기 위해서는 안전관리비용의 투입이 더욱 필요한 상황이다.

2) 연안여객선사의 취약한 자본구조

2017년 기준 총 58개[10] 내항여객운송사업체 중 자본금 10억 원 이상의 업체는 31개 사이며, 자본금 5억~10억 원은 9개 사, 자본금 3억~5억 원은 11개 사, 자본금 2억~3억 원은 7개 사로 자본금 10억 원 미만의 여객운송사업자는 전체 46.5%의 비율을 차지하며, 전체 선사 중 절반 가까운 선사가 영세성으로 인해 취약한 자본구조를 형성하고 있다.[11] [12] 또한 2017년 기준 총 58개 내항여객운송사업체 중 선박 보유 척수가 1척인 업체는 16개 사이고, 2척인 업체는 19개 사로 2척 이하인 여객운송사업자는 전체 60.3%의 비율을 차지하며, 총 선박 보유 척수도 지속적으로 감소하고 있는 추세이다.[13]

이처럼 연안여객사업자의 취약한 재무구조 및 상승하는 운항원가비용 부담은 채산성을 악화시키고, 이는 곧 무리한 비용 절감으로 이어져 수익이 나지 않는 운항항로 폐쇄뿐만 아니라 선박안전관리에도 심각한 악영향을 끼쳐 세월호 참사와 같은 대형사고 발생의 개연성이 내재하게 된다. 왜냐하면 영세한 연안여객선사에게 선박수리 등과 같은 안전관리는 곧 비용으로 인식되고 있고 안전관리비용 투입도 매우 어려운 여건인 바, 선박소유자가 가능한 한 안전관리비용을 투입하지 않으려는 유인이 큰 상황은 연안여객선의 안전관리 취약 요인으로 작용하고 있기 때문이다.

또한 외항선사와 달리 면허체계에 의한 독과점 시장구조로 인해 연안여객선사는 운항 서비스 품질경쟁도 하지 않고 있는 바, 선박 안전 등을 위한 필요비용을 지출하지 않으려는 유인이 더더욱 크다.

한편 세월호 참사를 야기한 청해진해운과 관련하여 해양수산부는 당시 56개 선사 중 청해진해운을 포함한 18개 선사를 상위권 선사로 분류했고, 청해진해운은 데모크라시5호, 오가고호, 세월호, 오하마나호 여객선 4척을 보유하고 있는 큰 선사 중 하나였다.[14] 그런데 청해진해운이 세월호를 도입하기 1년 전인 2011년 감사 보고서를 보면, 청해진해운은 자본금 47억 원에 부채 131억 원으로 부채비율이 278%에 달했고, 영업적자 5억 1,000만 원에 당기순손실도 11억 원에 달했다.[15] 그리고 2012년 2억 5,000만 원의 영업이익을 냈던 청해진해운은 2013년에는 7억 8,500만 원의 영업손실을 내며 적자로 돌아선 상태였다.[16)17)]

이런 상황에서 청해진해운은 18년간 사용되었던 노후 선박을 들여왔고 무리한 증축으로 이익을 극대화하는 데는 주력했으나, 노후 선박에 대해 안전관리비용을 투입하려는 노력은 없었다. 이것은 연안여객선사의 취약한 자본구조 및 안전관리비용을 자발적으로 투입하도록 유인하는 제도적 장치가 부족한 데 기인한다고 판단된다.

그런데 대부분의 연연여객선사는 청해진해운보다 자본구조가 더욱 취약하고 영세한바, 안전관리비용의 자발적 투입 유인이 보다 약하기 때문에 연안여객선의 안전관리 취약 요인은 더욱 크다고 하겠다.

결국 노후된 연안여객선에 대해 선박소유자가 필요한 안전관리비용을 자발적으로 지출하도록 유인하는 것이 쉽지 않은 여건이라고 할 것인바, 이러한 유인을 마련하는 제도적 장치가 필요하다.

3) 선원의 고령화 및 양질의 선원 확보의 어려움

2017년 기준 연안여객선 선원의 월평균 임금은 315만 원으로 원양어선 선원의 월평균 임금 677만 원의 절반에도 미치지 못하고 있고 연근해어선의 급여와도 차이를 보이고 있는 바,[18] 연안여객선 선원의 임금체계는 타 선종의 선원에 비해 현저히 낮은 현상을 보이고 있다. 또한 이러한 저임금체계와 더불어 승선 근무로 병역이 대체되는 승선근무예비역 제도도 연안여객선 분야에서 제외되고 있어 양질의 선원 확보를 어렵게 하며, 연안여객선 선원의 고령화와 비정규직화를 촉진시키고 있다.

청해진해운 자료에 따르면 침몰한 세월호의 교대선장 이준석(69)은 근로기준법의 보호를 받지 못하는 촉탁직(비정규직)이었으며, 청해진해운과 1년 단위로 계약을 맺어왔다. 이준석 선장의 월 급여는 270만 원, 항해사와 기관장, 기관사의 급여는 월 170만~200만 원 수준으로 다른 외항선사의 60~70% 수준에 불과했고, 세월호 참사 당시 승선했던 선박직 15명 중 9명이 계약직이었다.

한편 이준석 선장은 세월호뿐만 아니라 또 다른 '인천–제주' 항로의 선박 오하마나호의 교대선장인 것으로도 밝혀졌다. 통상 배 1척당 2명의 담당선장이 할당되어 교대로 운항하지만, 청해진해운은 인건비를 줄이기 위해 한 사람을 두 배의 교대선장으로 등록했던 것이다.[19] 이러한 열악한 연안여객선사의 고용 조건은 우수한 선원의 유입에 장애가 되고 있는 실정이다.

또한 세월호 참사 이후 선장·선원에 대해서는 형사처벌 강화 위주로 법체계를 개정했는데, 열악한 근무환경과 더불어 이러한 처벌 강화 위주의 제도 개선은 양질의 선원 확보를 더욱 어렵게 하는 악순환의 결과를 낳고 있고, 이로 인해 연안여객선사에서는 전문교육을 받지 못한 고령화된 선원들이 다수를 이루고 고령화 추세는 더욱 가속화되고 있는 실정이다.

이와 같이 양질의 선원 확보가 어려운 여건 및 고령화 추세는 연안여객선사 선원의 안전교육 및 비상훈련이 효율적으로 이루어지는 데 어려움을 주는 요인으로 작용하고 있는 바, 효율적인 비상훈련이 이루어질 수 있는 제도적 장치가 더욱 필요하다.

다. 연안여객선 대형 참사의 주기적 반복

위와 같은 연안여객선의 안전관리 취약 요인들로 인해 200명 이상의 여객들이 사망한 대형 여객선 참사는 약 20년 주기로 되풀이되어왔다. 구체적으로 1953년 창경호 침몰사고는 229명, 1970년 남영호 침몰사고는 326명, 1993년 서해훼리호 침몰사고는 292명, 2014년 세월호 침몰사고는 304명의 인명을 앗아갔다. 그런데 남영호 침몰사고를 계기로 1973년 여객선 운항관리 제도가 도입되고, 서해훼리호 침몰사고 이후 정부는 운항관리자를 90명 수준까지 늘려 운항관리 및 감독을 강화한다고 나섰지만 처음에만 반짝 관리가 강화되었을 뿐 시간이 지날수록 여객선사들의 영세성으로 인해 안전 기준을 낮추거나 타율적인 통제 및 감독을 느슨하게 해줌으로써 약 20년 주기로 연안여객선 대형 참사가 반복되고 있다.[20]

그런데 아래에서 보는 바와 같이 세월호 참사 이후에도 안전관리감독관 및 운항관리자의 수를 늘려 운항관리 및 감독(타율적인 통제)을 강화하고 선장·선원의 처벌 강화 위주로 하는 제도 개선이 이루어졌으나, 과거와 마찬가지로 이러한 타율적 통제만으로는 처음에만 반짝 관리가 가능할 뿐 20년 이후에도 연안여객선의 안전관리를 시스템적으로 담보할 수 있을지 여부가 매우 불투명하다.

결국 약 20년 주기로 이루어지는 여객선 사고로 인한 대형 인명피해의 재발을 방지하기 위해서는 사고의 직접적 원인들에 대한 미봉적인 제도 개선만으로는 부족하고, 연안여객선의 안전관리 취약 요인 및 여객선사고의 간접적·심층적 원인까지 해결할 수 있는 효과적인 제도 개선이 이루어져야 할 것이다.

2. 기업(연안여객선사)에 대한 처벌 미흡의 문제점

해운기업범죄를 억제할 수 있는 우리나라 현행법상 형사 제재로는 i) 의사결정을 할 수 있는 고위관리자에 대해 형법의 총칙규정 및 공모공동정범이론·공범이론을 적용하여 공동정범, 교사범 또는 방조범으로 형사처벌하는 것과 ii) 해운기업 자체에 대한 양벌규정[21]을 상정할 수 있다. 그러나 전자는 범죄의 고의성 여부에 대한 입증곤란이나 책임 소재의 불분명으로 인해 고위관리자에 대한 형사책임 귀속이 어렵다는 문제가 있고, 후자는 양벌규정이 법인과 자연인 행위자에게 동일한 금액의 벌금을 부과하도록 하고 있어 해운기업에 대한 위하력을 발휘할 수 없다는 문제가 있다.[22]

우선 선박의 불감항성에 대한 조치권한이 있는 시정 조치 책임자(경영진·최고경영자)에게 형법의 총칙규정 및 공모공동정범이론·공범이론을 적용하여 형사책임을 귀속시키는 것은 여러 간접적 요인으로 인해 어렵다. 조직체로서의 기업은 오늘날 실행 행위, 정보 소유 그리고 결정권한이 고도로 분화되어 있어 책임의 확정·귀속을 매우 곤란하게 만든다. 예컨대 이윤을 극대화하거나 경비 절감을 원하는 선박소유자 내지 의사결정권자(경영진)가 선장·선원들에게 불감항 상태의 선박을 운항할 것을 지시 내지 강요할 경우 피용인인 선장·선원들은 고용관계를 포기하면서까지 위 부당한 지시를 어기기 어려운 것이 현실이다.[23] 그러나 막상 세월호 참사와 같이 인명피해가 발생하는 해양사고가 일어날 경우 거의 대부분의 사례에서는 이러한 지시를 내린 의사결정권자·간부는 구두로 이루어진 지시 사실을 부인하게 되고, 우리나라 법체계상 이러한 경우 이익의 귀속 주체이자 비난 가능성이 높은 의사결정권자·간부에 대해 형법상 필요한 정도까지 확실히 조사한다는 것은 거의 불가능에 가깝다.[24] 이러한 경우 고용주인 선박소유자의 지시를 따를 수밖에 없는 피용자인 선장·선원들만 형사책임의 귀속 주체 내지 속죄양으로 전락하게 되고, 초과운임(세월호 사건에서는 29억 6,000만 원의 초과운임을 취득함) 등 이익의 귀속 주체이자 부당한 지시를 내린 의사결정권자·간부들은 어떠한 책임도 지지 아니하며[25] 법인인 선박소유자는 피용자인 선장과 같은 금액의 벌금(양벌규정으로서 현행법상 1,000만~3,000만 원 한도)만 부담하는 시스템인 것이다. 이러한 시스템은 선박소유자가 선박 안전을 도외시한 채 경비 절감·이윤을 추구하게 하는 유인으로 작용한다.

다음으로 '기업 자체에 대한 제재 수단'으로써의 양벌규정은 위하력을 발휘할 수 없을 뿐만 아니라 오히려 대표자를 비롯한 자연인 상급기관이 반사회적 기업범죄를 저질러 대형 인명사상을 발생시켜도 면책 수단으로 남용되는 문제가 있다. 우리의 양벌규정상 '행위자를 벌하는 외에'라는 것에서 '행위자'는 '사실' 행위자만을 의미한다는 통설에 의할 때 현행법 하에서 해운기업 자체가 수범자로서 자기행위책임이 인정되어 형사처벌을 받게 될 경우에는 기관구성원의 위법한 행위가 해운기업에 흡수된다. 즉 해운기업의 벌금액을 개인행위자의 벌금액에 연계시킴으로써 해운기업의 기관구성원인 자연인에게는 형사책임과 처벌이 주어지지 않게 된다. 단지 '사실'행위자로서 기껏해야 중간급 관리자나 현장의 말단 종업원만을 처벌하게 된다. 결국 형사처벌의 객체로서 책임 주체가 모호한 해운기업을 처벌한다는 미명하에 사회적·경제적으로 조직 내에서 가장 강력한 책임자인 대표이사 등 자연인 상급기관에 면죄부를 부여하는 대신,[26] 사회적·경제적 약자이자 종업원인 선장·선원들만을 처벌하는 결과가 되는 것이다.[27] 게다가 양벌규정으로 하층 구성원인 선원들과 해운기업만이 처벌된 이후, 해운기업은 처벌받은 피용자인 선원을 대신할 사람을 구하게 되어 해운기업에 대한 형벌의 범죄억지력은 거의 사라진다고 보아야 한다.[28] 이러한 사정은 해양사고 및 해운기업범죄에 대처하기 위해 마련된 선원법 제178조(양벌규정), 선박직원법 제30조(양벌규정), 선박안전법 제84조(벌칙) 제2항, 해운법 제58조(양벌규정), 해사안전법 제109조(양벌규정), 개항질서법 제47조(양벌규정), 해양환경관리법 제130조(양벌규정)에 있어서도 마찬가지다.

우리나라는 총액벌금형제를 취하고 양벌규정에서 법인에 대해 자연인과 동일한 벌금액이 법정되어 있으며, 양벌규정은 자연인에 비해 자산 규모가 큰 법인에는 별 타격이 될 수 없는 형벌이기 때문에 현행 양벌규정의 벌금액은 법인에 커다란 위하력을 갖지 못한다. 일반적으로 벌금액의 상한이 그리 높지 않고 범죄에 의한 수익(세월호 사건에서는 29억 6,000만 원의 초과운임을 취득함)보다 벌금액(양벌규정으로서 현행법상 1,000만~3,000만 원 한도)이 적어 위하력을 발휘하기 어렵다. 그러한 경우 기업은 위하력이 없는 벌금형을 중한 형벌의 하나로 생각하기보다는 기업의 이윤을 증대시키는 데 필요한 필수적인 경비 정도로 생각하는 경향이 짙게 되며,[29] 기업들이 이미 양벌규정에 의한 벌금 부과를 사업 운영상 필요불가결한 비용으로 간단하게 처리하고 있다는 것은 이미 잘 알려진 사실이다.[30] 게다가 기업은 현행 벌금액으로 큰 타격을 입지 않으므로 자신의 위법행위가 숨은 범죄로 남을 경우 더욱 막대한 이윤을 창출할 것을 예상하고 범죄를 저지를 수 있으며, 기업범죄는 예외적으로 발생하는 것이 아니라 사회적으로 빈번히 발생하는 범죄 형태가 되어가고 있다. 그럼에도 불구하고 여전히 우리나라의 기업범죄에 대해서는 자연인에 대한 벌금형을 차용하여 부수적으로 부과할 뿐 법인의 구조에 합당한 형벌은 전무하다고 말할 수 있다.[31] 결국 우리나라는 기업범죄에 대한 적절한 대처 방안이 극히 미약한 법체계라고 할 것이다.

이에 반해 영미법계 국가인 영국·호주·미국은 법인의 범죄능력을 인정하며 기업범죄에 대처하기 위해 기업에 막대한 배상금을 물리는 '징벌적 손해배상 제도'나 기업에 살인죄를 부과하는 '기업살인법'을 제정하고 있고, 우리나라와 같이 대륙법계 국가인 일본·중국·독일도 삼벌규정이나 질서위반법을 제정하여 책임이 있는 의사결정권자·간부를 효과적으로 처벌하도록 하고 있으며, 프랑스도 형법을 전면적으로 개정하여 법인의 형사책임에 관해 적극적으로 규정함으로써[32] [33] 기업범죄에 효과적으로 대처하는 방안을 마련하고 있다.[34]

특히 해운선진국인 영국, 노르웨이는 기업범죄에 효과적으로 대처하는 입법 시스템을 갖춘 상태에서도 형사 제재와 결합한 안전관리책임자 제도를 채택함으로써 선박 안전을 도모하는 안전관리체제를 실효성 있게 운영하고 있다. 그러나 우리나라는 위 선진국들에 비해 기업범죄에 대처하기 극히 어려운 법체계임에도 불구하고 선박 안전사고에 대한 사전 예방 시스템인 안전관리체제를 비효율적으로 운영하여 선박 안전에 기여하지 못하고 있는 실정이다.

결국 세월호 참사의 재발을 방지하기 위해서는 연안여객선사를 비롯한 기업에 대한 효과적인 제재 수단이 미흡한 우리나라 입법체계에서 선박안전관리를 담보할 수 있는 안전관리체제를 효율적으로 운영하여 선박 안전관리를 소홀히 하는 선박소유자의 범죄를 억지할 수 있는 위하력 있는 제도 개선이 필요하다.

Ⅲ. 세월호 침몰의 원인

1. 직접적·표면적 원인

검찰, 경찰, 해양안전심판원 및 법원 등의 조사·판단에 의한 현재까지 세월호 침몰의 직접적 원인으로는 ⓐ 화물 과적 및 고박부실, ⓑ 여객선 불법 개조로 인한 복원성 불량, ⓒ 사고 당시 선장·선원의 초동대응 실패(인명구조 조치를 다하기 전에 퇴선함) 등을 들 수 있다.

물론 선체조사위원회(이하 '선조위')는 ⓐ 화물 과적이 곧 세월호 침몰 원인으로 바로 규정될 수 없다고 판단하지만 세월호의 복원성은 해양사고 위험에 취약했다. 또한 선조위가 선체 내부를 조사한 결과[35] 기관실 각 구역 사이에 반드시 닫혀 있어야 할 수밀문과 맨홀, 해치 등이 열려 있었다.

사고 당시 세월호가 좌현쪽으로 빠르게 기울기 시작하여 발생한 급한 횡경사 자체만으로 대형 인명피해로 이어질 이유는 없었다. 횡경사 발생 이후 침수와 침몰이(정상적인 선박의 경우보다) 빠르게 진행된 것이 다수의 사망자가 발생한 중요한 요인이 되었다. 좌현으로 크게 기운 세월호가 상당히 빠른 속도로 침수되고 침몰한 것은 기관실의 수밀문들과 '주기관에서 축실, 축실에서 발전기실'을 연결하는 문·해치 등이 닫혀 있지 않았기 때문이다.[36] 선조위가 수집한 데이터를 기반으로 네덜란

드 MARIN에서 실시한 침수와 침몰 실험 결과에 따르면, 수밀문들이 닫혀 있었을 경우 세월호는 스태빌라이저(Stabilizer) 룸이 모두 침수된다고 해도 배 전체는 일정 각도에서 평형을 이루어 더 이상 가라앉지 않았거나 실제보다 더 오래 물에 떠 있었을 것으로 추정된다.

결국 사고 당시 세월호가 크게 기울기 시작한 때부터 탈출할 때까지 45여 분 동안 세월호 선장과 선원들은 열려 있는 수밀문을 닫으려는 조치를 취하지 않았고, 심지어 조타실에서 원격으로 닫을 수 있는 수밀문(5개)도 닫지 않았다는 사실이 밝혀졌는데, 이것도 세월호 참사의 직접적·표면적 원인 중 하나(위 ⓒ 사고 당시 선장·선원의 초동대응 실패)라고 할 것이다.

2. 간접적·심층적 원인

세월호 참사의 간접적·심층적 원인으로는 Ⓐ 선박소유자가 선박 안전에 필요한 조치를 취하지 않은 점(이하 'Ⓐ 시정 조치 요인'), Ⓑ 해양사고에 대비하기 위한 비상훈련이 이루어지지 않은 점(이하 'Ⓑ 비상훈련 요인'), Ⓒ 선박의 안전운항 등을 위한 관리체제가 시행되지 않은 점(이하 'Ⓒ 안전관리체제 요인')을 들 수 있는데, 그 이유는 아래와 같다.

가. Ⓐ 시정 조치 요인

청해진해운은 세월호의 증·개축 공사를 마친 다음 2013년 3월 15일부터 2014년 4월 15일까지 139회에 걸친 운항(인천-제주 항로)으로 합계 29

억 6,000만 원의 초과운임을 취득했다.[37] 그런데 세월호의 원래 선장 신보식은 세월호의 불감항 상태를 지적하고 이를 시정할 것을 청해진해운 물류팀에 수차례 건의했는바,[38] 선박의 감항성 및 안전설비의 결함 상태에 대해 수차례의 보고·신고가 있었던 것이다. 그럼에도 불구하고 선박소유자인 청해진해운은 선박의 안전보다 운항이익을 중시하여 위 보고·신고를 묵살[39]한 채 선박 안전에 필요한 아무런 조치를 취하지 않고 지속적으로 세월호를 운항할 것을 지시한 것이다.[40]

한편 고용관계를 포기할 경우 생계를 위협받는 선장·선원들은 본인 역시 위험에 처함에도 불구하고 불감항 상태의 세월호를 운항하라는 선박소유자의 지시를 어길 수 없었다.[41] 구체적으로 청해진해운의 안전관리담당자[42] 안기○은 2014.2.경 해무팀장 박희○으로부터 원래 선장 신보식이 "화물이 많이 실리고 있으니 조치를 취해주십시오"라고 말한 사실을 전해 들었으나, 해무팀장[43] 박희○에게 "물류팀에서 알아서 할 일인데 알았다"고만 한 후 아무런 조치를 하지 않았다. 또한 안전관리담당자 안기○은 그 무렵 선상회의가 끝난 뒤에 선장 신보식에게 "화물 때문에 왜 배가 더 이상 못 다니겠느냐"며 더 이상 문제를 제기하면 그만두게 할 것 같은 인상을 주는 말을 했다.[44] 결국 선박 안전에 관한 보고를 했던 세월호의 선장·선원들도 불감항 상태의 세월호를 계속 운항하라는 선박소유자 측의 지시를 고용관계 불이익이 염려되어 어길 수 없었다는 사실이 확인된다.

그런데 위 'Ⅱ.1의 나(1)'항에서 본 바와 같이 연안여객선의 약 40%는 선령 15년 초과의 고선령 노후 선박으로써 선박의 감항성 및 안전설비의 결함에 대한 시정 조치가 수시로 필요한 상황이다. 반면에 'Ⅱ.1의 나(2)' 항에서 본 바와 같이 연안여객사업자의 취약한 재무구조로 인해 선박안전관리비용조차 절감하고자 하는 유인이 선박소유자에게 매우 크다. 이러한 여건에서 선박소유자가 세월호의 불감항 상태에 대해 수차례 신고를 받아 잘 알고 있음에도 불구하고 이윤 때문에 이를 묵살하며 선박 안전에 필요한 시정 조치를 취하지 않은 데서 세월호 참사가 근원적으로 비롯된 것이다.

결국 세월호 참사가 발생한 심층적 원인 중 하나는 선장·선원들의 신고의무 불이행 때문이 아니라[45] 선박소유자가 인지하고 있으면서도 비용을 절감하기 위해 선박 안전에 필요한 시정 조치를 취하지 않은 점[46]이라고 할 것이다.

나. ⓑ 비상훈련 요인

선박소유자(청해진해운)가 해양사고에 대비하기 위한 비상훈련에 들인 세월호 참사 전년도 비용은 총 54만 1,000원인 바, 이홍보 선원 1인당 훈련교육비로 4,600원을 지출한 셈이 된다. 그런데 이 금액은 청해진해운이 같은 해 광고 홍보비(2억 3,000만 원)나 접대비(6,060만 원)로 쓴 금액과 비교하면 훨씬 적은 액수이며, 미술품 구입에 사용한 돈의 180분의 1 수준이었는 바,[47] 청해진해운이 비상훈련에 필요한 비용을 지출하지 않은 이유는 돈이 없어서가 아니라 이러한 비용을 자발적으로 지출하도록 효과적으로 유인하는 제도적 장치가 없기 때문이라고 판단된다.

위 'Ⅱ.1의 나(3)'항에서 본 바와 같이 양질의 선원을 확보하기 어려운 여건 및 고령화 추세로 인해 선행적으로 여객선사 선원의 안전교육 및 비상훈련이 더욱 효율적으로 이루어져야 비상시 인명구조 조치가 제대로 이루어질 수 있을 것이다. 왜냐하면 비상훈련이 선행되지 않은 상태에서는 급박한 해양사고 시 선장·선원들이 어떠한 조치를 취해야 인명을 구조할 수 있는지 알 수 없기 때문이다.

단적인 예로, 위 'Ⅲ.1'항에서 본 바와 같이 세월호 참사의 직접적 원인으로 기관실의 수밀문 등이 닫혀 있지 않았다는 사실이 선조위 조사에 의해 최근 새롭게 밝혀졌는데, 조사 결과 많은 선원이 이러한 조치가 이행되었어야 한다는 사실을 몰랐다는 것이 확인되었다. 만일 비상훈련 중 선장·선원들에게 이러한 조치에 대한 교육이 제대로 이루어졌다면 세월호 참사 시 대형 인명피해는 막을 수도 있었을 것으로 추정된다.

그런데 문제는 선박소유자가 비상훈련을 위한 필요비용을 부담하지 않거나 여건을 조성하지 않을 경우, 또는 안전관리책임자가 훈련교육계획[48]을 수립하지 않을 경우 선장 단독으로 비상훈련을 실시하는 것이 불가능하고, 더 나아가 비상훈련 없이는 선박 위험시 인명구조 조치도 이루어질 수 없다는 것이다. 즉 선박소유자, 안전관리책임자, 선장 모두의 역할 수행이 유기적으로 이루어져야 선박 위험시 조치(비상시의 인명구조 조치)가 제대로 이행될 수 있는데, 세월호 참사 시 그러지 못했다.[49]

결국 세월호 참사가 발생한 간접적·심층적 원인 중 하나는 해양사고에 대비하기 위한 비상훈련이 유기적으로 이루어지지 않은 점이라고 할 것이다.

다. ⓒ 안전관리체제 요인

선박의 안전운항 등을 위한 관리체제(안전관리체제·운항관리규정)[50]의 핵심 기능은 안전관리책임자가 그 역할을 제대로 수행할 경우 선박안전관리에 대한 투명성 보장 시스템이 작동해 선박소유자가 선박 안전 관련 책임관계를 추적받을 수 있다는 심리적 압박을 받음으로써 자율적 선박 안전 시정 조치나 비상훈련 등이 이루어질 수 있도록 하는 강제적 자기규제 기능이라고 할 것이다.

2013.2.25. 청해진해운은 세월호 운항관리규정을 승인받았는데, 안전관리담당자는 안기○으로서 선장의 직무와 권한에 속하는 사항을 제외한 선박의 운항 및 기타 수송의 안전 확보에 대한 업무를 총괄하도록 되어 있었다. 그런데 세월호 참사 이후 청해진해운의 안전관리담당자[51]가 누구인지에 대하여 관련 직원 간에 다툼이 있을 정도로 운항관리규정 등의 안전관리시스템을 시행해야 할 책임 주체를 특정하기 어려웠다.[52]

이것은 선박의 안전운항 등을 위한 관리체제(안전관리체제·운항관리규정)가 효율적으로 시행될 수 있도록 하는 책임 주체가 명확하지 않은 문제점이 드러난 것이며, 이로 인해 안전관리책임자는 안전관리체제의 시행을 방치해도 개인적으로 어떠한 법적책임도 부담하지 않게 되고 선박소유자로서는 비용이 드는 안전관리체제의 시행을 꺼리게 하는 요인으로 작용하는 것이다.

　운항관리규정상 심사 합격을 받아야 선박을 운항할 수 있으므로 청해진해운 운항관리규정이 수립 단계까지는 이루어졌으나, 수립된 운항관리규정이 선박 안전에 실질적으로 기여할 수 있도록 시행하는 책임 주체가 불명확해 안전관리체제가 선박 안전사고의 사전 예방 수단으로써 제 기능을 발휘하지 못한 것이다.

　또한 안전관리체제가 실질적으로 시행되지 못하는 주요한 원인으로는 안전관리체제 시행 주체인 안전관리책임자의 역할 방임이 있다. 왜냐하면 안전관리책임자가 수립된 안전관리체제(안전관리규정)에서 규정한 책임을 방임하더라도 현행법상 어떠한 법적 책임도 지지 않기 때문에 안전관리책임자는 안전관리체제 시행의 역할을 방기할 가능성이 크기 때문이다. 구체적으로, 청해진해운의 안기○도 청해진해운 내에서 선박에 관한 전문적인 지식을 가지고 있는 임원이자 안전관리담당자였지만, 세월호의 증·개축 공사를 담당하여 실시함으로써 세월호의 복원성이 악화되도록 했고, 세월호 증·개축 공사 과정에서 나온 고철을 판매한 대금을 횡령까지 했다. 그리고 안기○은 선박의 안전에 관한 사항을 담당하는 해무팀의 업무를 총괄하는 지위에 있는 세월호의 안전관리담당자로 지정되었기 때문에 세월호의 안전운항을 위하여 화물 과다 적재 및 고박 부실이 이루어지지 않도록 감독해야 함에도 알면서 이러한 책임을 다하지 않았다. 또한 안전관리담당자 안기○은 부하직원들로부터 여러 차례 보고를 받아 세월호의 복원성이 나쁘다는 사실을 알고 있었음에도 복원성 회복을 위한 조치를 이행하지 않았고, 비상상황 발생 시 선원들이 적절히 대처할 수 있도록 선원들에 대한 교육을 관련 규정에 따라 주기적으로 시행해야 함에도 이러한 의무를 다하지 않아 훈련받지 못한 선원들이 승객들을 유기하고 탈출하는 데에 중요한 원인을 제공했다.[53]

만일 안전관리체제가 제 기능을 발휘하여 수립 단계를 넘어 실질적으로 시행 단계까지 이르고 안전관리책임자(안전관리담당자)가 자신의 역할을 제대로 했다면청해진해운의 자율적인 선박 안전 시정 조치나 비상훈련이 이루어져 세월호 참사도 사전 예방되었을 가능성이 크다.

결국 세월호 참사가 발생한 간접적·심층적 원인 중 하나는 선박의 안전운항 등을 위한 관리체제(안전관리체제)가 수립만 되었을 뿐 실질적으로 선박 안전에 기여할 수 있도록 시행되지 않은 점이라고 할 것이다.

IV. 정부의 세월호 침몰 원인에 대한 법령 개정 사항

1. 관련법 주요 개정 사항[54]

해운법의 주요 개정 사항으로는 내항여객선 안전 강화, 안전 관련 규정 및 면허체계 전면 정비, 내항화물운송사업자의 유류세 지원금 부정 수급 방지 처벌 강화가 있다.[55]

선원법의 주요 개정 사항으로 선장 및 해원은 인명구조 조치를 다하기 전 선박을 떠나서는 안 되도록 하며 그에 대한 처벌 강화, 여객선 선장의 적성심사 기준 강화, 근무 중 선원 제복 의무 착용, 선원정책기본계획에 선원 복지, 선원 인력수급, 선원 인력의 교육훈련을 포함하도록 했다.[56]

선박안전법의 주요 개정 사항으로는 여객실 등 선박 변경 및 시설 개조 금지, 변경 및 개조 시 선박소유자가 받아야 하는 허가 사항을 현행 선박의 길이·너비·길이 및 용도의 변경뿐만 아니라 선박시설의 개조까지 확대, 선박의 감항성 및 안전설비의 결함 발견 시 누구든지 해양수산부장관에게 신고할 것을 의무화, 해양수산부 퇴직 공무원들의 관련 기관 재취업 문제를 방지할 수 있는 제도적 장치 마련, 불법 선박 개조 등의 벌칙 강화가 있다.[57]

2. 직접적·표면적 원인에 대한 법령 개정 사항 및 평가

가. 관련 법령

정부의 세월호 침몰의 직접적·표면적 원인 중 ⓐ 화물 과적 및 고박 부실 요인에 대응하여서는 해운법 제21조의 2(여객선 등의 승선권 발급 및 승선 확인 등) 및 동법 제21조의 4(차량선적권 및 화물운송장의 발급 등)를 개정하여 '(발권) 신분증-(개찰) 승선권-(승선) 신분증 및 승선권 확인 의무'의 단계를 통해 모든 승객에 대한 신분 확인 절차를 강화하고 차량·화물 전산 발권 시스템을 도입하여 투명성을 확보함으로써 과승·화물 과적에 대해 효과적으로 대응할 수 있도록 법개정을 했다. 그리고 화물의 고박 불량(동법 제39조 제2항)에 대한 벌칙규정을 강화하면서 정비했다(동법 제83조).

ⓑ 여객선 불법 개조로 인한 복원성 불량 요인에 대응하여서는 선박안전법 제15조(선박검사 후 선박의 상태 유지) 및 동법 제28조(복원성의 유지)를 개정하여 여객실 등 선박을 임의로 변경·개조하는 것을 금지하고 선박소유자에게 복원성 유지 의무를 부여하며 미이행시 벌칙규정(동법 제83조)을 강화했다.

ⓒ 사고 당시 선장·선원의 초동대응 실패(인명구조 조치를 다하기 전에 퇴선함) 요인에 대응하여서는 선원법 제11조(선박 위험시의 조치)를 개정했다. 즉 개정 전에는 '선장은 선박에 급박한 위험이 있을 때에는 인명, 선박

및 화물을 구조하는 데 필요한 조치를 다하여야 한다'고만 규정되어 있었는데, 세월호 침몰 이후 선장은 인명구조 조치를 다하기 전에 선박을 떠나서는 안 된다는 의무가 새로이 부과되고(동조 제2항 신설), 해원에게도 이를 준용하여 동일한 의무를 부과했으며(동조 제3항 신설), 위 의무를 위반하여 사람을 사망에 이르게 한 경우에 선장은 무기 또는 3년 이상의 징역을, 해원은 3년 이상의 징역을, 위 의무를 위반하여 사람을 상해에 이르게 한 경우에 선장은 1년 이상 5년 이하의 징역을, 해원은 1년 이상의 징역 또는 1,000만 원 이하의 벌금에 처한다는 벌칙규정을 신설했다(동법 제161조). 또한 선원법 제12조(선박 충돌 시의 조치)의 의무를 위반하고 인명구조 조치를 다하지 아니하여 사람을 사망이나 상해에 이르게 한 경우에 대한 선장·해원의 처벌 수준도 이와 유사하게 강화했다(동법 제162조).

나. 평가(문제점)

위 'Ⅱ.1의 나(1)'항에서 본 바와 같이 연안여객선의 약 40%는 선령 15년 초과의 고선령 노후 선박이기 때문에 선박의 감항성 및 안전설비 결함의 원인이 될 수 있는 사유로는 ⓐ 화물 과적·고박 부실이나 ⓑ 여객선 불법 개조로 인한 복원성 불량 요인 외에도 셀 수 없을 정도로 많다. 따라서 선박사고의 원인으로 지목되는 개별적인 사유들을 일일이 규율하여 수많은 선박의 불감항 사유들을 모두 통제하고자 하는 것은 입법 기술상으로나 현실적으로 불가능하다. 따라서 선박의 불감항 사유들을 포괄적으로 규율할 수 있는 안전관리체제가 효율적으로 시행될 수 있도록 하는 제도 개선을 병행할 필요가 크다.

또한 선박안전법 제15조(선박검사 후 선박의 상태 유지)와 관련하여 위 규정 위반 시 '1년 이하의 징역 또는 1,000만 원 이하의 벌금'에서 '3년 이하의 징역 또는 3,000만 원 이하의 벌금'으로 벌칙 조항을 상향했다(동법 제83조). 그리고 선박의 임의 변경·개조 및 복원성 유지 의무 미이행(동법 제28조 제1항) 및 화물의 고박 불량(동법 제39조 제2항) 등에 대한 처벌도 '1년 이하의 징역 또는 1,000만 원 이하의 벌금'에서 '3년 이하의 징역 또는 3,000만 원 이하의 벌금'으로 강화하는 등 벌칙규정을 정비했다(동법 제83조). 그러나 선박소유자가 법인일 경우 '3년 이하의 징역'은 적용될 수가 없어 사문화되고 '3,000만 원 이하의 벌금'만 적용될 뿐이다. 그런데 위 규정들을 위반한 대가로 청해진해운이 창출했던 이윤이 약 29억 6,000만 원이었음을 감안할 때 위 벌칙규정의 상향만으로는 법인인 선박소유자에게 큰 위하력이나 일반예방적 효과가 없다고 할 것이므로 선박안전관리를 소홀히 하는 범죄를 억지하기 어렵다.

ⓒ 사고 당시 선장·선원의 초동대응 실패(인명구조 조치를 다하기 전에 퇴선함) 요인에 대응하여 개정된 선원법 제11조(선박 위험시의 조치) 및 선원법 제12조(선박 충돌 시의 조치)에 대한 처벌 강화의 문제점에 대해서는 아래 제 'V.2'항에서 자세히 살펴보겠다.

3. 간접적·심층적 원인에 대한 법령 개정 사항 및 평가
Ⓐ 시정 조치 요인 및 Ⓑ 비상훈련 요인에 대응하여 개정된 관련 법령

및 문제점에 대해서는 아래 제 'V.1'항에서, ⓒ 안전관리체제 요인에 대응하여 개정된 관련 법령 및 문제점에 대해서는 아래 제 'V.3-4'항에서 각각 자세히 살펴보겠다.

4. 기타 법령(면허 취소 및 과징금 최대 10억 원 상향) 개정 사항 및 평가

가. 관련 법령

해운법 제19조(면허의 취소 등) 제1항에서는 선박 안전의무 이행 확보를 위하여 면허 취소 또는 10억 원 이하의 과징금을 부과할 수 있도록 규정하고 있다. 그리고 개정법에서는 동조 제2항 제1호의 2 및 제8조(결격사유) 제2호의 2를 신설하여 여객운송사업자의 고의나 중대한 과실에 의하거나 선장의 선임·감독과 관련해 주의 의무를 게을리 하여 다중의 생명·신체에 위험을 야기한 해양사고가 일어난 경우에는 필요적으로 면허를 취소하고 면허의 영구적 결격 사유로 하는 제도를 도입했다.

나. 평가

위 'Ⅱ.1의 가'항에서 본 바와 같이 연안여객선은 실질적으로 대중적인 교통수단으로써 기능하고 있고 육지교통과 달리 대체 교통수단이 없기 때문에 대형 사고가 아닌 한 연안여객선사에 대하여 면허 취소하는 것은 현실적으로 어렵다고 할 것이다. 또한 'Ⅱ.1의 나(2)'에서 본 바와 같이 자본금 10억 원 미만의 여객운송사업자가 전체 46.5%의 비율을 차지하며 취약한 자본구조를 형성하고 있기 때문에 10억 원에 상당하는 과징금을 부과하는 것은 연안여객선사를 파산·해산시키는 것과 동일한 효과가 있기 때문에 대중교통수단을 없애는 결과를 야기한다. 따라서 위 해운법 제19조(면허의 취소 등)는 대형 사고가 발생했을 경우의 사후 통제 수단으로 기능할 선박 뿐 안전사고의 사전 예방 수단으로써 기능하기는 어렵다.

또한 해양사고로 인해 대형 인명피해가 발생할 경우 경영진은 자발적으로 영세한 법인인 연안여객선사를 해산할 가능성이 큰데, 이 경우 위 행정제재수단은 실효성이 없을 것이고, 현행법 하에서는 책임 있는 개인에 대해 그에게 합당한 제재를 가하기가 매우 어렵다. 더 나아가 위 규정은 "다중의 생명·신체에 위험을 야기한 해양사고가 일어난 경우에만 필요적으로 면허를 취소"하도록 되어 있고, 나머지 경우에는 임의적으로 위 행정 제재를 부과할 수 있도록 되어 있는 바, 해양사고의 사전 예방 수단으로써의 기능이 더더욱 없다고 할 것이다.[58]

그런데 304명의 대형 인명피해를 입힌 세월호 참사에서 경험한 바와 같이, 해양사고로 인한 대형 인명피해나 해양 환경오염은 피해 회복이나 원상복구가 불가능한 법익침해이고 피해 규모도 심각하다. 그렇기 때문에 해양사고 발생 이후의 사후 통제 수단보다 해양사고 발생 이전의 사전 예방 수단이 무엇보다 중요하다.

결국 우리나라 법체계 아래에서는 해양사고 발생 이전의 사전 예방 수단으로써 기능할 수 있는 안전관리체제의 효율적 운영이 무엇보다 필요하다고 할 것이다.

V. 정부의 세월호 침몰 원인에 대한 법령 개정사항의 문제점 및 입법적 제언

1. Ⓐ 시정 조치 요인 및 Ⓑ 비상훈련 요인 관련

가. Ⓐ 시정 조치 요인 관련 법령

> **선원법**
>
> 제7조(출항 전의 검사·보고의무 등) ① 선장은 해양수산부령으로 정하는 바에 따라 출항 전에 다음 각 호의 사항에 대하여 검사 또는 점검(이하 "검사등"이라 한다)을 하여야 한다.
> 1. **선박이 항해에 견딜 수 있는지 여부**
> 2. 선박에 화물이 실려 있는 상태
> 3. 항해에 적합한 장비, 인원, 식료품, 연료 등의 구비 및 상태
> 4. 그 밖에 **선박의 안전운항**을 위하여 해양수산부령으로 정하는 사항
>   ② **선장은** 제1항에 따른 검사 등의 결과를 **선박소유자 등에게 보고하여야** 한다.
>   ③ 선장은 제1항에 따른 검사등의 결과, 문제가 있다고 인정하는 경우 지체 없이 **선박소유자에게 적절한 조치를 요청하여야** 한다.
>   ④ 제3항에 따른 조치를 요청받은 선박소유자는 **선박과 선박의 안전운항에 필요한 조치를 하여야** 한다. [전문개정 2015.1.6.]
>
> 제172조(벌칙) **선박소유자**가 제7조 제4항 또는 제82조 제1항부터 제3항까지의 규정을 위반했을 때에는 **1년 이하의 징역** 또는 **1천만 원 이하의 벌금**에 처한다. 〈개정 2015.1.6.〉

나. 문제점 및 입법적 제언

세월호 참사 이후 선원법에서는 선장으로부터 선박의 감항성에 대한 조치를 요청받은 선박소유자가 선박과 선박의 안전운항에 필요한 조치를 해야 할 의무를 위반할 경우 선박소유자에게 1년 이하의 징역 또는 1,000만 원 이하의 벌금에 처한다는 벌칙규정을 신설했다.[59] 그러나 선박소유자가 법인일 경우 '1년 이하의 징역'은 적용될 수가 없어 사문화되고 '1,000만 원 이하의 벌금'만 적용될 뿐이다. 왜냐하면 법인기업에 자유형을 포함한 형벌을 부과하더라도 징역이나 금고 등 자유형을 부과할 수는 없고 법인기업에 대한 형벌의 방식은 벌금형인 금전적 제재로 이루어질 수밖에 없기 때문이다. 따라서 법인기업에 대한 자유형 부과는 사문화된 규정이나 다를 바 없다.

결국 세월호 참사가 발생한 간접적·심층적 원인 중 하나인 Ⓐ **시정 조치 요인**에 대하여 개정법이 부여할 수 있는 제재는 1,000만 원의 벌금이 한도인 바, 위하력이나 일반예방적 효과가 지나치게 낮기 때문에 시정 조치 불이행에 대한 범죄 억지력이 없다고 할 것이다. 또한 아래 제'V.2.'항에서 보는 바와 같이 선박소유자의 지시에 따를 수밖에 없는 선장·선원들의 형사처벌 강화 수준이나 청해진해운이 위 규정을 위반한 대가로 29억 6,000만 원의 이윤을 창출한 점을 감안할 때 1,000만 원 벌금 부과만으로는 위 간접적·심층적 원인을 개선하기 어렵다고 판단된다.

그렇다면 입법적 제언으로서 Ⓐ **시정 조치 요인**에 대한 형사제재 수준이 선박소유자에게 위하력이 생길 만큼 상향할 필요가 있다고 할 것이다. 더 나아가 아래 제 'V.3-4'항에서 보는 바와 같이 안전관리체제가 효율적으로 운영될 수 있도록 제도를 개선하여 세월호 참사에서처럼 선박소유자가 선박의 불감항성을 알면서 이를 묵살한 채 선박 안전에 관한 시정 조치를 하지 않을 경우 심리적 압박이 가해질 수 있도록 해야 할 것이다. 그리하여 선박소유자의 자발적 선박 안전 관련 시정 조치를 유인함으로써 Ⓐ 시정 조치 요인에 대한 제도를 개선할 필요가 있다.

다. Ⓑ 비상훈련 요인 관련 법령

선원법[60]

제63조(**안전운항을 위한 선박소유자의 의무**) ① 「선원의 훈련·자격증명 및 당직근무의 기준에 관한 국제협약」(이하 "선원당직국제협약"이라 한다)을 적용받는 선박소유자는 선박 운항의 안전을 위하여 다음 각 호의 사항을 이행하여야 한다. 〈개정 2015.1.6.〉
  1. 해기(海技) 능력의 향상을 위한 선원의 선상훈련 및 평가계획의 수립·실시
  1의 2. **해양사고에 대비하기 위한 선상 비상훈련의 실시**
  2. 항해당직에 관한 상세한 기준의 작성·시행
  3. 선박 운항의 안전을 위하여 대통령령으로 정하는 사항

제179조(과태료) ① 다음 각 호의 어느 하나에 해당하는 자에게는 **500만 원 이하의 과태료**를 부과한다. 〈개정 2015.1.6.〉
  ······
  4. 제63조 제1항에 따른 의무를 이행하지 아니한 선박소유자

라. 문제점 및 입법적 제언

위 'Ⅲ.2의 나'항에서 본 바와 같이 선박소유자 및 안전관리책임자의 역할 수행(선박소유자가 비상훈련을 위한 필요비용을 부담하고 안전관리책임자는 훈련교육계획을 수립함)이 전제되지 않은 상태에서는 선장 단독으로 비상훈련을 실시[61]하는 것이 불가능하다. 그런데 세월호 참사에서처럼 비상훈련이 제대로 이루어지지 않을 경우 선장·선원들은 선박 위험시 인명구조 조치를 제대로 이행하기 어려운데, 세월호 참사 이후 인명구조 조치를 다하기 전에 퇴선할 경우 선장에게는 무기징역까지, 선원들은 3년 이상의 징역까지 선고할 수 있도록 법개정을 했다.[62] 이에 반하여 비상훈련을 실시하지 않은 선박소유자에게는 과태료 500만 원만 부과할 수 있을 뿐이고, 안전관리책임자에 대해서는 그 역할 수행을 담보할 수 있는 제재규정이 전혀 없는 실정이다.

그런데 선박소유자, 안전관리책임자, 선장 모두의 역할 수행이 유기적으로 이루어져야 비상훈련이 가능하기 때문에 비상훈련이 이루어지지 않은 것에 대한 비난 가능성은 안전관리책임자 및 선박소유자도 선장에 비하여 결코 낮지 않다. 그럼에도 불구하고 선박소유자 및 안전관리책임자에 대한 제재규정 수준은 지나치게 낮거나 없고, 선장·선원들에 대한 제재규정 수준은 지나치게 높은 우리나라 입법체계는 위 3의 당사자 모두의 결과불법 책임을 실질적으로 선박소유자 갑의 지시를 받는 을인 선장·선원들에게 모두 전가시키며 속죄양으로 삼는 측면이 강하다고 할 것이다.

그렇다면 입법적 제언으로서 ⓑ 비상훈련 요인에 대한 형사제재 수준을 선박소유자에게 위하력이 생길 만큼 상향할 필요가 있고, 안전관리책임자에 대한 최소한의 형사제재도 입법하여 모든 결과불법이 선장·선원들에게 전가되지 않도록 할 필요가 있다. 더 나아가 아래 제'V.3-4'항에서 보는 바와 같이 안전관리책임자에 대한 최소한의 형사제재가 마련되어 그 역할 수행을 강제할 경우 안전관리체제가 효율적으로 운영될 수 있을 것으로 기대된다. 그리하여 선박소유자 및 안전관리책임자도 안전관리체제를 통해 자발적으로 비상훈련을 하도록 유인함으로써 ⓑ 비상훈련 요인에 대한 제도를 개선할 필요가 있다.

2. 선장·선원 처벌 강화 관련
가. 선박 위험시 조치 관련 법령

선원법

제11조(선박 위험시의 조치)
① 선장은 선박에 급박한 위험이 있을 때에는 인명, 선박 및 화물을 구조하는 데 **필요한 조치를 다하여야 한다.** 〈개정 2015.1.6.〉
② 선장은 제1항에 따른 인명구조 조치를 다하기 전에 **선박을 떠나서는 아니 된다.** 〈신설 2015.1.6.〉
③ 제1항 및 제2항은 **해원에게도** 준용한다. 〈신설 2015.1.6.〉

제12조(선박 충돌 시의 조치) 선박이 서로 충돌했을 때에는 각 선박의 선장은 서로 인명과 선박을 구조하는 데 필요한 조치를 다하여야 하며, 선박의 명칭·소유자·선적항·출항항 및 도착항을 상대방에게 통보하여야 한다. 다만, 자기가 지휘하는 선박에 급박한 위험이 있을 때에는 그러하지 아니하다.

제161조(벌칙) 제11조를 위반한 사람은 다음 각 호의 구분에 따라 처벌한다.
1. 인명을 구조하는 데 필요한 조치를 다하지 아니했거나 필요한 조치를 다하지 아니하고 선박을 떠나 사람을 사망에 이르게 한 **선장: 무기 또는 3년 이상의 징역**
2. 인명을 구조하는 데 필요한 조치를 다하지 아니했거나 필요한 조치를 다하지 아니하고 선박을 떠나 사람을 사망에 이르게 한 **해원: 3년 이상의 징역**
3. 인명을 구조하는 데 필요한 조치를 다하지 아니했거나 필요한 조치를 다하지 아니하고 선박을 떠나 사람을 상해에 이르게 한 선원: 1년 이상 5년 이하의 징역
4. 선박 및 화물을 구조하는 데 필요한 조치를 다하지 아니하여 선박 또는 화물에 손상을 입힌 선원: 1년 이하의 징역 또는 1,000만 원 이하의 벌금 [전문개정 2015.1.6.]

제162조(벌칙) 제12조 본문을 위반한 사람은 다음 각 호의 구분에 따라 처벌한다.
1. 인명을 구조하는 데 필요한 조치를 다하지 아니하여 사람을 사망에 이르게 한 선장: 무기 또는 3년 이상의 징역
2. 인명을 구조하는 데 필요한 조치를 다하지 아니하여 사람을 상해에 이르게 한 선장: 1년 이상 5년 이하의 징역
3. 선박을 구조하는 데 필요한 조치를 다하지 아니한 선장: 1년 이하의 징역 또는 1,000만 원 이하의 벌금 [전문개정 2015.1.6.]

나. 문제점 및 입법적 제언

통신의 발달, 지점·대리점의 발달 등으로 선박소유자의 선장에 대한 지휘·감독이 용이하게 되고,[63] 해운기업 내에서 업무가 전문화됨에 따라 선장에게 전통적으로 있었던 권한 및 재량권은 점점 축소되었고, 선박의 감항성에 대한 의사결정권도 최고경영자의 지배 영역에 속하게 되었는 바, 선장·선원에 대한 제재 강화만으로는 선박 안전을 담보할 수 없게 되었다. 즉, 최근 통신설비의 발달 및 선박의 고속화로 점차 해상에서 고립되는 기간이 짧아져 선박 운항에 대한 결정권이 선장의 고유 권한에서 점점 선사의 운항담당자 쪽으로 옮겨가게 된 것이며, 연안여객선사의 경우는 특히 그러하다. 이에 따라 많은 해운기업에서는 이윤 때문에 선장에게 무리한 운항을 요구하다가 해양사고로 이어지는 경우가 있는데, 세월호 참사가 바로 그 전형적인 사례이다.

여기에서 문제가 되는 것은 선장에 대한 처벌이 아무리 강화된다고 하더라도 선박소유자가 선장에게 선박 안전에 반하는 지시를 할 경우 고용관계상의 불이익을 감수하고 그 지시를 거부할 것을 선장에게 기대하는 것이 사실상 어렵다는 것이다. 따라서 세월호 참사에서 본 바와 같이 선박소유자는 선장의 선박 안전에 관한 지적 및 시정 조치 요구를 자신의 이익 창출을 위하여 얼마든지 묵살할 수 있는 것이 현실이고, 선장에 대한 형사처벌을 아무리 강화한다고 하더라도 이것만으로는 이러한 문제가 개선되지 않을 것이다.

결국 세월호 참사의 재발을 방지하기 위해서는 위 규정에서와 같이 선장·선원에 대한 처벌 강화 위주의 제도 개선을 하는 것보다는 ⓐ **시정조치 요인** 및 ⓑ **비상훈련 요인**을 해결하는 데 초점을 맞추어 효과적인 제도 개선을 할 필요가 있다.

더 나아가 개정법이 선장·선원들만 강하게 형사처벌하기 때문에 근래 선장·선원직의 기피 현상이 매우 심각하다. 이러한 현상으로 인해 연안여객선사는 양질의 선원을 확보하기 어렵고 고령화 추세가 심화되어 해기 관련 업무를 위축시키며, 선원 수급 문제로 인하여 해양사고를 더욱 빈발하게 할 개연성이 높아지고 있다. 또한 세월호 참사에서는 선박의 침몰 시간이 약 2시간 소요되었으나 많은 경우 수분 내에 선박이 불감항 상태로 인해 침몰하기도 하는데, 이러한 경우에도 개정법과 같이 선장·선원들만 무겁게 형사처벌하는 것이 불합리한 측면도 있다.

위 제반 사정에 비추어볼 때 선박소유자가 신고를 묵살하여 시정 조치를 취하지 않거나 비상훈련 여건을 마련하지 않아 해양 인명사고가 발생한 경우, 모든 결과불법 책임이 선박소유자의 지시를 받은 피용인인 선장·선원들에게 일방적으로 전가되지 않도록 제도를 개선할 필요가 있다. 이를 위해 제 'V.3-4'항에서 보는 바와 같이 안전관리체제가 효율적으로 시행되어 선박안전관리의 투명성이 확보되도록 함으로 선박소유자의 부당한 지시나 안전관리책임자의 선박안전관리 방임에 따른 모든 결과불법이 선장·선원들에게 전가되지 않도록 하고, 해양 인명사고 시 무거운 형사처벌에 노출되는 선장·선원들이 최소한의 자기방어권을 행사하도록 제도를 개선할 필요가 있다.

다. 선박 결함 신고 관련 법령

선박안전법[64]

제74조(결함 신고에 따른 확인 등)
① **누구든지 선박의 감항성 및 안전설비의 결함을 발견한 때에는** 해양수산부령이 정하는 바에 따라 그 내용을 해양수산부장관에게 신고하여야 한다. 〈개정 2008.2.29., 2013.3.23., 2015.1.6.〉
② 해양수산부장관은 제1항의 규정에 따라 신고를 받은 때에는 해양수산부령이 정하는 바에 따라 소속 공무원으로 하여금 지체 없이 그 사실을 **확인하게 하여야** 한다. 〈개정 2008.2.29., 2013.3.23.〉
③ 해양수산부장관은 제2항의 규정에 따른 확인 결과 결함의 내용이 중대하여 해당 선박을 항해에 계속하여 사용하는 것이 당해 선박 및 승선자에게 위험을 초래할 우려가 있다고 인정되는 경우에는 해양수산부령이 정하는 바에 따라 해당 결함이 시정될 때까지 **출항 정지를 명할 수 있다.** 〈개정 2008.2.29., 2013.3.23.〉
④ 누구든지 제1항의 규정에 따라 신고한 자의 인적 사항 또는 신고자임을 알 수 있는 사실을 다른 사람에게 알려주거나 **공개 또는 보도하여서는 아니 된다.**

제84조(벌칙)
① 선박소유자, 선장 또는 선박직원이 다음 각 호의 어느 하나에 해당하는 행위를 하는 때에는 **1년 이하의 징역** 또는 **1,000만 원 이하의 벌금**에 처한다. 〈개정 2008.2.29., 2009.12.29., 2013.3.23., 2015.1.6., 2017.10.31.〉

······

> 11. 제74조 제1항에 따른 **선박의 결함 신고를 하지 아니한 때**
> ② 선장이 선박소유자의 업무에 관하여 제1항의 위반행위를 하면 선장을 벌하는 외에 선박소유자에게도 같은 항의 벌금형을 과(科)한다. 다만, 선박소유자가 그 위반행위를 방지하기 위하여 해당 업무에 관하여 상당한 주의와 감독을 게을리하지 아니한 경우에는 그러하지 아니하다. 〈개정 2009.12.29.〉
> ③ 선장 외에 선박승무원이 제1항의 위반행위를 하면 그 선박승무원을 벌하는 외에 그 선장에게도 같은 항의 벌금형을 과(科)한다. 다만, 선장이 그 위반행위를 방지하기 위하여 해당 업무에 관하여 상당한 주의와 감독을 게을리하지 아니한 경우에는 그러하지 아니하다. 〈개정 2009.12.29.〉
> ④ 선박소유자의 대리인(선박소유자가 법인인 경우 대표자를 포함한다), 사용인, 그 밖의 종업원(선박승무원은 제외한다)이 선박소유자의 업무에 관하여 제1항의 위반행위를 하면 그 대리인, 사용인, 그 밖의 종업원을 벌하는 외에 그 선박소유자에게도 같은 항의 벌금형을 과(科)한다. 다만, 선박소유자가 그 위반행위를 방지하기 위하여 해당 업무에 관하여 상당한 주의와 감독을 게을리하지 아니한 경우에는 그러하지 아니하다. 〈개정 2009.12.29.〉

라. 문제점 및 입법적 제언

위 'Ⅲ.2의 가'항에서 본 바와 같이 세월호 참사는 선박의 불감항 상태에 대한 신고·보고가 없거나 청해진해운이 이를 인식하지 못해서가 아니라, 선박소유자가 이윤 창출을 위해 이러한 신고·보고를 묵살하고 선박의 불감항 상태를 감수한 채 선장에게 선박을 운항할 것을 부당하게 지시했기 때문이다.

그럼에도 불구하고 개정법은 위 규정에서 보는 바와 같이 세월호 참사 원인과 아무런 관련이 없는 선장·선원의 신고 의무 불이행에 대해서는 '1년 이하의 징역'으로 처벌을 강화한 반면, 세월호 참사의 간접적·심층적 원인인 Ⓐ **시정 조치 요인**에 대해서는 선박소유자에게 '1,000만 원 이하의 벌금'만 부과할 뿐이고 Ⓑ **비상훈련 요인**에 대해서는 선박소유자에게 '500만 원 이하의 과태료'만 부과할 뿐이다.

결국 세월호 참사 이후 개정·신설된 선박 안전 관련 제법규를 보면 세월호 참사 원인과 관계없는 사유에 대해서는 선장·선원들을 대상으로 한다는 이유로 무겁게 형사처벌하는 반면, 세월호 참사의 간접적·심층적 원인이 되는 사유에 대해서는 선박소유자를 대상으로 한다는 이유로 극히 가벼운 제재만 가하여 선박 안전관리를 해야 한다는 위하력을 극소화하고 있는 것으로 보인다. 더 나아가 아래 제 'V.3-4'항에서 보는 바와 같이 안전관리체제의 시행에 있어 핵심적 역할을 담당하는 안전관리책임자에 대해서는 입법상 그 책임도 불명확하고 그 역할을 강제할 수 있는 제재규정도 아예 없는 상황이다. 그러나 이와 같은 일반예방적 효과에도 부합하지 않고 형벌 불균형도 심하여 형평성에 반하는 입법으로 인한 피해는 연안여객선을 이용하는 국민들이 궁극적으로 부담하는 결과가 되어 불합리하다고 평가된다.

결국 세월호 참사의 재발을 방지하기 위해서는 세월호 참사와 아무런 관련이 없는 선장·선원에 대한 처벌 강화 위주의 제도 개선을 하는 것보다는 안전관리체제를 효율적으로 시행할 수 있도록 제도 개선을 하여 Ⓐ **시정 조치 요인** 및 Ⓑ **비상훈련 요인**에 효과적으로 대응하는 것이 필요하다.

3. ⓒ 안전관리체제 요인 관련 법령 개정 사항의 문제점
가. 안전관리체제(운항관리규정)의 일반론

ISM Code(국제안전관리규약)는 선박의 안전운항과 오염 방지를 목적으로 하는 공법상의 강행 규정으로서 국제해사기구(IMO)의 주도로 1994년 5월에 해상인명안전조약(SOLAS) 부속서 제9장에 ISM Code의 삽입이 통과되어 1998년 7월 1일부터 대부분의 선박에 이를 강행적으로 적용하게 되었으며,[65] SOLAS 협약 가입국인 우리나라도 이를 강행적으로 수용하여 시행하고 있다. ISM Code는 해난사고의 대다수가 인적과실에 의하여 발생하기 때문에 선박의 운항에 관한 소프트웨어 측면(선원, 육상의 관리 시스템 등)에 주안점을 두어 선박의 안전운항에 기여하려는 시도로서[66] 아래의 세 가지 측면으로 요약될 수 있다. 첫째, 경영자가 하위자들에게 그들의 의무를 명확히 지시할 것, 즉 안전관리체제(Safety Management System)를 설정할 것, 둘째, 경영자와 선박 간에 오간 모든 보고와 통신을 철저히 기록할 것, 즉 투명성(Transparency)의 확보, 셋째, 회사와 선박 간의 연결 고리로서 최고경영진과 엑세스를 갖는 사람을 지정할 것, 즉 안전관리책임자(Designated Person)를 둘 것 등이다.[67] 결국 ISM Code에서 안전관리체제의 취지는 선박 안전에 관한 책임 소재의 명확화를 통하여 경영진으로 하여금 선박 안전에 대한 심리적 압박을 받도록 하여 궁극적으로는 해운기업이 자율적으로 선박의 불감항 등의 요소를 발견하여 자율적으로 시정 조치하도록 유인하는 제도라고 할 것이다.

안전관리책임자는 안전관리체제를 수립·시행하여 선사와 선박직원 간의 연계(Link)를 확보하기 위해 최고경영자에게 직접 보고할 책임이 있는 자이다(해사안전법 제46조 제5항, 해운법 제21조의 5, ISM Code 제4조). ISM Code 제4조는 "각 선박의 안전운항을 확보하고 회사와 선박 간의 연계 역할을 도모하기 위하여 최고경영자와 직접 통할 수 있는 안전관리책임자를 임명하여야 한다"고 요구하고 있다.

안전관리책임자의 책임 및 권한에는 각 선박의 안전운항 및 오염 방지를 감시(Monitoring)하고, 필요에 따라 적절한 자원과 육상의 지원을 제공하도록 보장하는 것이 포함되어야 한다. 안전관리책임자의 역할은 안전관리체제의 효율적인 시행과 최고경영자에게 선박의 불감항 상태에 대한 보고를 하며, 이에 대한 시정 조치가 이루어지는 일련의 과정에 있어 중추적 역할을 수행하는 것이다. 따라서 안전관리책임자가 자신의 역할을 충실히 시행하고 준수함으로써 안전관리체제가 그 기능을 제대로 발휘할 경우 최고경영자는 선박 안전에 관한 사항을 시스템적으로 알고 있게 된다.[68] 안전관리책임자는 선장으로부터 선박 안전에 관하여 보고받은 사항을 최고경영자에게 보고하고, 이를 의무적으로 문서화하여 기록으로 남기는 역할을 하기 때문에 안전사고 발생 시 이렇게 기록된 문서나 안전관리책임자에 대한 수사를 통하여 수사기관이 책임관계를 추적할 수 있는 연계점(Link)이 형성되는 것이고,[69] 선박소유자는 이러한 점 때문에 심리적 압박을 받고 자신이 수립한 안전관리체제 및 운항관리 규정을 시행 준수하여 자발적으로 선박 안전에 만전을 기할 유인이 형성되는 것이다.

ISM Code를 준수하지 않는 형태(Non-compliance)는 크게 다음 두 가지로 분류할 수 있다. 첫째, 해당 당사자가 만족할 만한 안전관리체제를 갖추지 못하여 안전관리적합증서와 선박안전관리증서를 취득하지 못하는 형태(인증심사에 합격하지 못하는 형태)로서, 이것은 안전관리체제 수립의 문제이다.[70] 둘째, 안전관리체제가 비효율적이거나 부당하게 이행되는 형태로서 이것은 안전관리체제 시행의 문제이다.

그런데 ISM Code를 수용한 우리나라 관련법을 보면 해운기업에 알맞은 안전관리체제를 수립하여 인증심사를 합격하는 단계까지는 ISM Code에서 요구하는 사항을 충실하게 반영하여 수용(구체적으로 규정됨)한 것으로 보인다. 왜냐하면 인증심사 합격으로 발행되는 안전관리적합증서 없이 선박을 항행할 경우 형사처벌되고, 유효한 증서가 비치되지 아니한 외항선의 경우에는 입·출항 시 항만국의 통제까지 받는 바, 안전관리체제 수립을 강제할 법적 수단이 있기 때문이다. 그러나 안전관리체제를 수립한 이후 이를 시행·준수하는 단계에서는 이를 강제할 수 있는 제재 수단도 없고, 심지어 이에 관한 규정들의 내용이 극히 추상적이다. 결국 우리나라 안전관리체제는 수립 단계까지만 강제될 뿐 그 이후의 단계인 시행·준수 단계는 전혀 강제력이 없기 때문에 선박안전의무 이행에 크게 기여하지 못한 채 유명무실하게 운영되는 실정이다.

한편 해운법 제21조(운항관리규정의 작성·심사 및 준수) 제1항에서는 "내항여객운송사업자는 여객선 등의 안전을 확보하기 위해 운항관리규정을 작성하여 해양수산부장관에게 제출하여야 한다"고 규정하고 있다. 해사안전법 제46조(선박의 안전관리체제 수립 등) 제2항에서는 "일정한 요건을 갖춘 선박소유자는 안전관리체제를 수립하고 시행하여야 한다. 다만 해운법 제21조에 따른 운항관리규정을 작성하여 해양수산부장관으로부터 심사를 받고 시행하는 경우에는 안전관리체제를 수립하여 시행하는 것으로 본다"고 규정하고 있다. 즉 해운법상 운항관리규정은 영세한 내항선사를 대상으로 수립비용을 절감하기 위해 간략화된 방식으로 ISM Code를 운영하는 것이다(이것은 해사안전법 제46조 제2항 후문에서 알 수 있다). 따라서 운항관리규정은 각 선사의 사정에 부합하는 선박 안전에 관한 자치법규(ISM Code 요구 사항 포함)를 수립하고 시행·준수하도록 하여 선박 안전을 도모하고자 하는 시스템인 바, 수립 과정이 다를 뿐 그 취지는 근본적으로 해사안전법상 안전관리체제와 동일하다.

그런데 세월호 참사 이후의 개정법에서는 안전관리체제의 실효적인 시행을 위해 해운법에 안전관리책임자 제도를 신설했는 바,[71] 이것은 ISM Code(해사안전법)상 안전관리책임자 제도를 운항관리규정의 효과적 시행을 위해 그대로 활용하고자 하는 입법자의 의도가 표출된 것이다. 또한 수립비용 때문에 수립 과정이 다를 뿐 양 시스템 모두 선박 안전에 관하여 수립된 선사의 자치법규(강제적 자기규제)인 바, 그 시행을 위하여 안전관리책임자 제도를 활용하는 내용이 달라야 할 하등의 이유가 없다. 따라서 본 선조위 보고서에서 제안하는 안전관리책임자 제도 개선

사항은 해사안전법이나 해운법에 있어 그 내용이 동일하게 적용되어야 한다. 아래에서 안전관리체제 및 운항관리규정을 함께 살펴보도록 하겠다.[72]

나. 현행법상 관련 법령

1) 외항선의 안전관리체제 관련 법령

> **해사안전법[73]**
>
> 제46조(**선박의 안전관리체제 수립 등**) ① 해양수산부장관은 제2항에 따른 선박을 운항하는 선박소유자가 그 선박과 사업장에 대하여 해양수산부령으로 정하는 바에 따라 선박의 안전운항 등을 위한 관리체제(이하 '안전관리체제'라 한다)를 수립하고 시행하는 데 필요한 시책을 강구하여야 한다. 〈개정 2013.3.23.〉
>
> ② 다음 각 호의 어느 하나에 해당하는 선박(해저자원을 채취·탐사 또는 발굴하는 작업에 종사하는 이동식 해상구조물을 포함한다. 이하 이 조 및 제47조부터 제54조까지의 규정에서 같다)을 운항하는 선박소유자는 안전관리체제를 수립하고 시행하여야 한다. 다만, 「해운법」 제21조에 따른 운항관리규정을 작성하여 해양수산부장관으로부터 심사를 받고 시행하는 경우에는 안전관리체제를 수립하여 시행하는 것으로 본다. 〈개정 2015.6.22.〉
>
> 1. 「해운법」 제3조에 따른 해상여객운송사업에 종사하는 선박
> 2. 「해운법」 제23조에 따른 해상화물운송사업에 종사하는 선박으로써 총톤수 500톤 이상의 선박[기선(機船)과 밀착된 상태로 결합한 부선(艀船)을 포함한다]과 그 밖의 선박으로써 대통령령으로 정하는 선박
> 3. 국제항해에 종사하는 총톤수 500톤 이상의 어획물 운반선과 이동식 해상구조물

4. 수면비행선박

③ 제2항에 따라 안전관리체제를 수립·시행하여야 하는 선박소유자는 제51조에 따른 안전관리대행업자에게 이를 위탁할 수 있다. 이 경우 선박소유자는 그 사실을 10일 이내에 해양수산부장관에게 알려야 한다. 〈개정 2013.3.23.〉

④ 안전관리체제에는 다음 각 호의 사항이 포함되어야 한다. 다만, 제2항 제2호에 따른 선박 중 대통령령으로 정하는 선박의 안전관리체제에는 해양수산부령으로 정하는 바에 따라 그 일부를 포함시키지 아니할 수 있다. 〈개정 2014.1.7.〉

1. 해상에서의 안전과 환경보호에 관한 기본 방침
2. 선박소유자의 책임과 권한에 관한 사항
3. 제5항에 따른 안전관리책임자와 안전관리자의 임무에 관한 사항
4. 선장의 책임과 권한에 관한 사항
5. 인력의 배치와 운영에 관한 사항
6. 선박의 안전관리체제 수립에 관한 사항
7. 선박 충돌사고 등 발생 시 **비상대책의 수립**에 관한 사항
8. 사고, 위험 상황 및 안전관리체제의 결함에 관한 보고와 분석에 관한 사항
9. 선박의 정비에 관한 사항
10. 안전관리체제와 관련된 지침서 등 문서 및 자료 관리에 관한 사항
11. 안전관리체제에 대한 **선박소유자의 확인·검토 및 평가**에 관한 사항

⑤ 제2항에 따라 안전관리체제를 수립·시행하여야 하는 선박소유자는 **안전관리체제의 시행을 위하여 안전관리책임자와 안전관리자를 두어야 한다.**

⑥ 제5항에 따른 **안전관리책임자**와 안전관리자의 **자격기준**·인원 등 필요한 사항은 대통령령으로 정한다.

제110조(과태료) ……

③ 다음 각 호의 어느 하나에 해당하는 자에게는 **300만 원 이하의 과태료**를 부과한다. 〈개정 2012.1.17., 2014.3.24., 2014.5.14., 2014.11.19., 2015.6.22., 2017.7.26.〉

……

18. 제46조 제5항에 따른 **안전관리책임자나 안전관리자를 두지 아니한 자**

해사안전법 시행규칙[74]

제33조(안전관리체제의 수립 및 시행) 법 제46조 제1항 및 같은 조 제4항에 따른 선박의 안전운항 등을 위한 관리체제(이하 '안전관리체제'라 한다)의 수립 및 시행은 별표 11에 따른다. 〈개정 2014.4.8.〉

[별표 11] 〈개정 2017.1.3.〉
안전관리체제의 수립 · 시행(제33조 관련)
1. 여객선 및 국제항해에 종사하는 500톤 이상의 여객선 외의 선박

구분	내용
사. **비상대책의 수립에 관한 사항**	1) 선박의 잠재적인 **비상 상황**을 파악하고 이에 대한 **대응 절차를 수립하여야 한다.** 2) 1)에 따른 **비상 상황에 대응하기 위한 훈련 및 연습계획을 수립하여야 한다.** 3) 선박과 관련한 위험·사고 및 비상 상황에 대하여 선박 및 사업장의 조직이 언제든지 대응할 수 있는 조치계획을 수립하여야 한다.
아. 사고, 위험 상황 및 안전관리체제의 결함에 관한 보고와 분석에 관한 사항	1) 안전관리체제를 개선하기 위하여 부적합 사항, 사고 및 위험 발생에 대하여 보고하고, 조사·분석하는 절차를 수립하여야 한다. 2) 1)에 따른 조사·분석의 결과에 대한 시정 조치 절차를 수립하여야 한다.

자. 선박의 정비에 관한 사항	1) 선박이 관련 법령 및 자체 수립한 정비계획에 따라 정비·유지되고 있는지 여부를 확인하는 절차를 수립하여야 한다.
	2) 1)에 따른 절차 수립에는 다음 사항이 포함되어야 한다.
	  가) 주기적인 검사
	  나) 가)의 검사에 관한 모든 부적합 사항(추정 원인을 포함한다)의 보고 및 시정 조치
	  다) 가) 및 나)의 활동에 대한 기록 유지
	3) 갑자기 작동이 정지될 경우를 대비하여 선박의 안전과 관련하여 중요한 설비 및 기능을 식별할 수 있는 절차를 수립하여야 한다.
	4) 3)에 따른 절차 수립에는 설비 및 기술적 체계를 향상시키는 방법과 지속적으로 사용하지 아니하는 예비 설비 및 기술적 체계에 대한 정기적인 시험이 포함되어야 한다.
	5) 2) 가)에 따른 주기적인 검사 및 4)에 따른 설비 및 기술적 체계의 향상 방법은 선박의 일상적인 운항 정비에 포함하여야 한다.

| 차. 문서 및 자료 관리에 관한 사항 | 1) 안전관리체제와 관련된 모든 문서 및 자료를 관리하는 절차를 수립하여야 한다.
2) 문서관리와 관련하여 다음 사항을 시행하여야 한다.
　가) 모든 관련 부서에서는 안전관리체제와 관련하여 효력이 있는 문서만을 사용할 것
　나) 문서의 개정은 권한을 부여받은 자가 검토·승인할 것
　다) 무효화된 문서는 신속히 폐기할 것
3) 문서는 가장 효과적인 방법으로 관리되어야 하며, 해당 선박과 관련되는 모든 문서를 선내에 비치하여야 한다. |
| 카. **안전관리체제에 대한 선박소유자의 확인·검토 및 평가에 관한 사항** | 1) 안전 및 오염 방지 활동이 안전관리체제에 적합한지 여부를 확인하기 위하여 정기적인 인증심사 시행 전에 내부심사를 시행하여야 한다.
2) 회사는 안전관리체제와 관련하여 회사의 업무를 위임받은 종사자 등이 이 표에서 규정하는 회사의 책임을 이행하는지를 주기적으로 검증하여야 한다.
3) 1)의 내부심사를 시행한 후 안전관리체제의 효율성에 대해 정기적으로 평가 및 검토를 하여야 한다.
4) 내부심사와 **시정 조치는 문서화된 절차에 따라 시행하여야 한다.**
5) 내부심사를 실시하는 자는 사업장의 규모 및 특성상 부득이한 경우를 제외하고는 심사를 받는 부서와 독립된 자이어야 한다.
6) 내부심사 결과 및 안전관리체제에 대한 효율성 검토 결과는 관련 부서의 책임 있는 모든 종사원에게 통보되어야 한다.
7) 내부심사 시 발견된 **부적합 사항에 대하여 책임 있는 자는 그 사항을 적절한 기간 내에 시정 조치를 하여야 한다.** |

2) 내항여객선 안전관리체제(운항관리규정) 관련 법령[75]

해운법

제21조의 5(안전관리책임자)

① 내항여객운송사업자는 **운항관리규정의 수립·이행** 및 여객선의 안전운항 업무를 수행한다. 이 경우 내항여객운송사업자는 해당 업무를 수행하기 위하여 **안전관리책임자를 두어야 한다.** 〈개정 2017.3.21.〉

② 내항여객운송사업자는 제1항에 따른 운항관리규정의 수립·이행 및 여객선의 안전운항 업무를 「해사안전법」 제51조에 따른 안전관리대행업자(이하 '안전관리대행업자'라 한다)에게 위탁할 수 있다. 이 경우 내항여객운송사업자는 그 사실을 10일 이내에 해양수산부장관에게 알려야 한다. 〈개정 2017.3.21.〉

③ 내항여객운송사업자(제2항에 따라 안전관리대행업자에게 위탁한 경우에는 안전관리대행업자를 말한다)는 제1항에 따른 안전관리책임자가 해양수산부령으로 정하는 바에 따라 여객선 안전관리에 관한 **교육을 받도록** 하여야 한다. 〈신설 2017.3.21.〉

④ 제1항에 따른 **안전관리책임자의 자격 기준**·인원 등에 필요한 사항은 대통령령으로 정한다. 〈개정 2017.3.21.〉 [본조신설 2015.1.6.]

제59조(과태료)......

② 다음 각 호의 어느 하나에 해당하는 자에게는 **300만 원 이하의 과태료**를 부과한다. 〈개정 2017.3.21.〉

  1. 제21조의 5 제1항을 위반하여 **안전관리책임자를 두지 아니한 내항여객운송사업자**(제21조의 5 제2항에 따라 안전관리대행업자에게 위탁한 경우에는 안전관리대행업자를 말한다.)

  2. 제21조의 5 제3항을 위반하여 안전관리책임자로 하여금 **교육을 이수하게 하지 아니한 내항여객운송사업자**(제21조의 5 제2항에 따라 안전관리대행업자에게 위탁한 경우에는 안전관리대행업자를 말한다.)

해운법 시행규칙[76]

제15조의 2(운항관리규정에 포함되어야 하는 사항 등)
① 법 제21조에 따라 내항여객운송사업자가 작성하여야 하는 운항관리규정에는 해상안전을 위하여 내항여객운송사업자와 내항여객운송사업의 종사자가 지켜야 하는 사항으로서 별표 2의3에서 규정된 내용이 포함되어야 한다. 〈개정 2015.7.7.〉
② 내항여객운송사업자는 운항관리규정에 포함된 내용대로 별지 제10호의 2 서식의 여객선 정기 점검표에 따라 월 1회 이상 정기적으로 선박시설 등을 점검하여야 한다. 〈개정 2016.12.8.〉

[별표 2의 3] 〈개정 2016.12.8.〉
운항관리규정에 포함되어야 하는 사항의 구체적인 내용
(제15조의 2 제1항 관련)

구분	포함 내용	비고
…	…	
9. 해양사고 등 비상사태 발생 시의 조치에 관한 사항	가. 선원 직책별 비상시 임무와 행동 시나리오 나. 해양사고 발생 및 의료구호 조치 등의 경우 그 비상연락방법 다. 비상사태에 대비하여 여객운송사업자가 실시하는 인력의 배치 라. 사고현장의 보존 마. 사고의 내용 및 원인 등의 조사 바. 피해보상	
10. 여객이 지켜야 하는 사항의 전달에 관한 사항	가. 비상시 대피 도면을 포함한 여객의 행동 요령 나. 여객의 승선과 하선 방법 다. 여객의 위험물 등의 취급 방법	
11. 여객운송사업에 종사하는 자에 대한 안전운항 및 해양사고 방지 교육에 관한 사항	가. 여객운송사업에 종사하는 자에 대한 안전운항 나. 해양사고 방지 교육의 실시 방법·실시 시기·실시 장소 및 교관 요원 확보 방법 등	
12. 문서 및 자료 관리에 관한 사항	가. 운항관리규정과 관련된 모든 문서 및 자료의 관리 절차 수립 나. 보존 기간 경과 등으로 무효화된 문서 및 자료의 폐기	가장 효과적인 방법으로 관리하되, 해당 선박과 관련된 모든 문서 및 자료를 선박 안에 비치하여야 한다.
13. 운항관리규정에 대한 선박소유자의 확인·검토 및 평가에 관한 사항	가. 안전 및 오염 방지 활동이 운항관리규정에 적합한지 여부를 확인하기 위하여 운항관리자의 정기적인 이행 상태 확인 전에 내부심사의 의무적인 시행 나. 문서화된 절차에 따른 내부심사와 시정 조치의 시행	

3) 안전관리책임자 교육 관련 규정

해운법 제21조의 5(안전관리책임자) 제3항에서는 "내항여객운송사업자의 안전관리책임자가 해양수산부령으로 정하는 바에 따라 여객선 안전관리에 관한 교육을 받도록 하여야 한다"고 규정하면서 해운법 시행규칙 제15조의 9(안전관리책임자의 교육) 및 해양수산부고시 제2018-7호 제6조,[77] 별표 1에서 안전관리책임자 교육 내용과 관련하여 다음과 같이 규정하고 있다.

【별표 1】

교육내용(제6조 관련)

교육 내용	관련 과목	교육 시간
1. 여객선 안전관리 제도 및 법규	여객선 안전 제도 및 법규	2
2. 연안항해 및 선박 운용 지식	연안항해술(항해, 선박 운용), 해양기상, 해양사고, 여객선 비상훈련과 군중관리 등 관련 과목	6
3. 여객선 소방·구명설비 기준 등	여객선 안전·복원성, 여객선 구명·소방설비, 여객선 기관정비 등 관련 과목	6

한편 2018년 1월경부터 선박 안전기술공단(각 지부의 운항관리센터)에서는 '교육 및 지도 직무'와 관련하여 안전관리책임자에게 안전관리 교육을 하고, 운항관리규정 작성에 필요한 자료 제공 및 의견 제시, 여객선 안전운항에 관한 지도(승선 지도를 포함), 내항여객운송사업자의 운항관리규정 이행 상태 확인 등의 업무를 하고 있다. 또한 '안전점검 및 확인 직무'와 관련하여 선박의 복원성 등 감항성 유지 여부 확인, 선장의 선내

비상훈련 실시 여부 확인, 구명기구·소화설비·해도(海圖)와 그 밖의 항해용구 완비 여부 확인 등의 업무를 하고 있다.[78]

다. 안전관리체제(운항관리규정)의 문제점

안전관리체제는 ISM Code[79]가 요구하는 선박 안전과 관련된 요구 사항을 의무적으로 포함하여 선사가 자신의 여건에 맞는 강제적 자기규제 규범을 수립하고, 인증심사로 이를 확인하여 합격한 선박만을 항행에 사용할 수 있도록 하는 바,[80] 위 수립 단계까지는 효과적으로 운영되고 있다. 그런데 인증심사로는 안전관리체제가 ISM Code의 요구 사항을 모두 포함했는지 확인만 가능할 뿐, 실질적인 시행 여부를 확인하는 것은 현실적으로 어렵다. 이에 따라 안전관리체제의 시행을 위하여 안전관리책임자를 의무적으로 두도록 규정하고 있다.[81] 안전관리책임자 제도는 책임소재를 명확히 하여 최고경영자를 포함한 경영진이 선박 안전의무 이행에 대한 심리적 압박을 받고 선사 자신이 수립한 안전관리체제를 사전적·자율적으로 준수·시행하도록 하는 시스템이다. 안전관리체제가 수립된 이후 안전관리체제 시행의 실효성을 확보할 수 있는지 여부는 얼마나 안전관리책임자가 위 시행 임무(책임소재 명확화 임무)를 이행하느냐에 좌우된다고 할 것이기 때문에 선박 안전 의무의 이행 확보 여부는 안전관리책임자의 임무를 얼마나 실효성 있게 강제할 수 있는지 여부에 달렸다고 할 것이다.

그런데 세월호 참사 이후 개정된 현행법을 보면 안전관리체제 시행의 핵심적 연결 고리인 안전관리책임자의 임무는 불명확할 뿐만 아니라 그 임무(안전관리체제 시행)의 이행에 대한 강제성을 부여할 수 있는 제재 수단도 전혀 마련되어 있지 않다. 이에 따라 안전관리책임자는 안전관리체제의 시행을 방치하고 있고, 해양 인명사고 시 책임소재를 명확히 해야 할 안전관리책임자의 존재가 오히려 책임소재를 불명확하게 하기 때문에[82] 선사는 이윤 추구를 위해 비용이 드는 선박안전의무 이행에 대한 심리적 압박을 받지 않게 되고, 그 결과는 세월호 참사에서처럼 국민의 생명 및 국가 경제적으로 막대한 피해를 입히게 된다. 아래에서는 안전관리체제가 실질적으로 선박안전관리에 기여하지 못하게 하는 문제점에 대하여 자세히 고찰하겠다.

첫째, 안전관리체제 수립·시행에 관한 내용을 규정한 해사안전법 시행규칙 제33조 별표 11에서의 안전관리책임자 임무에 관한 사항은 지나치게 추상적으로 규정되어 있고, ISM Code 핵심 요구 사항도 누락되어 있다. 즉 안전관리책임자의 임무에 관한 사항에 "선박의 안전운항 및 오염 방지 활동을 감시하며, 필요한 자원과 육상 지원이 적절하게 제공되는지 여부를 확인하여야 한다"고 규정하고 있을 뿐이다(한편 해운법에는 안전관리책임자의 임무에 관하여 전혀 규정되어 있지 않다). 그런데 안전관리책임자가 감시한 결과를 누구에게 보고하는지, 문서화할 의무가 있는지, 만일 선장으로부터 불감항 상태에 대한 보고를 받으면 어떻게 해야 하는지 등 안전관리체제의 시행을 위한 중요 사항에 관하여 입법 공백의 상태이다. 또한 ISM Code 제4조에서의 핵심 요구 사항[83]으로는 선박소유자와 선박직원 간의 연계를 실효성 있게 확보하기 위하여 안전관리책임자가 최고경영자에게 직접 보고할 것을 요구하고 있는데, 이러한 안전관리체제를 실효성 있도록 하는 핵심 요구 사항이 현행법에서 누락되어 있다. 이러한 입법 공백은 안전관리체제가 수립된 이후 제대로 시행·준수될 수 없게 하는 요인으로 작용한다.

둘째, 안전관리체제 시행의 중추인 역할을 해야 할 지위에 있는 안전관리책임자가 임무를 해태할 경우에 대한 제재 수단이 마련되어 있지 않다. 이것은 안전관리체제의 실효성 있는 시행에 대한 여러 가지 역효과를 일으킨다. 예컨대 선장과 선사 사이에서 보고를 받고 전달하는 위치에 있는 안전관리책임자는 수사 진행 시 참고인 자격으로 묵비권을 행사하며 고용주에 대한 불리한 진술을 거부하는 경우가 대다수의 사례이기 때문에 수사기관은 안전관리책임자에 대한 수사 단계에서 책임소재를 추적할 수 있는 연계점을 잃게 된다.[84] 이에 따라 안전관리책임자에게 보고했다가 묵살된 경우에도 해양사고 시 선장만 형사처벌되고, 안전관리책임자 및 경영진은 증거불충분으로 인하여 처벌될 가능성이 거의 없다. 그렇기 때문에 세월호 참사에 있어서도 경영진은 불감항 상태의 선박을 운항할 것을 선장에게 지시하거나 비상훈련을 하지 않더라도 책임소재가 추적될 가능성이 희박하여 심리적 압박을 받지 않고 이윤 추구를 하는 것이며, 특별한 사정이 없는 한 해양 인명사고 시 형사처벌을 받은 선장만 대체하고 계속 영업을 이어가면 되는 것이다. 이러한 시스템은 개정법에서도 개선되지 않았으며, 이러한 기업 편의주의적인 시스템으로 인하여 국민의 생명과 안전이 침해되는 것이다.

셋째, 해사안전법 시행규칙 제33조 별표 11에서는 안전관리체제 시행에 필수적인 사항으로서 "선박의 심층적인 비상 상황을 파악하고 이에 대한 대응 절차를 수립하여야 한다('사'호)", "안전관리체제를 개선하기 위해 부적합 사항, 사고 및 위험 발생에 대하여 보고하고, 조사·분석하는 절차를 수립하여야 하고, 조사·분석의 결과에 대한 시정 조치 절차를 수립하여야 한다('아'호)", "안전관리체제와 관련된 모든 문서 및 자료를 관리하는 절차를 수립하여야 한다('차'호)"고 규정하고 있다. 위 사항들은 마땅히 안전관리책임자의 임무에 포함되어야 할 것이나, 위 별표 11에서는 시행 주체가 누구인지 특정되지 않아 방치되더라도 그 누구도 책임지지 않는다. 만일 위 사항들이 준수되지 않아 불감항 상태의 선박으로 인한 인명피해가 발생할 경우 법인인 선사는 양벌규정에 의하여 1,000만~3,000만 원의 벌금만 납부하고 계속 영업을 하면 되는 시스템인 것이다.

넷째, 위 별표 11에서는 회사가 보장해야 할 사항으로서 "안전관리체제를 지원하는 데 필요한 훈련 절차를 수립·유지하고 관련된 종사원이 훈련을 받을 수 있도록 하여야 한다"고 규정하고 있다. 그런데 선사는 위 사항을 준수하지 않을 경우 500만 원 이하의 과태료만 부과받을 뿐이고, 인명사고 발생 시 양벌규정에 의해 소액의 벌금만 부담하면 된다. 그리고 비상훈련을 방치한 안전관리책임자나 훈련비용을 지원하지 않거나 훈련 없이 서둘러 운항할 것을 부당하게 지시한 경영진은 양벌규정에 의

하여 면책된다. 반면에 선장은 안전관리책임자와 선박소유자의 지원 없이는 단독으로 비상훈련을 시행할 수 없는 것이 현실임에도 불구하고, 비상훈련 부족으로 인명사상 시 무기징역까지 형벌을 부과받도록 법이 개정되었다.

다섯째, 위 별표 11에서는 '안전관리체제의 준수 여부 확인' 사항을 '선장의 책임 및 권한에 관한 사항'에 포함시켰을 뿐 안전관리책임자의 임무에 포함시키지 않았다. 해운법, 해사안전법에서 안전관리체제 및 운항관리규정의 시행 주체로 안전관리책임자를 규정하고 있는 점에 비추어 볼 때 위 사항은 안전관리책임자의 임무에 포함시켜야 할 것이다.

여섯째, 해사안전법 시행규칙 제33조 별표 11에서의 '안전관리체제에 대한 선박소유자의 확인·검토 및 평가에 관한 사항'에서 "내부심사 시 발견된 부적합 사항에 대하여 책임 있는 자는 그 사항을 적절한 기간 내에 시정 조치를 하여야 한다"고 규정되어 있지만, 여기서의 '책임 있는 자'를 특정할 수 있는 기준이 없다. 또한 위 별표 11에서의 '선박의 정비에 관한 사항'에 포함된 '주기적인 검사에 관한 모든 부적합 사항(추정 원인을 포함한다)의 보고 및 시정 조치에 관한 절차 수립' 사항에 관하여 책임소재 또는 시행 주체가 불명확하다.[85]

일곱째, 해사안전법 및 해운법에서는 안전관리체제를 시행·준수하기 위하여 필요적으로 안전관리책임자를 두도록 의무를 지우고 있으나, 위 의무 위반 시 300만 원 이하의 과태료를 부과하고 있을 뿐이다(해사안전법 제46조 제5항, 제110조, 해운법 제21조의 5, 제164조). 그러나 안전관리책임자는 안전관리체제 시행의 중추적 역할을 하는 자이고, 안전관리체제가 시행되지 않을 경우 선박 안전이 담보되지 않아 국민의 생명을 위협하는 것이기 때문에 위 과태료는 지나치게 과소하다.

4. ⓒ 안전관리체제 요인 관련 법령 개정 사항에 대한 입법적 제언
가. 입법적 제언의 개요

앞에서 본 바와 같이 Ⓐ 시정 조치 요인 및 Ⓑ 비상훈련 요인 관련 법령 개정 사항으로는 세월호 참사를 야기한 간접적·심층적 원인을 개선하지 못했다는 점을 고찰했다. 그렇다면 이미 비용을 들여 운영하고 있는 안전관리체제가 효율적으로 시행될 수 있도록, 즉 선박소유자 및 안전관리책임자가 안전관리체제를 통해 자발적으로 선박 안전 관련 시정 조치를 하고 비상훈련을 하도록 심리적 압박을 가하고 유인할 수 있는 입법적 제언을 함으로써 위 간접적·심층적 원인을 개선하고자 한다.

위 'V.3의 나'항에서 본 바와 같이 안전관리책임자에 대한 관련 법령은 안전관리체제 시행을 위하여 안전관리책임자를 두어야 한다는 근거 규정과 안전관리책임자 교육과 관련된 규정만 있을 뿐이다. 그러나 가장 중요하고도 기본적인 안전관리책임자의 책임(임무)과 관련된 규정이나 안전관리책임자의 임무 이행(안전관리체제 시행)을 최소한으로라도 강제할 수 있는 어떠한 형태의 제재 수단을 규정한 입법은 전무한 상황이다. 따라서 안전관리체제 시행에서 중추적 역할을 하는 안전관리책임자의 임무(책임)가 불명확하고, 심지어 그 임무 이행을 강제할 수 있는 어떠한 입법도 없기 때문에 선박 안전을 사전적·포괄적, 자율적으로 담보하는 기능의 안전관리체제는 비용만 들여 수립만 될 뿐 선박 안전에 기여될 수 있도록 시행되지 않고 유명무실한 것이다.

따라서 가장 시급하고 필수불가결하게 입법 보완해야 할 사항은 안전관리책임자의 임무 이행(안전관리체제 시행)에 강제성을 부여할 수 있는 형사제재 수단을 마련하는 것이며,[86] 이에 대한 입법 보완이 이루어지지 않을 경우 안전관리책임자에 대한 교육 등 다른 제도 개선은 무의미하다고 판단된다. 왜냐하면 최소한의 책임 이행을 강제할 수 있는 장치가 없는 안전관리책임자 제도는 책임소재를 불명확하게 하여 안전관리체제의 목적 자체를 달성할 수 없게 할 뿐만 아니라 오히려 선박 안전을 저해하는 심각한 역기능도 있기 때문이다.

더 나아가 ISM Code를 수용한 해사안전법상 안전관리체제 및 해운법의 운항관리규정이 선박 안전에 실질적으로 기여할 수 있는지 여부는 ① 안전관리체제에 포함되어야 하는 사항[해사안전법 제46조(선박의 안전관리체제 수립 등) 제4항] 중 비상훈련에 관한 사항(동조 제7호), 문서에 관한 사항(동조 제10호), 시정 조치에 관한 사항(동조 제11호)이 얼마나 안전관리체제를 통해 효율적으로 시행될 수 있는지 여부 및 ② 안전관리체제·운항관리규정의 시행을 담당하는 안전관리책임자 제도[87]를 통해 선사에 선박 안전 의무 미이행에 대한 심리적 압박을 가할 수 있을 만큼 책임소재 명확화가 시스템적으로 이루어지는지 여부에 달려 있다. 왜냐하면 이것은 모두 세월호 참사의 간접적·심층적 원인을 직접적으로 개선할 수 있는 사항들에 해당하기 때문인 바, 이와 관련된 입법적 제언을 아래에서 살펴보겠다.

나. 안전관리책임자 임무 이행(안전관리체제 시행)의 강제를 위한 입법적 제언

1) 안전관리체제 시행을 위한 연결 고리의 형성이 필수불가결한 이유

영국이나 노르웨이의 입법례는 기업에 대한 효율적인 여러 제재 수단(예컨대 기업살인법, 무제한 벌금 제도)이 마련되었음에도 불구하고 효율적인 안전관리책임자 제도를 통해 국민의 생명을 보호하고 있는 데 반하여 기업에 대한 효율적인 제재 수단(양벌규정 기반)이 마땅치 않은 우리나라 입법체계는 안전관리책임자 제도(안전관리체제 시행)마저 유명무실하게 운영하며 국민의 생명권 보호보다 기업의 편의를 도모하는 데 치중하고 있다. 따라서 선사의 선박 안전 의무 불이행 시 실효성 있는 안전관리체제 시행 외에 마땅한 실효성 있는 제재 수단이 없는 우리나라 입법체계는 해운선진국인 영국, 노르웨이에서의 검증된 입법례(형사제재 규정을 통해 안전관리책임자 임무 이행을 담보함)를 참조하여[88] 유명무실하게 운영되고 있는 안전관리체제·운항관리규정의 제 기능을 회복할 필요가 있다.

우리나라 현행법 시스템 아래에서 안전관리책임자는 안전관리체제를 시행하여 선박 안전사고를 사전에 예방해야 할 법적 의무[89]가 있음에도 불구하고 이를 게을리한 경우에 어떠한 책임도 부담하지 않고 그 피해는 세월호 참사에서 경험한 바와 같이 국민에 대한 생명권 침해 위협과 직결된다. 이와 같이 안전관리책임자 임무 수행에 대한 강제성이 확보되지 않을 경우 안전관리체제 시행이 형해화되므로 안전관리체제에 관한 다른 제도 보완이나 각종 규율도 유명무실화될 수밖에 없다. 따라서 안전관리체제 수립 이후 그 시행의 실효성을 위한 연결 고리를 형성시키는 영국이나 노르웨이의 입법례는 우리나라에서 운영하고 있는 안전관리체제 및 운항관리규정의 제 기능 회복을 위해 도입할 것이 요청된다.

2) 해운선진국인 영국 및 노르웨이의 입법례

영국의 시행령 제1561호 제8조(안전관리책임자) 제(2)항(a)[90]에서 안전관리책임자는 안전관리적합증서가 발행된 근거인 선박소유자의 안전관리체제 준수가 보장되는 데 필요한 모든 조치를 취할 것을 규정하고 있고, 시행령 제1561호 제19조(범죄 및 벌칙) 제(4)항[91]에서는 안전관리책임자가 시행령 제8조(2)항의 의무를 위반할 경우에는 2년 이하의 징역 또는 벌금에 처할 수 있는 형사제재규정을 입법했다. 노르웨이도 선박 안전보장법 제58조(안전관리체제에 관한 회사 의무의 위반)[92]에 근거하여 안전관리책임자가 해운기업을 위하여 안전관리체제의 수립·시행 및 개발을 상당한 정도로 이행하지 않을 경우에는 2년 이하의 징역 또는 벌금에 처할 수 있는 형사제재규정을 입법했다. 우리나라가 위 규정들을 도입할 경우 해사안전법 및 해운법을 아래와 같이 입법 보완할 수 있다.

3) 해사안전법 및 해운법에 대한 필수불가결한 입법 보완

> **해사안전법 제46조 제6항(신설)**[93) 94) 95) 96) 97)]
>
> 안전관리책임자는 안전관리체제의 시행을 보장하는 데 필요한 모든 조치를 취하여야 한다. 안전관리책임자의 임무에 필요한 사항은 대통령령으로 정한다.
> 해사안전법 제104조(벌칙) 또는 제106조(벌칙)에 다음 각 호를 추가한다. (개정) 또는 제105조(벌칙)에 다음 각 호를 추가한다. (신설)
> 1. 안전관리체제의 시행을 보장하는 데 필요한 조치를 게을리한 안전 관리책임자
> 해운법에도 위와 동일한 내용의 규정을 신설한다.

안전관리책임자의 처벌 정도와 관련하여 해사안전법 제105조(벌칙)를 적용할 경우 영국 및 노르웨이의 입법례에 준하는 2년 이하의 징역 또는 벌금에 준하게 될 것이고, 해사안전법 제106조(벌칙)를 적용할 경우 선박 결함 신고 의무 위반 시의 처벌에 준하는 1년 이하의 징역 또는 벌금에 준하게 될 것이다.

그런데 청해진해운은 세월호의 불감항 상태를 몰라서가 아니라 묵살하면서 시정 조치를 하지 아니했음에도 불구하고 세월호 참사 원인과 아무런 관련성이 없는 선장·선원의 신고 의무 불이행에 대해서는 '1년 이하의 징역'으로 처벌을 강화했다(선박안전법 제74조, 제84조). 그렇다면 세월호 참사를 야기한 간접적·심층적 원인 중 하나인 안전관리체제 시행 역할의 방기에 대한 안전관리책임자의 비난 가능성은 위 선장·선원의 신고 의무 불이행에 비해 결코 낮지 않고, 안전관리체제(안전관리규정)의 실질적인 시행을 위해서는 안전관리책임자의 책임 이행을 강제할

수 있는 처벌규정이 궁극적으로는 반드시 필요하다고 판단된다.

다만 세월호 참사 이후 해운법에서 "내항여객운송사업자는 해당(안전관리규정) 업무를 수행하기 위하여 안전관리책임자를 두어야 한다"는 규정을 새로 신설하고(해운법 제21조의 5 제1항), 자격 기준을 강화하며 안전관리 교육 의무에 따라(해사안전법 제46조 제6항, 해운법 제21조의 5 제3항, 제4항) 2018년 초부터 비로소 선박 안전기술공단에서 안전관리책임자에 대한 교육을 시작하여 현재 연안여객선사 내의 안전관리책임자 제도가 정착되지 않았다고 보인다.

따라서 위와 같은 사정을 감안하여 안전관리책임자에 대한 처벌규정을 신설하되 관련법 부칙규정으로 그 시행 시점을 안전관리책임자 제도가 정착될 때까지 일정 기간 유예하는 것도 바람직하다고 사료된다.

또한 영국 및 노르웨이의 입법례에서와 같이 안전관리책임자에 대한 형사제재 규정을 신설한다고 하더라도, 고용주를 위해 주요 증거를 은닉 또는 훼손하거나 선장·선원들이 보고한 사항을 전달하지 않는 등의 특별한 사정이 없는 한 해양사고가 발생하더라도 안전관리책임자가 형사처벌되는 경우는 극히 이례적일 수 있도록 안전관리책임자 처벌규정을 운영할 필요가 있다. 왜냐하면 안전관리책임자는 투명성을 확보하는 역할에 그칠 뿐 시정 조치 여부 등에 대한 최종적 의사결정권은 선박소유자에게 있어 안전관리책임자의 책임이 아니기 때문이다.

결국 안전관리책임자의 책임 이행을 강제할 수 있는 최소한의 처벌규정은 안전관리체제 시행을 위하여 반드시 필요하나, 안전관리책임자 제도의 정착을 위해 부칙 규정으로 일정 기간 그 시행 시점을 유예하여 단계적으로 실시하는 것이 바람직하다고 사료된다.

4) 입법 취지 및 입법 보완 시 수반되는 효과

세월호 참사 이후 개정법의 입법 과정에서는 안전관리체제의 실효적인 시행을 위해 해운법에 안전관리책임자 제도를 신설[98]하고, 선박안전의무 책임관계자(선장, 선원)에 대한 강력한 형사제재 수단을[99] 사용하여 철저히 엄단하겠다는 입법자의 의도를 확인할 수 있었다. 그런데 입법자는 안전관리책임자 임무 이행 확보를 위한 강제성 부과 문제를 간과하여 위 임무 위반에 대한 아무런 제재 수단을 마련하지 않았다. 그러나 입법 과정에서 드러난 입법자의 의도에 비추어볼 때 선박안전의무 이행에 필수불가결한 안전관리체제 시행이 형해화되는 것은 입법자의 의도에 어긋난다고 보인다.

신설되는 위 법률 조항을 통하여 달성하고자 하는 공익은 국민의 생명·안전에 대한 위해 예방(선박 안전사고를 사전에 예방해야 할 공익상의 필요성)으로, 안전관리책임자가 개인적으로 입게 되는 불이익보다 가볍다고 할 수 없다. 그리고 안전관리체제의 시행을 게을리하여 국민의 생명을 위험에 처하게 하는 사회적 비난가능성은 매우 크다. 따라서 신설되는 위 법률 조항은 법익균형성 원칙에 부합한다고 판단된다. 또한 선박안전사고가 일단 발생하면 국민의 생명·신체에 치명적 결과를 가져오고 사회적 혼란과 불안감을 초래할 가능성이 매우 크므로 단순히 이를 사후적으로 규제하는 것만으로 문제가 해소되기 어렵고 사전 예방적 수단이 중요하다.

선박의 불감항 상태에 대한 선장의 보고를 받을 경우 비용을 들여 이를 시정할지 묵살하지 여부에 대한 의사결정권이 있는 자는 선사의 최고경영자 또는 경영진이다. 즉 선장이 선박의 불감항 상태에 대하여 보고했는데 이것이 묵살된 경우 선박의 불감항 상태에 대한 결과불법은 피용인에 불과한 선장의 책임 영역에 속하지 아니한다. 그리고 국민의 생명과 직결되는 선박안전의무 이행 여부에 대한 결정권이 고도의 경영상 결단에 속하는 경영진의 재량에 따른 사항이라고 할 수도 없다. 따라서 선박안전의무 이행을 담보할 수 있기 위해서는 이에 대한 결정권이 있는 경영진에게 심리적 압박을 줄 수 있는 제재 수단이 마련되어야 하며, 의사결정에 결정적 영향을 미칠 수 없고 경영진의 지시를 사실상 거절하기 어려운 피용자인 선장만 무겁게 형사처벌한다고 해서 그 목적을 달성할 수는 없다.

형해화된 안전관리체제 아래에서는 이러한 보고 묵살에 의한 결과불법 책임도 선장에게 모두 전가되기 때문에 선박소유자(선사의 경영진)는 선박의 안전의무 이행보다 이윤 추구를 선택하는 데 심리적 부담이 없게 된다. 해양 인명사고 발생 시 수사기관에서 실체적 진실과 책임소재를 밝히기 위해서는 보고의 중간 단계에 위치한 안전관리책임자의 진술에 의존할 수밖에 없는 상황이 많은데, 현행법 아래에서와 같이 안전관리책임자가 참고인 자격[100]으로 조사를 받을 경우 진술해야 할 법률상 의무가 없고, 안전관리체제를 시행하지 않은 자신의 부작위 및 임무 해태에 대해서도 아무런 제재를 받지 않게 된다. 그렇기 때문에 고용인인 선박소유자를 위하는 피용인 안전관리책임자의 특성상 묵비권을 행사하거나 진술을 하더라도 철저하게 잘 모른다는 식으로 범행을 은폐 또는 선장·선원들에게 모든 책임을 전가하려는 경우가 대부분이므로 수사의 어려움[101]은 가중된다(예컨대 선장이 선박의 불감항 상태를 보고하고 경영진이 이를 묵살하더라도 안전관리책임자가 수사기관에 이러한 보고를 받지 않았다고 허위진술할 경우 어떠한 제재도 받지 않는다.[102] 또한 안전관리책임자에게 이러한 보고를 문서화하여 안전관리체제를 시행할 임무가 있음에도 불구하고 이를 방치하더라도 현행법상 이에 대한 제재 수단이 없기 때문에 실체적 사실관계 및 책임관계를 추적하려는 수사기관의 수사[103]는 안전관리책임자에 대한 조사 단계에서 단절된다. 더 나아가 안전관리체제는 수립만 될 뿐 실효적으로 시행되지 않기 때문에 사문화된 Paper Work로 전락하게 된다). 이에 따라 안전관리책임자 제도는 ISM Code의 취지대로 책임관계를 명확히 하는 연결 고리(투명성 확보)로서의 역할을 하는 것이 아니라, 오히려 책임관계를 불명확하게 하는 연결 고리로서의 역할(책임관계를 밝히는 연결 고리를 절단하는 역할)을 하고 있는 것이 우리나라 시스템 아래에서의 현실이다.

 그리고 선박안전의무 이행 위반행위 시 바로 경영진에 대한 직접적인 제재 조치를 하는 것이 아니라, 책임소재 명확화 시스템을 통해 안전관리체제가 경영진의 방어 수단이 되기도 하고 책임소재를 추적하는 수단이 되기도 한다는 점에서[104] 신설되는 위 조항이 최소 침해의 원칙 또는 비례의 원칙에 반하는 것이라고 할 수도 없다.

한편 위 신설되는 조항은 안전관리책임자의 역기능을 치유함으로써 안전관리체제 및 운항관리규정의 실효성을 제고하고 세월호 참사의 주된 원인을 개선할 수 있을 것으로 기대된다. 구체적으로 현행법에서 안전관리책임자의 임무가 불명확한 문제를 해결할 수 있고, 해사안전법 시행규칙 제33조 별표 11, 해운법 시행규칙 제15조의 2 제1항 별표 2의 3에 규정된 안전관리체제 시행을 위한 핵심적인 사항들이 위 안전관리책임자 임무에 포섭되어 위 사항들의 시행 주체가 누구인지 특정되지 않아 책임 소재가 불명확해지는 문제를 해결할 수 있다. 그리고 비상시 훈련 문제도 개선할 수 있을 것이다. 왜냐하면 비상시 훈련에 관한 사항도 '안전관리체제의 준수가 보장되는 데 필요한 모든 조치(안전관리책임자의 임무)'에 포섭되고 형사제재로 강제할 수 있기 때문에 현행법에서처럼 안전관리책임자가 방관자로서 안전관리체제 시행을 부작위하기는 어려울 것이기 때문이다. 또한 비상시 훈련에 관한 사항이 문서로 남게 되기 때문에 현행법 아래에서와 같이 자의적으로 훈련을 위한 필요비용을 부담하지 않거나 여건을 조성하지 않는 것에 대하여 선박소유자는 심리적 부담을 받게 될 것이다.

결국 보호법익의 중요성, 안전관리책임자가 안전관리체제의 시행을 방치하는 죄질 및 행위자 책임의 정도, 세월호 참사 이후 국민의 법감정, 선장과 비교할 때의 심각한 형의 불균형, 안전관리책임자 제도를 해운법에 신설함으로써 연결 고리를 만들고 선박안전의무 관련 책임자들을 엄하게 처벌하려는 입법자의 의도, 그리고 일반예방적 목적을 달성하기 위한 형사정책적 측면 등 여러 가지 요소를 종합적으로 고려할 때, 책임관계를 밝히는 연결 고리를 확고히 하기 위해서는 반드시 안전관리책임자의 임무(안전관리체제 시행) 이행에 대한 강제성을 부여할 수 있는 형사제재 수단이 마련되어야 한다.[105] 그리고 위 신설되는 조항의 벌칙규정은 다른 해운선진국들의 입법례(상한에 제한이 없는 벌금형 또는 2년 이하의 징역형)에 비추어보더라도 지나치게 높다고 할 수 없다.

한편 영국 및 노르웨이의 입법례(안전관리책임자의 임무 해태를 형사처벌하는 규정)를 고찰하면 해양사고가 발생하더라도 안전관리책임자를 형사처벌하는 경우는 극히 이례적이다. 왜냐하면 안전관리책임자에 대한 형사제재 규정의 주된 목적이 안전관리책임자를 형사처벌하기 위한 것이 아니라 위 규정 존재 자체만으로 안전관리책임자가 고용인인 선박소유자에게 종속되어 안전관리체제의 원래 기능인 투명성을 훼손하는 폐단[106]을 방지할 수 있기 때문이다. 그 결과 선박소유자는 법적 책임을 추적받을 수 있다는 심리적 압박을 받기 때문에 사전적·자율적으로 선박 안전의무를 이행하도록 유도하는 안전관리체제 본래 취지를 실현할 수 있는 것이다. 더 나아가 위 형사처벌 규정이 존재할 경우 해양사고시 안전관리책임자가 고용인인 선박소유자를 위하여 수사기관의 수사를 단절시키고 책임관계를 불명확하게 하는 우리나라 시스템 아래에서의 폐단에 대처할 수 있을 것이다. 만일 안전관리책임자가 투명성을 확보해야 할 자신의 임무를 해태하며 묵비권을 행사하거나 범행을 은폐하고, 선장·선원들에게 모든 책임을 전가하며 수사의 어려움을 가중시키는 등의 특별한 사정이 없는 한, 영국 및 노르웨이의 입법례에서와 같이 위 형사제재 규정이 존재한다는 이유만으로 안전관리책임자를 형사처벌해야 할 하등의 이유가 없다. 따라서 위 신설되는 조항의 벌칙규정은 안전관리체제를 실효적으로 시행하고 다중의 국민 생명을 보호하는 데 필수불가결한 역할을 하는 데 반하여 안전관리책임자에게 개인적으로 입히는 불이익은 낮다고 할 것이다.

다. 안전관리책임자 책임(임무)에 대한 정책적·입법적 제언

안전관리책임자는 안전관리체제를 수립·시행하여 선사와 선박직원 간의 연계를 확보하기 위해 최고경영자에게 직접 보고할 책임이 있는 자이다(해사안전법 제46조 제5항, 해운법 제21조의 5, ISM Code 제4조). 특히 ISM Code 제4조는 "각 선박의 안전운항을 확보하고 회사와 선박 간의 연계 역할을 도모하기 위하여 최고경영자와 직접 통할 수 있는 안전관리책임자를 임명하여야 한다"고 요구하고 있는데, 이것은 ISM Code 요구 사항 중 가장 핵심적인 내용이다.[107] 그럼에도 불구하고 해사안전법 시행규칙 제33조 별표 11에서는 안전관리책임자의 임무 중 선박의 안전운항 및 오염 방지를 감시하는 역할만 추상적으로 규정하여 포함하고 있을 뿐, 최고경영자에게 직접 보고할 책임이나 연계 역할에 대한 규정은 전혀 없다. 안전관리책임자의 임무에 위 사항들을 포함시켜 보다 구체

적으로 명시할 필요가 있다.[108]

 더 나아가 세월호 참사의 간접적·심층적 원인인 Ⓐ **시정 조치 요인** 및 Ⓑ **비상훈련 요인**에 대한 사항들은 안전관리책임자 책임(임무)에 모두 명시적으로 포섭시킨 상태에서 안전관리체제를 운영함으로써 현행법으로 대처하기 어려운 위 간접적·심층적 원인을 개선할 것을 제안한다.

 특히 선박 안전기술공단이 안전관리책임자에게 지도·교육시키는 내용 중 '여객선 비상훈련 과목'은 Ⓑ **비상훈련 요인**에 포함되며, '여객선 안전·복원성, 여객선 구명·소방설비, 여객선 기관정비 등 과목'은 Ⓐ **시정 조치 요인**에 포함된다. 또한 안전관리책임자의 시행책임이 있는 안전관리체제에 포함되는 사항 중 '비상대책의 수립에 관한 사항'은 Ⓑ **비상훈련 요인**에 포함되며, '시정 조치는 문서화된 절차에 따라 시행해야 한다는 사항'은 Ⓐ **시정 조치 요인**에 포함된다. 그렇다면 위 사항들은 당연히 안전관리책임자 책임(임무) 범위에 포함되는 것으로 상정되었다고 볼 것이나, 현행법상 위 사항들에 대한 책임 주체가 불명확하게 규정되어 있기 때문에 해양 인명사고 발생 시 간접적·심층적 원인을 야기한 책임관계도 불명확하게 되는 결과에 이르고, 이로 인해 선박안전관리가 자율적으로 되지 않아 그 피해는 국민이 입게 되는 것이다.

 따라서 입법적 개선 방안으로 간접적·심층적 원인인 Ⓐ **시정 조치 요인** 및 Ⓑ **비상훈련 요인**과 관련된 사항들은 안전관리책임자의 책임(임무)

으로 명시할 것을 제안하며, 다만 투명성 확보를 위하여 최소한 Ⓐ **시정조치 요인** 및 Ⓑ **비상훈련 요인**에 관한 사항들을 문서화할 책임도 명시적으로 안전관리책임자에게 있다고 할 필요가 있다.

한편 위 'Ⅲ.1'항에서 본 바와 같이 세월호 참사의 직접적 원인으로 기관실의 수밀문 등이 닫혀 있지 않았다는 사실이 최근 새롭게 밝혀졌는데, 조사 결과 많은 선원이 이러한 조치가 이행되어야 한다는 사실을 몰랐다는 것이 확인되었다. 비상상황 시 이런 전문적·기술적인 사항과 동시에 인명구조 조치에 필수적으로 필요한 사항들도 안전관리책임자에게 교육되고 '선원 직책별 비상시 임무와 행동 시나리오'에 포함시킬 필요가 있다. 이를 위해서 선박 안전기술공단은 비상대책을 수립할 책임이 있는 안전관리책임자에게 교과과목으로 비상훈련 이론 수업을 하는 것을 넘어 각 선사의 개별적 비상배치표 내용의 적절성까지 컨설팅할 수 있도록 제도를 개선할 것을 제안하는 바이다.

라. 책임소재의 명확화를 위한 제도 개선 방안

아래에서 기술하는 제도 개선 방안은 위 'V.4의 나-다'항에서 안전관리체제 시행의 연결 고리가 형성되는 것을 전제 조건으로 하여 책임소재를 명확히 하기 위한 것이다. 왜냐하면 안전관리체제의 시행을 위한 최소한의 강제 수단이 마련되지 않은 상태에서는 어떠한 제도 개선도 의미가 없을 것이고, 이 경우 의무적으로 수립해야 하는 안전관리체제는 비용만 드는 문서 업무(Paper Work)로 전락하게 되어 시행 여부가 도의적

차원에 머무는 보기 좋은 자치법규 이상의 의미밖에 없을 것이기 때문이다. 또한 우리나라 입법체계의 특수성을 감안할 때 개정법에서와 같이 법인인 선사를 직접 형사처벌 대상으로 한 규정들이나 선장·선원들에 대한 무거운 형사처벌 규정만으로는 선박안전의무의 이행을 확보하기가 어렵다. 따라서 위 'V.4의 나-다'항에서의 필수불가결한 입법 보완(이미 해운선진국들이 제도화하여 검증된 규정)을 함으로써, 자신의 고용인을 위해 책임소재를 불명확(안전관리체제의 투명성을 훼손)하게 하는 안전관리책임자의 역기능을 치유하고, 운항관리규정 및 안전관리체제가 비용만 드는 유명무실한 제도로 전락하는 것을 방지하기 위한 최소한의 전제 조건을 확보해야 할 것이다.

반면에 이를 토대로 책임소재를 보다 명확히 하기 위한 제도 개선 방안에 대해서는 폭넓은 입법 재량이 인정될 것인 바, 아래에서 제시하는 제도 개선 방안은 단지 하나의 예시일 뿐이며, 선박안전의무 이행을 확보하기 위한 입법자의 의지 정도에 따라 도입 여부를 결정하면 될 것이다. 해사안전법 또는 그 시행령에 다음과 같이 기재할 것을 제안한다(해운법에도 위와 동일한 내용의 규정을 신설할 것을 제안한다).

1) 해사안전법 제46조 제4항 제10호(문서화 사항)에 대한 입법 보완

> 안전관리책임자는 안전관리체제를 원활히 시행하기 위하여 다음 각 호의 사항을 이행하고 준수해야 한다.
> 1. 안전관리책임자는 해사안전법 제4항 제7호, 제8호, 제9호, 제11호에 관한 사항을 제10호에 따른 문서 및 자료로 관리하여야 한다.
> 2. 전항의 문서 및 자료 관리시 해사안전법 제4항 제7호, 제8호, 제9호, 제11호의 시행 관련자들의 실명 및 조치내용이 기재되어야 한다.
> 3. 제1항에서 관리되는 문서 및 자료 1부는 관련 선박에서, 1부는 안전관리책임자가 3년 동안 각각 보존하여야 한다.[109]
>
> 해운법에도 위와 동일한 내용[110]의 규정을 신설한다.

안전관리체제의 효과적인 시행을 위해서는 책임소재가 명확할 수 있도록 운영되어야 한다. 문서 및 자료 관리에 관한 사항(해사안전법 제46조 제4항 10호)은 안전관리체제의 시행을 위하여 필수적으로 요구되는 절차상의 조치로서,[111] 그 중대성(국민의 생명 보호와 직결되는 선박안전 의무 이행의 담보)에 비추어 해사안전법 제4항 제7호, 제8호, 제9호, 제11호의 내용(법정된 안전관리체제 시행조치 내용)을 문서화하여 이를 보존할 직무를 안전관리책임자 임무[112]에 포함[113]시킬 필요가 있다.

한편 ① 산업안전보건법 제13조(안전보건관리책임자) 제1항에서 안전보건관리책임자가 '근로자의 안전·보건 교육에 관한 사항(3호)' 및 '산업재해에 관한 통계의 기록 및 유지에 관한 사항(7호)' 등에 관한 업무를 총괄 관리하도록 하는 규정(위 3호는 비상훈련에 관한 사항과 대응되고, 위 7호는 불감항 상태의 보고에 관한 사항과 대응된다), ② 동법 제64조

(서류의 보존) 제1항에서 사업주에게 '안전·보건상의 조치 사항을 적은 서류(4호)'를 3년간 보존케 할 의무를 부여하고 있는 규정(위 4호는 선박안전에 관한 시정 조치 사항과 대응된다), ③ 동법 시행령 제9조(안전보건관리책임자의 선임 등) 제4항에서 "사업주는 안전보건관리책임자를 선임했을 때에는 그 선임 사실 및 업무 수행 내용을 증명할 수 있는 서류를 갖춰둬야 한다"고 한 규정(안전관리책임자의 직무에 관한 사항들도 이와 같이 구체화하여 서류로 갖춰두도록 할 필요가 있다)들을 참조하여 이와 유사한 내용의 구체화된 문서화 의무를 신설할 것을 입법정책적으로 고려할 수 있다. 그리고 현행 해사안전법에서와 같이 의무 주체도 특정되지 않은 채 선사에 문서화에 관한 추상적인 의무를 부여하여 실효성이 없도록 규정할 것이 아니라, 의무 주체가 개인으로 특정되도록 함으로써 실효성을 부여해야 할 것이다. 즉, ISM Code 취지상 안전관리책임자가 위 사항들에 대한 서류 보존 업무를 총괄 관리하도록 하고, 제재 규정으로 강제성을 부여해야 할 것이다. 또한 산업안전보건법에서와 같이, 위 구체적인 문서화 의무에 관한 사항들을 행정규칙이 아닌 해사안전법(해운법) 또는 그 시행령에 규정하고 제재 규정으로 그 의무를 강제할 것을 제안한다.

해양 인명사고가 발생할 경우 이러한 문서 기록들이 책임소재를 명확히 하는 기능을 하게 될 것이므로 선박안전의무를 이행하지 않은 경영진은 위 문서 기록들로 책임소재가 추적되어 해양사고 시 그 책임에 부합하는 제재를 받게 될 것이고, 선박안전의무를 이행한 경영진은 결과불법에 대하여 자신을 방어할 수 있는 자료로 위 문서 기록들을 활용할 수 있을 것이다.[114] 만일 안전관리책임자가 이러한 문서를 기록하거나 보존하지 않아 그 임무를 해태하고, 보고가 묵살된 실체적 진실에 대하여 수사기관에 사실대로 진술하지 않거나 경영진을 위해 진술을 거부할 경우에는 신설된 형사제재 규정에 의하여 자신이 형사책임을 부담하게 될 것이기 때문에 책임소재가 명확해질 것이다. 이와 같이 책임소재가 명확해진 시스템 아래에서는 안전관리체제의 입법 취지대로 경영진이 선박안전의무 이행에 대한 심리적 압박을 받기 때문에 현행법에서와 같이 이윤 추구를 위하여 쉽사리 선박안전의무를 소홀히 하기 어려울 것이며, 이러한 입법 보완은 선박 안전사고에 대한 사전 예방 수단으로 기능하게 될 것이다.

더 나아가 관리감독청이 수시로 선사·선박에 대해 불시점검 등을 실시하여 보존되어 있는 문서 및 자료 관리에 관한 사항(해사안전법 제46조 제4항 제10호)이 충실히 이행되는지 확인케 하는 것을 제안하는 바, 현행법상 아래 규정들이 활용될 수 있을 것이다.[115] ① 해사안전법 제58조(지도·감독) 제1항 2호에서는 "해사안전감독관이 정기 또는 수시로 선박이나 사업장에 출입하여 관련 서류를 검사하게 하거나, 선박이나 사업장의 해사안전관리 상태를 확인·조사 또는 점검" 하도록 하고 있고, 해운법 시행규칙 제15조의6(내항여객운송사업자에 대한 점검 등) 제2항에서는 "지방해양수산청장은 해사안전법 제58조 제2항에 따른 해사안전감독관으로 하여금 제1항에 따른 점검을 하도록 할 수 있다"고 규정하고 있다. ② 해운법 제22조(여객선 안전운항관리) 제4항에서는 "운항관리자는 제21조에 따른 운항관리규정의 준수와 이행 상태를 확인하고, 그 밖에 제3항에 따른 직무를 다하여야 한다"고 규정하고 있고, 동조 제6항에서는 "해양수산부장관은 제4항에 따른 운항관리자의 직무 등을 감독하는 데 필요한 경우 관련 자료를 제출·보고하게 하거나 소속 직원으로 하여금 사무실 등을 출입하게 하여 점검할 수 있다"고 규정하고 있다. 위 규정들을 활용하여 해사안전감독관 또는 운항관리자로 하여금 안전관리책임자의 문서화 의무(특히 불감항 상태에 대한 보고가 경영진에게 원활히 이루어지고 이에 대해 어떤 시정 조치가 이루어졌는지 여부를 기록하고, 비상훈련이 주기적으로 이루어지고 있는지 여부를 기록하는 문서화 사항에 대한 의무)가 제대로 이행되고 있는지 여부에 대해 불시점검할 수 있도록 규정할 것을 제안하는 바이다.

2) 책임소재의 명확화를 위한 기타 제안

해사안전법 제47조(인증심사) 4항에서는 "인증심사의 절차와 심사 방법 등에 필요한 사항은 해양수산부령으로 정한다"고 규정하고 있다. 그렇다면 해양수산부령에 해사안전법 제46조 제4항 제10호(문서화 사항)가 구체적으로 이행되고 있는지 여부에 대한 엄격한 심사가 이루어질 수 있도록 심사 방법을 구체화할 것을 제안한다. 인증심사는 안전관리체제의 시행 여부를 포함한 모든 심사가 문서심사로만 이루어지는 것이 현실인 바,[116] 위에서 제안한 인증심사를 통해 선박의 운항 여부를 결정하도록 하는 것도 안전관리체제 시행의 실효성을 보장하는 방책이 될 것이다.

그리고 안전관리책임자의 실명이 특정되는 것뿐만 아니라 시정 조치 책임자가 누구인지도 특정되도록 제도 개선이 되어야 할 것이다. 산업안전보건법 제23조(안전조치) 제1항에서는 "사업주는 사업을 할 때 위험을 예방하기 위하여 필요한 조치를 하여야 한다" 규정하고 있고 위반 시 형사제재를 부과하고 있는데(산업안전보건법 제66조 및 제67조 등 벌칙 조항), 위 '사업주'는 책임 있는 개인으로 특정되어 책임소재가 명확하다. 이에 반하여 해사안전법 제46조 제4항 11호에서는 시정 조치의 책임이 누구에게 귀속되는지 전혀 특정되지 않는다. 이에 따라 선장이 불감항 상태의 보고를 하더라도 시정 조치를 해야 할 의무 주체가 불명확하기 때문에 이러한 보고는 쉽게 묵살되고, 그 피해는 국민의 생명 침해로 이어진다. 따라서 시정 조치 책임자의 실명도 안전관리체제 수립 시 포함시켜야 할 사항으로 추가(해사안전법 제46조 제4항 11호)하고, 실명이 특정되었는지 여부를 안전관리체제 인증심사 시 합격 기준으로 판단케 함으로써[117] 안전관리체제 시행의 강제성 및 책임소재의 명확성에 대한 제고를 입법정책상 고려할 수 있을 것이다. 만일 안전관리체제에 포함될 사항에 시정 조치 책임자의 실명이 포함되는 제도 개선을 채택하지 않는다면 최소한 안전관리책임자가 기록 보관하는 문서에 불감항 상태의 보고를 한 대상(시정 조치를 할 의무 주체)이 누구인지 반드시 특정되도록 의무를 부과하고, 인증심사 또는 불시점검 제도를 통해 이러한 문서화 의무가 제대로 이행되는지 수시로 점검할 필요가 있다.

Ⅵ. 선박안전관리비용에 대한 준공영제 지원 확대

위 'Ⅱ.1의 가'항에서 본 바와 같이 연안여객선은 실질적으로 대중교통 수단으로써 기능하고 있는 바, 연안여객사업자는 보조항로 결손 보상금과 도서민 운임 보조에 한정하여 준공영제로서 국가 지원을 받고 있다.

여객선 준공영제란 항로 운영 적자 누적으로 인한 단절 우려 항로(2년 연속 적자 항로) 또는 1일 생활권(1일 2왕복 운항) 미구축 항로의 운영비를 지원하는 것으로, 추가 운항 시 선사 운항 결손액을 국가 및 지방자치단체가 50%씩 분담해 지원하는 것이다.

그런데 연안여객선을 이용하는 일반 국민과 도서주민에게 다른 대체 가능한 대중교통수단이 없는 점에 비추어볼 때 국가는 공공부문의 관점에서 대중교통수단을 확대하여 제공하는 것뿐만 아니라 세월호 참사 재발의 우려가 없는 '안전한' 대중교통수단을 제공할 기본적인 책무가 있다고 할 것이다.

그런데 위 'Ⅱ.1의 나'항에서 본 바와 같이 연안여객선의 안전관리 취약 요인(노후화된 연안여객선, 연안여객선사의 영세성, 양질의 선원 확보의 어려움) 및 200명이 넘는 인명피해가 발생하는 연안여객선 대형 참사가 주기적으로 반복되는 과거의 경험에 비추어 볼 때 정부는 교통권 확대 관점에서만 준공영제를 운영할 것이 아니라[118] 영세한 연안여객선사가 지출해야 하는 선박안전관리비용을 보조하는 관점에서도 준공영제를 확대하여 운영할 것을 정책적으로 제안하는 바이다.

만일 국가 재정 상태가 여의치 않아 안전관리비용 보조에 대한 우선순위를 정해야 할 경우 Ⓐ 시정 조치 요인 및 Ⓑ 비상훈련 요인에 지출되는 안전관리비용만이라도 우선적으로 확대 지원할 필요가 있다. 왜냐하면 재무적 취약구조로 인하여 연안여객선사들은 지원받은 보조금 범위 안에서만 선박 운영비(선박안전관리비용 포함)를 소화하려는 경향이 있기 때문이다.

따라서 위에서 제도 개선을 제안한 효율적인 안전관리체제를 통해 선박소유자 및 안전관리책임자가 자율적으로 선박 결함에 대한 시정 조치 및 비상훈련을 할 수 있도록 심리적으로 압박하고 유인하는 동시에 준공영제의 지원 범위 확대를 통해 선박안전관리 효과를 보다 극대화할 수 있을 것으로 기대된다.

만일 국가 재정이 허락될 경우에는 Ⓐ 시정 조치 요인 및 Ⓑ 비상훈련 요인에 지출되는 안전관리비용에 대해서는 사전보조금 제도가 바람직할 것이나, 이것이 여의치 않을 경우에는 최소한 무담보 장기저리의 금융으로 영세한 연안여객선사를 보조하여 일반 국민에게 안전한 대중교통수단을 제공할 여건을 마련할 필요가 있다.

한편 Ⓐ 시정 조치 요인 및 Ⓑ 비상훈련 요인에 지출되는 안전관리비용의 보조금을 청구하는 절차와 관련하여 위 사항들에 대한 안전관리체제 시행 책임이 있는 안전관리책임자가 위 보조금을 국가에 청구할 수 있는 절차 마련을 고려할 수 있다. 그리고 연안여객선사의 무분별한 선박안전관리비용 청구의 남용을 막기 위한 취지로 안전관리책임자가 국가에 위 비용을 청구하기 전에 자신이 교육받는 선박 안전기술공단에 위 비용이 선박안전관리에 반드시 필요한 것인지 우선적으로 컨설팅을 하거나 사전심사받도록 하는 것도 검토할 수 있을 것이다.

Ⅶ. 맺음말 및 향후 과제

　청해진해운은 18년간 사용하던 일본의 노후 선박을 도입하여 복원성에 악영향을 미치는 개조 공사를 마친 다음 세월호를 약 1년간 운영하며 합계 29억 6,000만 원의 초과운임을 취득했다. 그런데 위 기간 동안 세월호의 원래 선장은 세월호의 불감항 상태를 수차례 지적·보고했지만, 선박소유자인 청해진해운은 여객의 안전보다 비용 절감·운항 이익을 중시하여 위 보고·신고를 묵살하고 선박 안전에 필요한 아무런 시정 조치를 하지 않은 채 선장·선원들에게 세월호를 계속 운항하도록 했다. 그러나 선박소유자의 이러한 운항 지시를 어길 경우 선장·선원들은 사실상 고용관계에 불이익을 받아 생계를 위협받기 때문에 안전 관련 시정 조치가 이루어지지 않은 불감항 상태의 세월호를 1년간 지속적으로 운항했고, 그러던 중 세월호 참사가 발생하여 304명의 여객이 희생되었다.

　또한 청해진해운은 세월호 참사 전년도 비상훈련 비용으로 총 54만 1,000원(선원 1인당 훈련 교육비로 4,600원)을 지출하여 비상 상황에서 수밀문을 닫아야 한다는 등의 인명구조 조치 사항에 대해 선장·선원들이 숙지하기 어렵게 했다.

　세월호 참사를 야기한 간접적·심층적 원인인 Ⓐ **시정 조치 요인** 및 Ⓑ **비상훈련 요인**의 개선과 관련하여 선박소유자가 '선박 안전 시정 조치의 필요성을 알면서도 묵살하면서 선박의 안전운항에 필요한 조치를 하지 않을 경우' 사실상 1,000만 원 이하의 벌금만 적용할 수 있고(선원법 제7조 제4항, 제172조), 선박소유자가 비상훈련을 실시하지 않을 경우 과태료 500만 원만 부과할 수 있도록 개정했다(선원법 제63조, 제179조). 그러나 위 개정법에서의 처벌규정으로는 Ⓐ 시정 조치 요인 및 Ⓑ 비상훈련 요인을 개선할 수 있는 위하력이 없다.

반면 선장·선원들이 선박 위험시 인명구조 조치를 다하기 전에 퇴선하는 경우(특히 선박소유자의 지시로 불감항의 선박을 운항하고 비상훈련이 이루어지지 않아 초동대응 역할을 숙지하지 못한 경우 포함) 사람이 사망에 이르렀을 때 선장은 무기 또는 3년 이상의 징역, 선원은 3년 이상의 징역에 각각 처하도록 처벌규정을 강화했다(선원법 제11조, 제161조).

그러나 통신의 발달 및 연안여객선 단거리 항로의 특성상 선장은 선박소유자의 지시를 받을 수밖에 없고, 선박소유자의 지시가 부당한 경우에도 이를 어기기 어려운 사정을 고려하면 선장·선원들에 대한 처벌 강화뿐만 아니라 선박소유자가 부당한 지시를 하거나 필요한 시정 조치를 묵살하기 어렵도록 하는 제도 개선을 병행할 필요가 있다. 그렇지 않을 경우 구두상 이루어지는 선박소유자의 부당한 지시는 입증되기 어렵고, 안전관리책임자의 선박안전관리 방임에 대해서도 법적 책임을 물을 수 없기 때문에 선박소유자 및 안전관리책임자의 결과불법도 그들의 지시를 따른 선장·선원들에게만 전가될 것이다. 선박소유자의 부당한 지시로 해양사고가 발생한 경우 선박소유자는 형사처벌된 선장·선원들만 대체하고 계속 영업을 할 수 있을 것이고, 투명성을 보장할 부담이 없는 안전관리책임자도 책임관계를 불명확하게 하여 고용주인 선박소유자를 보호하는 데 집중하기 때문에 선장·선원들에 대한 처벌 강화만으로는 세월호 참사를 야기한 간접적·심층적 원인이 개선되지 않을 것이다.

또한 한번 침해된 여객들의 생명권은 회복될 수 없기 때문에 해양사고 이후 부과하는 과징금 10억 원이나 영업 폐쇄 같은 사후통제 수단뿐만 아니라 Ⓐ **시정 조치 요인** 및 Ⓑ **비상훈련 요인**을 사전예방할 수 있는 제도 개선도 상호 보완할 필요가 있다. 본 보고서에서는 이러한 문제의식을 가지고 안전관리체제(안전관리규정)가 효율적으로 시행될 수 있도록 하는 제도 개선 방안을 제시하는 바이다.

선박의 안전운항 등을 위한 관리체제(안전관리체제 및 운항관리규정)의 핵심 기능은 선장·선원들과 해기 지식이 없는 의사결정권자인 경영진을 연계하는 안전관리책임자가 그 역할을 제대로 수행할 경우 선박 안전에 관한 필요 사항이 효과적으로 지원될 뿐만 아니라 선박소유자가 선박 안전 관련 책임관계를 추적받을 수 있다는 심리적 압박을 받게 하는 강제적 자기규제 기능이다. 이와 같은 선박안전관리에 대한 투명성 보장 시스템이 작동할 경우 의사결정권자인 선박소유자는 선박 안전 시정 조치나 비상훈련의 필요에 대해 묵살하기 어렵도록 환경이 조성된다.

그런데 문제는 선박운항을 위해 필요한 안전관리체제 수립 단계까지는 이루어지나 안전관리체제 시행을 담보하는 제도적 장치가 없어 선박

안전의무 이행에 기여하지 못하고 있다는 점이다. 특히 운항 서비스 품질 경쟁을 해야 하고 입 출항 시 항만국(Port State Control)의 통제를 받아 안전관리체제를 자율적으로 시행하는 외항선사와 달리, 재무구조가 취약하고 운항 서비스 품질 경쟁을 하지 않는 독과점체계의 연안여객선사는 안전관리비용 투입 등 안전관리체제(안전관리규정) 시행을 꺼리는데, 이로 인해 발생하는 선박 안전 위험은 연안여객선을 대중교통으로 이용하는 여객들에게 전가되는 실정이다. 청해진해운도 세월호 운항을 위해 필요한 운항관리규정을 2013년 2월 25일에 승인받아 수립까지 했지만, 이윤 추구 및 비용 절감을 위해 세월호의 불감항 상태를 알면서도 이를 묵살한 채 시정 조치도 하지 않고 비상훈련도 하지 아니하여 자기가 수립한 안전관리체제를 준수하지 않은 것이다. 만일 안전관리규정을 시행하도록 유인하는 제도적 장치가 구비되었다면, 청해진해운이 세월호의 불감항 상태에 대해 시정 조치를 하지 않으면서 묵살하기 어려웠을 것이다.

　입법적 제언과 관련하여 본 보고서에서는 안전관리규정이 시행될 수 있기 위한 필수 전제로 안전관리책임자의 책임(역할)을 명확히 하고, 그 책임 이행을 강제할 수 있는 제도 개선이 필요하다는 입장이다. 해사안전법에서는 "안전관리체제의 시행을 위하여 안전관리책임자와 안전관리담당자를 두어야 한다"고 규정하고 있고(해사안전법 제46조 제5항), 해운법에서도 세월호 참사 이후 "내항여객운송사업자는 해당(안전관리규정) 업무를 수행하기 위하여 안전관리책임자를 두어야 한다"는 규정을 신설했는 바(해운법 제21조의 5 제1항), 안전관리체제 시행 단계에서 핵심적 역할을 하는 자는 안전관리책임자이다. 이에 따라 세월호 참사 이후 해사안전법이나 해운법에서는 안전관리책임자의 자격 기준을 강화하고 안전관리교육 의무를 부과했으며(해사안전법 제46조 제6항, 해운법 제21조의 5 제3항·제4항), 2018년 초부터 선박 안전기술공단에서 안전관리책임자에 대한 교육을 실시하고 있다. 그러나 문제는 관련법에서 안전관리책임자의 책임(역할)이나 그 책임이행을 강제할 수 있는 가장 기본적인 내용의 입법이 없다는 것이다. 이러한 입법 미비로 인하여 안전관리체제 시행의 핵심 역할을 하는 안전관리책임자가 그 책임을 방기하더라도 아무런 법적 책임을 지지 않게 되고, 안전관리체제(운항관리규정)가 시행되지 않음으로써 발생하는 해양사고 위험의 불이익은 여객들이 부담하며 안전불감증도 조성되는 것이다.

　더 나아가 위와 같은 안전관리책임자의 책임 방기 문제뿐만 아니라 역기능 문제도 발생한다. 즉, 해양사고가 발생할 경우 안전관리책임자는 고용주인 경영진을 위해 책임관계를 밝히는 수사·조사에 협조하지 않을 가능성이 크고, 심지어 사실관계를 밝힐 수 있는 주요 증거 서류를 폐기·은닉하는 폐단까지 발생하여 책임관계를 더욱 불투명하게 하는 역기능이 있다. 예를 들어, 선장·선원들이 안전관리책임자에게 시정 조치 필요 사항을 보고했음에도 불구하고 묵살되어 해양사고가 발생한 경우에도 안전관리책임자는 수사 시 참고인의 지위에서 묵비권을 행사하거나 무조건 모른다는 입장으로 일관하여도 아무런 법적 책임을 지지 않기 때문에 고용주인 선박소유자 보호가 최우선순위가 될 가능성이 크다. 이 경우 구두상 부당한 지시를 한 선박소유자의 책임관계를 밝히기는 더욱 어려워진다. 이와 같이 책임관계를 불명확하게 하고 선장·선원들에게 모든 결과불법에 대한 책임 전가를 하기 쉬운 시스템 아래에서는 선박 안전에 관한 실질적 결정권자가 개인적 책임을 부담할 가능성이 매우 낮고, 심지어 법인은 1,000만~3,000만 원의 양벌규정 부담만 있기 때문에 비용 절감을 위해 선박 안전을 더욱 도외시할 가능성이 크다.

결국 안전관리체제의 실질적 시행을 위해서는 안전관리책임자의 책임(역할)을 명확히 하고 그 책임이행을 강제할 수 있는 입법 개선이 전제되어야 할 것이며, 이러한 기본적인 제도 개선 없이 안전관리체제에 관한 그 밖의 다른 제도 보완(안전관리책임자 교육, 자격 강화)이나 선장·선원들의 처벌 강화만으로는 세월호 참사 재발 방지에 크게 기여하지 못할 것으로 판단된다.

청해진해운은 세월호 불감항 상태를 몰라서가 아니라 묵살하면서 시정 조치를 하지 아니했음에도 불구하고 세월호 참사 원인과 아무런 관련성이 없는 선장·선원의 신고 의무 불이행에 대해서는 '1년 이하의 징역'으로 처벌을 강화했다. 그렇다면 세월호 참사를 야기한 간접적·심층적 원인 중 하나인 안전관리체제 시행 역할의 방기에 대한 비난가능성은 위 선장·선원의 신고 의무 불이행에 비해 결코 낮지 않고 세월호 참사 재발 방지를 위해서는 안전관리책임자의 책임이행을 강제할 수 있는 신설 규정이 반드시 필요하다. 한편 영국 및 노르웨이의 입법례에서와 같이 안전관리책임자에 대한 형사제재 규정이 존재한다고 하더라도 고용주를 위해 주요 증거를 은닉·훼손하거나 선장·선원들이 보고한 사항을 전달하지 않았다는 등의 특별한 사정이 없는 한 해양사고가 발생하더라도 안전관리책임자가 형사처벌되는 경우는 극히 이례적일 것이다. 왜냐하면 안전관리책임자는 투명성을 확보하는 역할에 그칠 뿐 시정 조치 여부 등에 대한 최종결정권은 선박소유자에게 있어 안전관리책임자의 책임이 아니기 때문이다. 그리고 안전관리책임자가 자신의 책임을 방기해서는 안 된다는 심리적 부담감과 책임관계가 명확해져 선박소유자가 선박 안전 관련 시정 조치를 묵살할 수 없다는 심리적 부담감은 여객들의 생명권이나 높게 처벌되는 선장·선원들의 상황과 비교 형량할 경우 결코 높다거나 비례성의 원칙에 반한다고 할 수 없다. 위 제반 사정에 비추어볼 때 안전관리책임자의 책임 이행을 강제할 수 있는 최소한의 처벌규정이 필요하다고 할 것이다. 다만 현재까지 연안여객선사 내의 안전관리책임자 제도가 정착되지 않은 사정을 감안하여 안전관리책임자에 대한 처벌규정을 신설하되, 관련법 부칙규정으로 그 시행 시점을 안전관리책임자 제도가 정착될 때까지 일정 기간 유예하여 단계적으로 실시하는 것도 바람직하다고 판단된다.

한편 대중교통으로써의 중요한 기능을 수행하는 연안여객선은 상당수가 노후화되어 있는데, 연안여객선사의 취약한 자본구조로 인하여 안전관리비용 투입도 어려운 여건이다. 또한 열악한 근무환경 등으로 인해 선원들의 고령화 및 양질의 선원 확보가 더욱 어려워지고 있어서 효율적인 비상훈련도 어려운 실정이다. 그런데 정부는 대중교통권 확대에만 초점을 맞추어 준공영제를 운영하고 있고, 영세한 여객선사에 대한 선박안전관리비용 지원에 대해서는 눈을 감고 있는 것으로 보인다. 따라서 영세한 연안여객선사가 지출해야 하는 선박안전관리비용을 보조하는 영역까지 준공영제를 확대하여 운영할 것을 정책적으로 제안하는 바이다.

연안여객선사의 실태를 고려하면, 선박소유자가 선박의 안전운항에 필요한 조치를 하지 않을 경우의 형사처벌규정인 '1,000만 원 이하의 벌금'이나 비상훈련을 실시하지 않을 경우의 과태료인 500만 원에 대한 처벌의 정도를 크게 높이는 것은 현실적으로 어려울 수 있다. 또한 여객들이 사망할 경우 법인해산하면 되기 때문에 영세한 연안여객선사에 과도한 과징금을 부과하는 것도 크게 실효성이 없을 것으로 사료된다. 그러나 안전관리책임자 역할의 실질화를 통한 안전관리규정 시행 기능의 회복은 재무구조가 취약한 연안여객선사의 재정적 부담을 크게 증가시키는 것이 아니라 책임 전가 내지 책임 면탈의 여지를 줄여 자발적 시정 조치를 유인하는 취지임을 고려할 때 연안여객선사의 실태에 부합하는 효과적인 제도 개선 방안이라고 사료된다.

한편 연안여객선사를 관리·감독(타율적 통제)하는 기관들의 한계·문제점도 상당히 있고, 시간이 지남에 따라 연안여객선사들이 이러한 타율적 통제의 법망에서 빠져나가려고 할 것이기 때문에 타율적 통제와 더불어 안전관리체제의 효율적 운영이 상호 보완되어야 할 필요성이 크다. 아래에서는 타율적 통제의 한계와 문제점을 드러내는 언론에서 밝힌 사실들을 간단히 언급하며 이에 대한 개선 방안 연구는 향후 과제로 남겨놓는다.

　청해진해운은 2009년부터 2013년까지 총 6건의 해상사고를 일으켜 전국 여객선사 중 가장 많은 사고를 낸 연안여객선사였지만 해양수산부로부터 별다른 제재를 받지 않았고, 오히려 2013년에 해양수산부가 전국 56개 선사를 대상으로 한 고객 만족도 평가에서 상위권에 포함되었는 바,[119] 이것은 해양수산부 감독 기능의 한계를 드러낸다.

　2011년부터 2016년 8월까지 6년간 선박검사 대상 거의 대부분(99% 이상)이 안전검사를 통과했지만 선박 해양사고는 오히려 매년 늘어나고 있는 것으로 드러났고,[120] 세월호 참사 이후 실제로 부실한 허위 안전검사로 인해 검찰 등 수사기관에 적발된 사례만 2015년 4건, 2016년 2건에 이르러 세월호 참사 이후에도 선박 안전검사 부실·한계에 대한 의혹이 있다.[121] [122]

　선박 안전기술공단(KST) 검사원들 중에는 대형 선박 안전점검 시 엔진을 열거나 프로펠러를 분리해 검사하지 않은 채 검사를 한 것처럼 보고서를 꾸미고 증서를 내주기도 하며, 이 중에는 검찰 수사가 시작되자 조선소에 과거 작업일지를 거짓으로 기재해 검찰에 제출하라고 지시한 검사원까지 있었다.[123]

　그리고 세월호 참사 후 선박검사 관련 규정이 강화·시행됨에 따라 선박검사 소요시간이 42%나 대폭 증가했음에도 불구하고 현장검사 인력 증원이 여의치 않아 선박사고에 대한 위험이 커질 수 있다는 우려가 제기되기도 한다.[124] 이에 따라 선박검사원들이 조선소에 가서 선박을 직접 확인하지도 않은 채 허위로 건조검사 보고서를 만들고 불법 증축 사실을 감추어 문제가 되기도 했으며, 이들은 수사받을 당시 "심사할 선박이 많아 현장에 가지 못했다"고 해명한 것으로 전해지기도 했다.[125] 결국 선박검사기관의 감독 기능에도 한계가 있음을 부인할 수 없다.

또한 여객선사를 현장 감독하는 운항관리자 중에는 100건 이상 거짓 보고서에 서명하기도 했으며, 이렇게 눈감아준 배들 중에는 청해진해운의 세월호와 오하마나호도 포함되어 있었다.[126]

그런데 세월호 참사 이후에도 안전관리감독관 및 운항관리자의 수를 늘려 운항관리 및 감독(타율적인 통제)을 강화하고 선장·선원의 처벌 강화 위주로 제도 개선이 이루어졌다. 그러나 운항관리자를 90명 수준까지 늘려 운항관리 및 감독을 강화한다고 나섰던 서해훼리호 침몰 당시와 마찬가지로 이러한 타율적 통제로는 처음에만 반짝 관리가 가능할 뿐 약 20년 후에도 지속적으로 연안여객선의 안전관리를 시스템적으로 담보할 수 있을지 의문이다.

세월호 참사 이후 해양 선박사고 예방과 안전을 위한 타율적 통제 위주의 법과 제도가 강화되었다고 하나,[127] 일선 현장에서는 안전불감증이 여전하다는 입장이 많다. 익명을 요구한 한 선장은 "운항비용 때문 어쩔 수 없이 과적을 하는 경우가 있다"고 하기도 하고, "V-Pass의 경우 잔 고장이 많고, 번거롭고 귀찮아서 고장이나 분실 신고를 하고 방치해 두는 경우가 많다"고 하여 안전불감증이 여전하다는 입장을 뒷받침한다.[128]

위 제반 사정에 비추어볼 때 연안여객선사 감독기관의 타율적 통제에는 한계가 있고, 타율적 통제 위주로 개정된 기존의 법제도 개선만으로 안전 취약 요인에 노출된 연안여객선사의 안전불감증이 기대한 만큼 해소되지 않았음을 알 수 있다.

이러한 타율적 통제의 한계는 대형 인명사고 이후 시간이 지남에 따라 연안여객선사와 관련 상급기관 사이에 유착관계가 형성되고 안전불감증이 증가하기 때문이며, 이러한 현상의 주요 원인 중 하나로는 선박안전관리체제의 불투명성에서 비롯된다고 할 수 있다.

이러한 근본적 문제점도 본 보고서에서 논의한 안전관리체제의 투명성(책임관계의 명확화)이 확보될 경우 상당한 정도로 개선될 수 있을 것으로 기대된다.

결국 세월호 참사를 포함하여 약 20년 주기로 이루어지는 여객선사고로 인한 대형 인명피해의 재발을 방지하기 위해서는 안전관리책임자를 통한 투명성을 확보하고, 안전관리체제 시행을 실질화하여 선박소유자가 선박안전관리를 묵살하지 않고 자율적으로 시정 조치할 수 있도록 유인해 타율적 통제 강화 위주인 현행 제도의 문제점을 상호 보완할 필요가 있다.

주석

Part 01. 한진해운 사태

1) 해운법 제23조(사업의 종류) 해상화물운송사업의 종류는 다음과 같다.
   1. 내항 화물운송사업 : 국내항과 국내항 사이에서 운항하는 해상화물운송사업
   2. 외항 정기 화물운송사업 : 국내항과 외국항 사이 또는 외국항과 외국항 사이에서 정하여진 항로에 선박을 취항하게 하여 일정한 일정표에 따라 운항하는 해상화물운송사업
   3. 외항 부정기 화물운송사업 : 제1호와 제2호 외의 해상화물운송사업

2) 팬오션: 팬오션의 모태는 1966년 5월 해상화물운송업을 목적으로 세워진 범양전용선(주)이다. 1967년 11월 국내 최초로 원양 대형 유조선 운송사업을 시작했다. 1972년 11월 건화물(dry cargo, 乾貨物) 운송 부문으로 사업영역을 확대했다. 1978년 12월 보유선대가 31척을 넘었다. 2015년 6월 하림그룹이 해운기업인 팬오션을 인수했다.

3) 정기선 해운이 비약적으로 발전하게 된 것은 1930년대 미국에서 화물을 박스에 담은 뒤 통째로 운송하는 '컨테이너'가 개발되면서부터다. 컨테이너 운송 방식이 등장한 이후로는 정기선 화물 대부분이 컨테이너에 담겨 운송되고 있다(조선비즈, 경쟁 치열해진 定期船 시장… 해운사들 살아남으려 '동맹' 맺어, 2016.8.1.).

4) 한진해운: [Hanjin Shipping Co. Ltd (株)韓進海運] 한진그룹 계열사로 해운업, 항만용역업, 종합물류업 등을 주요 품목으로 하는 해상운송회사인데, 2017년 2월 17일 법원으로부터 파산선고를 받아 창립 40년 만에 역사 속으로 사라졌다.

5) 현대상선: [HYUNDAI MERCHANT MARINE COMPANY LIMITED, 現代商船(株)] 현대그룹 계열의 해운업체. 1976년 3월 아세아상선(주)으로 설립한 뒤 1983년 8월 지금의 상호로 변경했고, 1995년증권거래소에 주식을 상장했다. 2016년 구조조정 이후, 현대그룹에서 분리되어 주채권 은행인 산업은행의 자회사가 됐다.

6) 하나의 컨테이너를 복수의 화주가 공유하는 LCL화물(혼재화물)도 있기 때문에 피해를 보는 화주는 선박에 실린 컨테이너 수보다 많을 수도 있다.

7) 이를테면 중국 칭다오-닝보-상하이-광양-부산-롱비치-오클랜드-부산-칭다오 등을

거치며 한국과 중국, 미국을 연결하는 태평양항로의 경우 칭다오항에서 선적해 롱비치항에서 내리는 화물이 있는가 하면, 부산항에서 선적해 오클랜드항에서 내리는 화물도 있다.

8) 정시성 [定時性, punctuality]이란, 운행주체가 노선마다 운행표(運行表, diagram)를 미리 작성해놓고 이것에 따라 열차 등을 운행하므로 출발시각이나 도착시간이 정해진 시간에 이루어짐을 일컫는 말로써, 승객 및 화물이 정해진 시간에 목적지에 도착 가능하다(네이버 지식백과).

9) 선복량은 해운사가 보유 중인 선복(적재 공간) 규모로 얼마나 많은 짐을 싣고 나를 수 있는지를 의미한다.

10) 데일리안, 컨테이너선 멈추면 왜 난리가 날까, 2016.9.16.

11) 김인현, 해운동맹 및 유사체제의 독점금지법 위반 문제, 해양한국(2006), 100~101쪽.

12) 배영진, "한진해운 사태 관련 언론의 역할 분석", 한국해양대학교, 석사학위, 2018, 제14쪽; 이환구, 하영석, "국내 컨테이너선사의 경쟁력요인 비교 분석", 해운물류연구 제33권 제1호(통권 93호) 2017. 3., 제144~145쪽.

13) TEU: [Twenty-foot Equivalent Units] 컨테이너의 단위, TEU당 20피트 컨테이너 1대를 말한다. 즉, 1TEU는 길이 6m 컨테이너 1개이다.

14) 조선비즈, 경쟁 치열해진 定期船 시장… 해운사들 살아남으려 '동맹' 맺어, 2016.8.1.

15) 김태한, "한국 해운산업의 발전 전략에 관한 연구", 한양대학교, 석사학위, 2017, 제17쪽.

16) 김인현, "한진해운 회생절차에서의 해상법 및 도산법적 쟁점", 상사법연구 제36권 제2호 (2017), 제19~20쪽.

17) 정상근, 우리나라 해운에 있어서 해운동맹 관련 법률상의 제 문제, 강원법학 50 2017.2, 제752~753쪽.

18) 한국해운신문, "3대 얼라이언스 체제 오래갈 것", 2017.6.9.

19) 이환구, 하영석, "국내 컨테이너선사의 경쟁력요인 비교 분석", 해운물류연구 제33권 제1호(통권 93호) 2017.3., 제144~145쪽.

20) 기존 얼라이언스는 2M, CKYHE, G6, O3 등 4개였는데 중국 COSCO, 프랑스 CMACGM, 대만 에버그린, 홍콩 OOCL이 2M에 버금가는 새 동맹인 오션얼라이언스를 2017년 4월 출범시키면서 2M과 오션얼라이언스 양대 축으로 재편되었다. 이에 2M과 오션얼라이언스에 속하지 못한 선사들이 제3의 해운동맹 디얼라이언스를 결성하게 되었다(네이버 지식백과 시사상식사전).
https://terms.naver.com/entry.nhn?docId=3566513&cid=43667&categoryId=43667

21) 이상근, "글로벌 물류기업의 성장전략 분석과 핵심 성공요인에 관한 연구", 중앙대학교, 석사학위, 2017, 제26쪽.
22) 머스크라인 : Maeskline 세계 최대의 해운사인 머스크라인이다.
23) MSC : 스위스에 본사가 위치한 Mediterranean Shipping Company S.A.(메디테리니언 쉽핑 컴퍼니).
24) 중국원양운수집단(中国远洋运输集团总公司) : China Ocean Shipping Company, China Ocean Shipping Group Company).
25) 일본 3대 컨테이너선사인 MOL(쇼센미쯔이), NYK(닛폰유센), 케이라인(가와사키기센)은 컨테이너 사업을 통합한 합자회사인 ONE(Ocean Network Express)을 설립했으며, 선복량(화물적재량)이 세계 6위인 대형 컨테이너선사로 탈바꿈했다.
26) 씨엘오, 잃어버린 해운산업 20년에 대한 변명, 2018.11.7.
27) 이비엔, 해운 얼라이언스 재편 임박…현대·SM상선 운명은, 2017.2.7.
28) 시사상식사전 (네이버 지식백과):
https://terms.naver.com/entry.nhn?docId=3566513&cid=43667&categoryId=43667
29) 정재우, 최근 해운동맹의 전개와 주요 특징 그리고 향후 우리의 대응 방안, 해운물류연구 99권(2018), 제229~231쪽.
30) 김영대, "위기관리 미숙함 드러낸 한진해운사태", Midas October 2016, 제65쪽.
31) 한국경제, 한진해운, 글로벌 해운동맹서 퇴출, 2016.9.1.
32) 조선일보, 해운동맹 '셋방살이' 한국, 이대로 좌초하나, 2016.12.11.
33) 국제신문, "해운재건 5년 계획 짧아…장기전략 필요", 2018.11.11.; 연합뉴스, 급변하는 세계 해운·조선산업…한국이 가야 할 길은, 2018.11.9.
34) 트레이드오프(Trade-off)란 두 개의 사업 또는 정책목표 가운데 하나를 달성하려고 하면 다른 목표의 달성이 늦어지거나 희생되는 경우의 양자 간의 관계를 말한다.
35) 씨엘오, 해운이 어렵다? 그 오해와 실체, 2018.11.30.
36) 정상근, 우리나라 해운에 있어서 해운동맹 관련 법률상의 제 문제, 강원법학 50 2017.2, 제761쪽; 강미주, "선화주간 상호 지분출자와 장기운송계약 필요", 해양한국 2017.7., 제94쪽.
37) 한국해운신문, 선사 "적자운항" VS 화주 "高운임", 2017.6.23.
38) 전라일보, 근면은 대한민국의 자산이다, 2018.6.26.; 한국해운신문, "정기선항로, 국적선사간 협력만이 살길", 2017.8.30.
39) 해운산업신문, 한국선주협회와 한국무역협회 상생협약 체결, 2016.12.13.
40) 한국해운신문, 한국해운과 합종연횡, 2017.1.25.

41) 한국과 달리, 미국은 산업규모는 워낙 크기 때문에 국적선사가 없더라도 온갖 선박들이 들어올 수밖에 없는 구조이다(한국해운신문, "한진해운 사태 1년 회고와 전망", 2017.9.18.).
42) 노선호, "국적선 적취율 제고, 해운업 위기극복 핵심", 해양한국 2018.5.. 제94쪽.
43) 배영진, "한진해운 사태 관련 언론의 역할 분석", 한국해양대학교, 석사학위, 2018, 제40~41쪽; 김태한, "한국 해운산업의 발전 전략에 관한 연구", 한양대학교, 석사학위, 2017, 제1쪽.
44) 조선비즈, '하나' 강조하며 뭉치는 일본 선사…흩어지는 한국 해운, 2018.1.31.
45) 프랑스해운조사기관인 알파라이너(Alphaliner)에 따르면 상위 7개 선사의 점유율은 2012년 9월 53%에서 2015년 9월 54.8%, 2016년 12월 59.5%, 2018년 2월 77.8%로 급격하게 상승하고 있다. 상위 7대 선사가 보유한 선복량은 1662만 TEU에 달하며 아시아-유럽항로 점유율은 93.3%, 아시아-북미항로 점유율은 82.7%에 달한다(한국해운신문, 과점화되는 정기선, 새로운 희생양 찾나?, 2018.3.15.); 매경 이코노미, 14분기 연속 적자 수렁 빠진 현대상선-5년간 5조 더 필요…밑 빠진 독에 물 붓기, 2018.12.10.
46) 미디어펜, 한진해운 그후…'코리아 브랜드' 신뢰도 추락, 2018.3.29.
47) 한국경제, 한국해양진흥공사 출범에 거는 기대, 2018.7.18.
48) 부산일보, "1국 1선사, 정부가 나서 체제 갖춰야", 2018.3.23.
49) 한국해운신문, "정기선항로, 국적선사간 협력만이 살길", 2017.8.30.; 한국해운신문, "한진해운 사태 1년 회고와 전망", 2017.9.18.
50) 치킨게임: 상대가 무너질 때까지 출혈 경쟁을 하는 것. 어느 한 쪽이 양보하지 않을 경우 양쪽이 모두 파국으로 치닫게 되는 극단적인 게임이론이다.
51) 비즈니스포스트, 현대상선, 선박연료 가격 하락해 해운업 '치킨게임' 버틸 힘 커져, 2018.11.25.
52) 한국경제, 14분기 연속 적자 현대상선…경영진 책임? 3重 외부악재 탓?, 2018.11.19.
53) 마리나비, 화주·선사의 협력 강화 협정, "힘을 합쳐 어려움을 극복하고 한국 해운산업의 비약을 도모", 2018.4.2.
54) 한국선주협회에 따르면 2016.9.20. 기준 미주 노선 운임(1TEU)은 2천400달러로 전달의 1천200달러에서 배로 뛰었다. 한국-유럽 노선의 운임도 같은 기간 755달러에서 1천300달러로 72% 올랐다(월간 마이더스, 위기관리 미숙함 드러낸 한진해운 사태, 2016.10.7.).
또한 한진해운이 파산한 결과 원양항로의 운임은 한진해운 파산하기 전년 같은 기간 대비 2배 이상 상승했다(강미주, "해운시장 왜곡하는 2자물류사, 법적 대응 강화해야", 해양한국 2017.4, 제108쪽).
55) 한국해운신문, 선사 "적자운항" VS 화주 "高운임", 2017.6.23.; 씨엘오, 물류자회사 '갑질'에 휘청이는 3PL과 선사, 2017.5.11.
56) 조선비즈, 한진해운 파산의 길고 큰 후유증, 2018.9.13.
57) 한국해운신문, "한진해운 사태 1년 회고와 전망", 2017.9.18.
58) 한국해운신문, "정기선항로, 국적선사간 협력만이 살길", 2017.8.30.; 한국해운신문, "한진해운 사태 1년 회고와 전망", 2017.9.18.
59) 한국해운신문, 우리나라 해양산업 규모 117조 원, 2018.3.29.
60) 국제신문, 해운경영 신뢰 회복, 차입 의존도 줄여야, 2018.3.13.
61) 해운산업신문, 현대상선을 국책사업으로 키워야 한다, 2018.9.8.
62) 연합뉴스, 돈 주고 모셔오는 부산항 환적화물…한해 200억씩 선사 지급, 2018.11.27.
63) 한진해운: [Hanjin Shipping Co. Ltd (株)韓進海運] 한진그룹 계열사로 해운업, 항만용역업, 종합물류업 등을 주요 품목으로 하는 해상운송회사.
64) 1950년 설립된 우리나라 최초의 국영선사인 대한해운공사를 1980년 인수하여 대한선주로 개명했음.
65) "한진해운 정상화와 현대상선 합병이 살 길", 해양한국 2016.10., 제124쪽.
66) 김인현, "한진해운 회생절차에서의 해상법 및 도산법적 쟁점", 상사법연구 제36권 제2호 (2017), 제15쪽.
67) 황성혁, "시일야방성대곡. 한진해운의 파산", 대한조선학회지 54(1), 2017, 제54쪽.
68) 서울경제, 고민 깊어진 채권단…추가 자구안 수용하기엔 액수 너무 적어, 2016.8.25.
69) 중앙일보, 한진해운 자율협약 9월까지 연장…채권단과의 '3,000억' 간극 줄일까?, 2016.7.28.; 아시아경제, 생사기로에 선 한진해운 '3,000억이냐 35조냐', 2016.8.30.; 중앙일보, 한진해운 법정관리 수순…자율협약 다음달 4일 종료, 2016.8.30.; 한겨레, 한진해운 법정관리 사실상 확정, 2016.8.30.
70) 기업회생절차는 채무자회생 및 파산에 관한 법률(이하 "채무자회생법")에 따라 기업이 회생절차개시 신청을 하면 채권자들은 채무자의 재산에 대한 강제집행을 하지 못하도록 하여 채무자로 하여금 영업을 계속하면서 채무는 회생계획에 따라 점차 변제하도록 하여 기업의 회생을 도모한다.
기업회생절차(법정관리)는 채권단은행이 관리의 주체가 되는 기업개선작업(워크아웃)보다 법원이 관리를 주도하므로 보다 중립적으로 기업의 존속을 도모할 수 있다. 법원의 법정관리 개시로 기업은 회생채권의 2/3 정도를 감면받고, 그 금액도 이연하여 지급할 수 있고, 강제집행과 같은 개별적인 권리행사가 제한되는 점에서 신청기업에 유리한 경우가 많아 재건형 도산 절차의 기능을 수행하는 경우가 많다. 그러나 기업의 존속가치가 청산가치에 미치지 못할 때에는 파산이 되기도 한다.
71) 청산가치가 크다는 판단은 영업을 계속하기보다는 자산을 정리해 파는 게 채권자 등에게 유리하다는 의미가 된다.
72) 삼일회계법인의 최종 조사보고서에서 기업 청산가치를 1조 7,980억 6,500만 원으로 추산했지만, 계속적인 기업 가치에 대해서는 "불확실성으로 추산할 수 없다"는 입장이었다. 그간 한진해운이 미주·아시아 노선 등 주요사업과 자산매각으로 계속 기업에 대한 불확실성이 높아 계속기업 가치를 추정할 수 없다 것이다. 얼라이언스 퇴출, 유럽법인 정리, 대한해운(SM그룹)으로 미주노선 영업권 양도, 터미널 매각 및 보유 선박 처분 등 각종 청산 조치로 영업 기반이 사라졌기 때문이다("한진해운, 회생보다 청산가치 높아", 해양한국 2017.1, 제190쪽).
73) 정대. 이재민, "정부의 해운산업 경쟁력 강화방안에 대한 입법 정책적 고찰" 제189쪽.
74) 선박 가압류 내지 압류는 선박소유자나 운송인들의 채권자들이 채권확보를 위하여 각국의 관할법원에 상시 활용하는 집행절차이다.
75) 조선비즈, 한진해운 선박 141척 모두 하역작업 완료, 2016.11.28.
76) 김영대, "위기관리 미숙함 드러낸 한진해운 사태", Midas October 2016, 제65쪽.
77) 이인애, "한진해운 법정관리 사태와 파장", 해양한국·2016.10., 제45쪽.
78) 헤럴드경제, 한진해운發 물류대란 중소 운송대행업체에 긴급자금 4,000억 지원…애로지원 전담인력 배치, 2016.9.11.
79) 이인애, "한진해운 법정관리 사태와 파장", 해양한국 2016.10., 제42쪽.
80) 배영진, "한진해운 사태 관련 언론의 역할 분석", 한국해양대학교, 석사학위, 2018, 제1쪽.
81) 이성철, 김영석, 한진해운 물류대란에 대한 몇 가지 법률적 쟁점 검토 -실무를 중심으로-, 법학연구 제26권 제4호 (2016.12.), 제385쪽.
82) 국제신문, "해운재건 5년 계획 짧아…장기전략 필요", 2018.11.11.; 연합뉴스, 급변하는 세계 해운·조선산업…한국이 가야 할 길은, 2018.11.9.; 파이낸셜투데이, 해운산업 부활 위한 정책발표, "국내 해운산업 매출 51조 원까지 늘리겠다", 2018.4.6.; 용인신문, 해운재건 본격 착수, 선화주 상생 추진에 박차, 2018.4.6.
83) 엔에서피통신, 정인화 의원, 한진해운의 현대상선과 합병·정상화 촉구, 2016.9.9.
84) 배영진, "한진해운 사태 관련 언론의 역할 분석", 한국해양대학교, 석사학위, 2018, 제13~14쪽.
85) 쉬핑투데이, "재벌기업 물류주선자회사 횡포방지 대책 마련 시급하다", 2017.9.18.
86) 배영진, "한진해운 사태 관련 언론의 역할 분석", 한국해양대학교, 석사학위, 2018,

제40~41쪽.
87) 와이티엔, 조선 수주 '세계 1위' 탈환…어두운 그림자 여전, 2018.10.29.
88) 김영대, "위기관리 미숙함 드러낸 한진해운 사태", Midas October 2016, 제66쪽.
89) 와이티엔, 조선 수주 '세계 1위' 탈환…어두운 그림자 여전, 2018.10.29.
90) 김영대, "위기관리 미숙함 드러낸 한진해운 사태", Midas October 2016, 제66쪽.
91) 항만별 얼라이언스 주간 기항빈도수를 살펴보면 부산항이 31회에서 28회, 광양항은 5회에서 2회로 축소된 반면 상해항은 46회에서 48회, 홍콩항은 26회에서 30회, 청도항은 19회에서 21회, 도쿄항은 8회에서 9회, 싱가포르항은 21회에서 33회, 탄중팔레파스항은 6회에서 10회로 증가했다.
92) 한국해운신문, "얼라이언스 재편 국내항만·하주 피해", 2017.4.18.
93) 이성철, 김영석, 한진해운 물류대란에 대한 몇 가지 법률적 쟁점 검토 -실무를 중심으로-, 법학연구 제26권 제4호(2016.12.), 제385쪽.
94) 연합뉴스, 돈 주고 모셔오는 부산항 환적화물…한해 200억씩 선사 지급, 2018.11.27.
95) 한국해운신문, "얼라이언스 재편 국내항만·하주 피해", 2017.4.18.
96) 한국해운신문, 3대 얼라이언스 출범, 중소하주 피해 우려, 2017.4.7.
97) 한국해운신문, "얼라이언스 재편 국내항만·하주 피해", 2017.4.18.
98) 한국해운신문, 한진해운 파산여파, 1년 지나도 여전, 2017.9.6.
99) 한국해운신문, 한진해운 파산여파, 1년 지나도 여전, 2017.9.6.
100) 한국해운신문, 3대 얼라이언스 출범, 중소하주 피해 우려, 2017.4.7.
101) 정재우, 최근 해운동맹의 전개와 주요 특징 그리고 향후 우리의 대응 방안, 해운물류연구 99권(2018), 제229~231쪽.
102) 서울신문, "선박 금융으로 해운업 재건… 중소선사 유동성도 해결할 것", 2018.10.30.
103) 김인현, "한진해운 회생절차에서의 해상법 및 도산법적 쟁점", 상사법연구 제36권 제2호 (2017), 제10쪽.
104) 한진해운 사태로 큰 피해를 입은 해외 화주들의 반발이 심했기 때문인데 2M의 고위 임원은 한진해운의 몰락 이후 고객들이 또 다른 한국 정기선사인 현대상선이 얼라이언스에 합류하는 것을 꺼렸다고 한다(배영진, "한진해운 사태 관련 언론의 역할 분석", 한국해양대학교, 석사학위, 2018, 제1~2쪽); 조선일보, 해운동맹 '셋방살이' 한국, 이대로 좌초하나, 2016.12.11,
105) 조선일보, 해운동맹 '셋방살이' 한국, 이대로 좌초하나, 2016.12.11,
106) 파나마 신운하 개통은 초대형 선박 발주를 촉진시키는 하나의 요인을 작용했다.

107) 씨엘오, 잃어버린 해운산업 20년에 대한 변명, 2018.11.7.; 서울경제, 2018 유통·물류 트렌드는 '로지스틱스 에코체인', 2018.2.5.
108) 맥켄지(McKinsey)에 따르면, 2019년까지 컨테이너선 시장의 수급 불균형은 약 20%를 보여 수익성이 악화될 것으로 전망했다(김태한, "한국 해운산업의 발전 전략에 관한 연구", 한양대학교, 석사학위, 2017, 제29쪽).
109) 서울경제, 황호선 해양진흥공사 사장 "중소선사 지원규모 현대상선 수준만큼 늘릴 것", 2018.9.30.
110) 서울경제, 황호선 해양진흥공사 사장 "중소선사 지원규모 현대상선 수준만큼 늘릴 것", 2018.9.30.
111) 뉴스토마토, 한진해운 침몰 3년…해운 코리아 재건은 여전히 '막막', 2018.8.29.
112) 김태한, "한국 해운산업의 발전 전략에 관한 연구", 한양대학교, 석사학위, 2017, 제14쪽; 미디어펜, 한진해운 그후…'코리아 브랜드' 신뢰도 추락, 2018.3.29.
113) 아시아투데이, "대한민국 해운산업 살려달라" 한국선주협회 국회 정책간담회, 2018.8.30.
114) 물류신문, "국내 경쟁이 아닌 국제 경쟁력에 초점 맞춰야", 2018.12.3.
115) 김태한, "한국 해운산업의 발전 전략에 관한 연구", 한양대학교, 석사학위, 2017, 제14쪽.
116) 코리아쉬핑가제트, "내년 컨시장 수급 안정화 전망", 2018.10.22.
117) 아시아투데이, "대한민국 해운산업 살려달라" 한국선주협회 국회 정책간담회, 2018.8.30.; 김태한, "한국 해운산업의 발전 전략에 관한 연구", 한양대학교, 석사학위, 2017, 제17쪽.
118) 미디어펜, 한진해운 그후…'코리아 브랜드' 신뢰도 추락, 2018.3.29.
119) 매일경제, 현대상선에 충격 요법…한진해운 출신 30명 투입, 2018.12.23.; 2018년 중 3분기 동안 누적손실은 4929억 원을 기록 중이다.
120) 매경이코노미, 14분기 연속 적자 수렁 빠진 현대상선-5년간 5조 더 필요…밑 빠진 독에 물 붓기, 2018.12.10.
121) 이인애, "New Start 해운재건 5개년 계획 연간 50~60척 선박건조 지원", 해양한국 2018.2., 제21쪽.
122) 서울경제, 2M과 결별 앞둔 현대상선 새 동맹 찾나, 2018.12.2.
123) 국제신문, 현대상선, 초대형 컨 20척 3조 원대 건조계약, 2018.9.28.
124) 서울경제, 황호선 해양진흥공사 사장 "중소선사 지원규모 현대상선 수준만큼 늘릴 것", 2018.9.30.
125) 업다운뉴스, 현대상선이 '혈세 먹는 하마' 된 이유는?, 2018.11.27.

126) 한국해운신문, "현대상선 고강도 경영혁신 추진 중", 2018.11.27.
127) 업다운뉴스, 현대상선이 '혈세 먹는 하마' 된 이유는?, 2018.11.27.
128) 피더 컨테이너선은 3,000TEU 이하의 중소형 선박으로, 원양항로를 보조하는 노선에 투입하는 선박을 말한다.
129) 뉴스토마토, 국내 중견 해운업계, 글로벌 해운공룡 침투에 울상, 2018.12.11.
130) 중앙일보, 영업력 떨어지는 현대상선, 배 20척 늘린다고 살아날까, 2018.11.27.
131) 씨엘오, 잃어버린 해운산업 20년에 대한 변명, 2018.11.7.
132) 노선호, "국적선 적취율 제고, 해운업 위기극복 핵심", 해양한국 2018.5., 제91쪽.
133) 아주경제, "해운업, 철저한 자기반성과 뼈 깎는 구조조정 필요", 2018.4.4.
134) 이수정, 한진해운 구조조정 진행 상황과 문제점, 경제개혁이슈, 제16~17쪽; 미디어펜, 최은영 한진해운 전 회장의 눈물, 공허한 메아리 "도의적 책임", 2016.9.9.
135) 한진해운은 "지난 2013년 말 2.5조 원 규모의 선제적 자구안을 마련하고, 핵심 보유 자산 매각, 지속적인 원가 절감, 대한항공 등으로부터 자금 지원 등으로 총 1.9조 원에 이르는 유동성을 확보해왔지만, 기존 자구 노력만으로는 유동성 문제를 해결하기 충분치 않다고 판단해 이번 고강도 추가 자구안을 마련하게 됐다"고 설명했다(아시아경제, 한진해운 4112억 원 실탄, 자율협약 재진격, 2016.4.26.).
136) 정대, 이재민, "정부의 해운산업 경쟁력 강화방안에 대한 입법 정책적 고찰" 제189쪽.
137) 매일경제, 한진해운 사태에서 나타난 '비정상의 정상화', 2016.10.6.
138) 한진해운 파산의 원인이 정부에 있다고 생각하는 해운 관련 전문가가 3명 중 1명에 달하고 반 이상이 한진해운 사태가 개별 기업의 경영 실책에 그친 문제가 아니라 정부 정책 실패 측면이 강하다는 조사결과가 나왔다. 또한 반 이상이 한진해운 사태가 개별 기업의 경영 실책에 그친 문제가 아니라 정부 정책 실패 측면이 강하다는 인식을 업계·전문가들이 가진 것으로 분석된다(매일경제, 해운전문가 3명 중 1명 "한진해운 사태 원인 정부에", 2017.8.30.); 한국해운신문, "한진해운 사태 1년 회고와 전망", 2017.9.18.
139) 이환구, 하영석, "국내 컨테이너선사의 경쟁력요인 비교 분석", 해운물류연구 제33권 제1호(통권 93호) 2017.3., 제145쪽; 뉴스토마토, "해운 강국의 꿈, 잘못된 정부 구조조정에 좌절", 2018.1.28.
140) 현대해양, 한국해양진흥공사 설립 후 초대형선 확보가 시급하다, 2018.2.5.
141) 정상근, 우리나라 해운에 있어서 해운동맹 관련 법률상의 제 문제, 강원법학 50 2017.2, 제749쪽.
142) 2007~2016년(10년)간 주요 컨테이너선사의 운항선대 중 용선비중을 살펴보면, 현대상선이 68.5%로 가장 많았으며, 다음으로 CMA CGM 65.1%, 한진해운 62.9%,

Maersk Line 48.4%, Hapag-Lloyd 47.8%, COSCO 47.3%, Evergreen 43.4%였으며, NYK가 33.9%로 가장 적은 것으로 나타났다. 다음으로 2007~2016년 용선투자 현황을 살펴보면, 2년 이상의 장기용선 비중에서 한진해운이 57.6%로 가장 많고, Evergreen 41.1%, 현대상선 38.0%, Maersk Line19.4%, NYK 16.3%, CMA CGM 8.0%의 순으로 나타났다(현대해양, 한국해양진흥공사 설립 후 초대형선 확보가 시급하다, 2018.2.5.).

143) 황성혁, "시일야방성대곡. 한진해운의 파산", 대한조선학회지, 54(1), 2017, 제54~55쪽; 동아일보, 해운업 살리려면 제도 정비부터, 2017.9.11.
144) 황성혁, "시일야방성대곡. 한진해운의 파산", 대한조선학회지, 54(1), 2017, 제57쪽.
145) 수출입은행 : 수출입, 해외투자 및 해외자원개발 등 대외 경제 협력에 필요한 금융을 제공함으로써 국민 경제의 건전한 발전을 촉진하기 위해 설립하는 은행이다.
146) 물류신문, 해운업, 다시 봄날 올 수 있을까?, 2018.4.17.; 아주경제, "해운업, 철저한 자기반성과 뼈 깎는 구조조정 필요", 2018.4.4.
147) 매일경제, 김영무 선주협회 부회장 "조선 살리려 외국선사 돕다가 韓 해운산업 빈사상태 빠졌다", 2018.9.20.
148) 뉴스토마토, "해운 강국의 꿈, 잘못된 정부 구조조정에 좌절", 2018.1.28.
149) 선진국 해운업의 금융지원정책을 살펴보면 선진 해운국들의 국가적 지원시스템이 대단히 구체적이고도 강력하다는 것을 알 수 있다. 화주국가로 유명한 미국의 경우에도 선박건조나 개조시의 소요비용에 대해 융자금의 87.5%까지 25년간 보증하는 융자보증제도를 운영하고 있으며 싱가포르의 경우 해양금융 인센티브제도, 해사클러스터 펀드를 운영하고 있다. 중국에서도 해운기업의 자금조달을 위한 선박대출센터를 설립해 운영하고 있으며 독일은 대출보증 및 KFW(독일부흥은행) 특별프로그램을 운영하고 있다. 프랑스의 경우에도 선박투자전략기금을 지원하고 있으며 일본에서도 선박투자 촉진회사를 설립해 운영하고 있다(김태한, "한국 해운산업의 발전전략에 관한 연구", 한양대학교, 석사학위, 2017, 제62쪽).
150) 코리아쉬핑가제트, "3천 억 때문에 빚어진 한진해운사태 사흘 후 4천 억 풀어", 2018.9.11.
151) 분식회계 : 기업이 고의로 자산이나 이익 등을 크게 부풀리고 부채를 적게 계산하여 재무 상태나 경영 성과, 그리고 재무 상태의 변동을 고의로 조작하는 회계. 자금 차입 비용을 절감하고 주가를 높이기 위해 행해진다.
152) 대우조선해양(주)[Daewoo Shipbuilding & Marine Engineering Co., Ltd., 大宇造船海洋(株)]은 유조선, LNG선, 컨테이너선, 육해상 플랜트, 여객선, 잠수함 등을 생산하는 조선해양 전문기업이다(네이버 지식백과).

153) 김임향, 김태운, "한진해운파산선고 이후 미국파산회생법원을 고려해서 본 시사점", 공공정책연구 제34집 1호 2017.8.31, 제59쪽.
154) 김태한, "한국 해운산업의 발전 전략에 관한 연구", 한양대학교, 석사학위, 2017, 제31쪽.
155) 금융당국은 해운산업에 대한 전문성이 없었을 뿐만 아니라 소통도 없었던 것으로 보인다. 2008년 금융위기 이후 한지해운 사태까지 금융당국은 선주협회와 단 한 번도 협의하지 않았다(한국해운신문, "한진해운 사태 1년 회고와 전망", 2017.9.18.).
156) 특수관계자(related parties)란 지배·종속회사, 관계회사, 관련회사, 주주, 임원, 종업원 및 회사와 밀접한 거래 관계에 있는 자로 회사의 경영이나 영업정책에 영향을 줄 수 있는 자를 의미한다.
157) "한진해운 정상화와 현대상선 합병이 살 길", 해양한국 2016.10., 제125쪽.
158) 연합뉴스, 물류업계 운임 후려치기 등 갑질 퇴치…정부가 신고받아 조사, 2018.8.30.
159) 안승범, 유헌종, "물류기업의 유형·규모에 따른 효율성 비교 분석", 로지스틱스 연구 제25권 제1호 2017.2., 제61쪽.
160) 2자물류와 3자 물류 시장 사이에서는 경쟁이 일어날 여건 자체가 형성돼 있지 않아서 경쟁은 한 방향으로만 일어난다. 2자물류를 담당한 대기업 물류자회사가 3자 물류로 들어오는 것은 가능하지만, 3자 물류 담당하던 선사가 2자물류로 옮겨가 사업을 넓히는 것은 여건상 불가능하다(에너지경제, "해운-물류업 간 공정거래 구축, 경쟁보다 산업 측면 고려해야", 2018.3.29.).
161) 씨엘오, 물류자회사 '갑질'에 휘청이는 3PL과 선사, 2017.5.11.; 해양한국, 대기업 물류자회사 '갑질 방지' 국회 나서다, 2017.2.15.
162) 한국해운신문, 대기업 물류자회사 갑질 방지법 발의, 2017.2.10.; 쉬핑투데이, 갑질 방지 위한 해운법 개정 발의, 2017.2.13.; 한국해운신문, 선주협회 "김상조 위원장 입장 대환영", 2018.6.18.
163) 내부거래란 대규모 기업집단, 즉 한 재벌 그룹에 속하는 계열회사 간에 이루어지는 거래행위를 말한다(두산백과).
164) 쉬핑데일리, 재벌 물류 규제법안 조직적 반발 '유감', 2017.9.15.
165) 쉬핑투데이, "재벌기업 물류주선자회사 횡포방지 대책 마련 시급하다", 2017.9.18.
166) 쉬핑투데이, '해상수송시장 공정한 경쟁환경 조성 위한 국회 정책세미나' 개최, 2017.3.8.; 한국해운신문, "2자물류, 국가적으로 엄청난 손해", 2017.3.9.; 해운산업신문, 김영무 선협 부회장 "대기업 물류자회사, 3자 물류 금지해야", 2017.3.8.; 코리아쉬핑가제트, "2자물류기업 운임인하 강요·계약변경 슈퍼갑질 심각", 2017.3.8.; 에너지경제, "해운-물류업 간 공정거래 구축, 경쟁보다 산업 측면 고려해야",

2018.3.29.; 파이낸셜뉴스, 대기업 3자물류 금지.. "칸막이 설치" vs "중소해운사 살리기", 2018.3.29.; 한국해운신문, 대기업 물류자회사 갑질 방지법 발의, 2017.2.10.; 쉬핑투데이, 갑질 방지 위한 해운법 개정 발의, 2017.2.13.

167) 강미주, "해운시장 왜곡하는 2자물류사, 법적 대응 강화해야", 해양한국 2017.4, 제109~110쪽.

168) 공정거래위원회는 2자물류 시장에 있던 대기업 물류 계열사가 3자물류 시장의 경쟁을 격화시킬 수 있다는 걸 예상했고, 이는 공정거래법의 취지에 맞는 방향이라고 생각했을 것이라고 추측된다. 다만 2자물류 시장에서는 경쟁 자체가 불가능하고 3자물류 시장에서만 경쟁이 격화되는 방향성에 따른 부작용까지는 공정거래위원회가 생각하지 못한 것 같다고 지적되고 있다(매일경제, "재벌 계열사 3자물류 진입 금지 주장 현실성 없어", 2018.3.29.).

169) 에너지경제, "해운-물류업 간 공정거래 구축, 경쟁보다 산업 측면 고려해야", 2018.3.29.

170) 해양수산부(海洋水産部, Ministry of Oceans and Fisheries)는 대한민국의 중앙행정부처로 해양자원 개발 및 해양과학기술 진흥, 해운업 육성 및 항만의 건설, 운영, 해양환경 보전 및 연안관리, 수산자원 관리, 수산업 진흥 및 어촌개발, 선박 선원의 관리, 해양안전 등을 주요 업무로 하고 있다(https://librewiki.net/wiki/해양수산부).

171) 국제신문, 숱한 과제 안고 출항하는 3기 해수부, 2015.2.17.

172) 부산일보, 뭣이 중한디…바다가 중하다, 2016.10.11.

173) 월간 마이더스, 위기관리 미숙함 드러낸 한진해운 사태, 2016.10.7.

174) 노컷경제, 예견된 한진해운 사태, 정부 엇박자 대응…수출입 물류 대란 자초, 2016.9.1.

175) 연합뉴스, "한진해운 사태 경제적 자살…부산항 국적선사 보호 없는 고아", 2017.8.31.; 국제신문, 정부조직 개편이 능사는 아니다, 2017.2.13.

176) 백승하, "국내 제3자 물류의 문제점 진단과 개선방안에 관한 연구", 한국해양대학교, 석사학위. 2015, 제31쪽.

177) "한진해운 사태 초래한 정부대응 미흡 일제히 질타", 해양한국 2016.10, 제104쪽.

178) 이코노미 인사이트, MB, 글로비스에 화났다, 2011.9.1.

179) 화주가 직접 화물을 운송하면 1자 물류, 물류자회사를 이용하면 2자물류, 관계없는 물류전문업체를 이용할 경우 3자 물류로 이해할 수 있다.

180) 이상근, "글로벌 물류기업의 성장전략 분석과 핵심 성공요인에 관한 연구", 중앙대학교, 석사학위, 2017, 제22쪽; 해운산업신문, 김영무 선협 부회장 "대기업 물류자회사, 3자 물류 금지해야", 2017.3.8.

181) "한진해운 정상화와 현대상선 합병이 살 길", 해양한국 2016.10., 제125쪽.
182) 아주경제, "7대그룹 물류사, 국적선사 적취율 높여야", 2018.10.22.; 아주경제, 2자물류社 횡포에 동력 잃은 해운업, 2018.5.24.
183) 강미주, "해운시장 왜곡하는 2자물류사, 법적 대응 강화해야", 해양한국 2017.4, 제110쪽; 강미주, "일감 몰아주기 규제 강화, 물류업계 반응은?", 해양한국 2013.6., 제52쪽; 한국해운신문, "2자물류, 국가적으로 엄청난 손해", 2017.3.9.; 연합뉴스, 물류업계 운임 후려치기 등 갑질 퇴치…정부가 신고받아 조사, 2018.8.30.; 씨엘오, 물류자회사 '갑질'에 휘청이는 3PL과 선사, 2017.5.11.
184) 씨엘오, 물류자회사 '갑질'에 휘청이는 3PL과 선사, 2017.5.11.
185) 강미주, "해운시장 왜곡하는 2자물류사, 법적 대응 강화해야", 해양한국 2017. 4, 제108~110쪽; 한국해운신문, 선주협회 "김상조 위원장 입장 대환영", 2018.6.18.
186) 코리아쉬핑가제트, 3자물류지원책 폐지 급급한 정부, 2018.8.16.
187) "한진해운 정상화와 현대상선 합병이 살 길", 해양한국 2016.10., 제124쪽; 씨엘오, 물류자회사 '갑질'에 휘청이는 3PL과 선사, 2017.5.11.
188) 이코노미 인사이트, MB, 글로비스에 화났다, 2011.9.1.
189) 강미주, "2자물류 해묵은 논쟁, 해법은 없나", 해양한국 2015.6., 제92쪽; 아주경제, 2자물류社 횡포에 동력잃은 해운업, 2018.5.24.
190) 글로비스의 급성장으로 회장과 부회장의 재산을 짧은 시간에 어마어마하게 증식시켰는데, 주식가치 증가 등으로 초기 투자 대비 각각 2조1837억 원, 1조4926억 원의 재산을 증가시켰다. 부회장의 경우 1455배의 투자수익률을 실현시킨 셈이다(이코노미 인사이트, MB, 글로비스에 화났다, 2011.9.1.).
191) 현대글로비스의 2016년 매출액은 15조 3400억 원으로 집계되었다(코리아쉬핑가제트, 해운법 개정안, 본질은 '경제민주화'다, 2017.8.25.).
192) 강미주, "해운시장 왜곡하는 2자물류사, 법적 대응 강화해야", 해양한국 2017.4, 제110쪽; 핑데일리, 재벌 물류 규제법안 조직적 반발 '유감', 2017.9.15.
193) 강미주, "2자물류 해묵은 논쟁, 해법은 없나", 해양한국 2015.6., 제92쪽.
194) 세법상 주식가치 산정에 중요한 변수가 되는 '순자산(자산총계에서 부채총계를 뺀 숫자)'은 2배 가까이 늘었다. 2014년 2천500억 원에 불과했던 판토스의 순자산은 지난해 말 기준 4천472억 원에 달한다. 매출이 3배 늘어나고 자산이 2배 가까이 급증했으니, 주식가치는 아무리 작게 잡아도 최소 3배 이상 올랐을 것으로 보인다. 3년 전, 회장이 판토스 주식 매입에 들인 돈은 463억 원 가량으로 추정되는데, 당장 주식을 팔아도 1천억 원 이상, 시세차익만 최소 500억 원을 남길 수 있다는 계산이 나온다.
195) 민중의 소리, LG와 구광모 회장은 '국민의 눈높이'를 모르는 걸까, 2018.10.6.

196) 뉴스웨이, 김영무 선협 부회장 "대기업 물류자회사, 3자 물류 처리 배제해야", 2017.3.8.; 씨엘오, 물류자회사 '갑질'에 휘청이는 3PL과 선사, 2017.5.11.
197) 일간투데이, 윤관석 "재벌 대기업 물류회사 '일감 몰아주기' 막는다", 2018.10.12.; 쿠키뉴스, "LG그룹 계열 물류회사 판토스 내부거래 비중 60%", 2018.10.12.; 코리아쉬핑가제트, 해운법 개정안, 본질은 '경제민주화'다, 2017.8.25.
198) 강미주, "해운시장 왜곡하는 2자물류사, 법적 대응 강화해야", 해양한국 2017.4, 제108쪽; 뉴스웨이, 김영무 선협 부회장 "대기업 물류자회사, 3자 물류 처리 배제해야", 2017.3.8.; 씨엘오, 물류자회사 '갑질'에 휘청이는 3PL과 선사, 2017.5.11.
199) 일간투데이, 윤관석 "재벌 대기업 물류회사 '일감 몰아주기' 막는다", 2018.10.12.; 쿠키뉴스, "LG그룹 계열 물류회사 판토스 내부거래 비중 60%", 2018.10.12.
200) 코리아쉬핑가제트, 해운법 개정안, 본질은 '경제민주화'다, 2017.8.25.
201) 뉴스웨이, 김영무 선협 부회장 "대기업 물류자회사, 3자 물류 처리 배제해야", 2017.3.8.; 미디어펜, 국내 물량 줄고 해외선 이중과세…'엎친 데 덮친' 해운업계, 2018.6.19.
202) 뉴데일리, 해운업계 vs 법조계, '대기업 3자물류 금지 법안' 입장차 재확인, 2018.3.29.; 아주경제, 2자물류社 횡포에 동력잃은 해운업, 2018.5.24.
203) 강미주, "해운시장 왜곡하는 2자물류사, 법적 대응 강화해야", 해양한국 2017.4, 제107쪽; 뉴스웨이, 김영무 선협 부회장 "대기업 물류자회사, 3자 물류 처리 배제해야", 2017.3.8.; 코리아쉬핑가제트, 해운법 개정안, 본질은 '경제민주화'다, 2017.8.25.; 미디어펜, 국내 물량 줄고 해외선 이중과세…'엎친 데 덮친' 해운업계, 2018.6.19.; 한국해운신문, 대기업 물류자회사 갑질 방지법 발의, 2017.2.10.; 쉬핑투데이, 갑질 방지 위한 해운법 개정 발의, 2017.2.13.; 해양한국, 대기업 물류자회사 '갑질 방지' 국회 나서다, 2017.2.15.
204) 아주경제, 국적화물 적취율 최하위, 해운재건 정책은 공회전, 2018.9.7.; 국내 해운선사들의 적취율이 세계 최하위 수준인 것으로 나타났다. 경쟁국인 중국, 일본 등에 비해 최대 30% 포인트 이상 낮은 수준이다.
205) 물류신문, "역내항로 서비스 국적선사 너무 많다", 2018.1.26.; 미디어펜, 정부 '해운업 재건' 외쳤지만…업계 '반신반의', 2018.4.5.
206) 코리아쉬핑가제트, 자국화주에 사랑받는 일본해운 vs 외면받는 한국해운, 2018.1.15.
207) 신호등 입찰은 많은 논란을 일으키면서 일회성에 그쳤지만 수년째 운임 인하를 강제적으로 유도한 사례로 회자되고 있다. 신호등 입찰은 입찰을 내건 업체가 원하는 운송료보다 낮으면 관련 서류에 초록색으로 표시하고 비슷하면 빨간색, 높으면 검은색

으로 표시하는 방식이다. 물량을 따내야 하는 영세 업체들은 울며 겨자 먹기 식으로 서로 낮은 가격을 써낼 수밖에 없다(코리아쉬핑가제트, '물류정책기본법 개정' 갑질 관행 개선될까, 2018.9.6.).

208) 운송계약서에 운임만 명시하고 그 이외 물량, 운송기간 등 계약 내용은 수시로 변경한다. 또한 수차례의 입찰 가격제시(Bidding)에도 원하는 운임에 도달하지 않으면 개별접촉을 통해 운임을 인하한다.

209) 쉬핑투데이, "재벌기업 물류주선자회사 횡포방지 대책 마련 시급하다", 2017.9.18.; 해운산업신문, 해운법 개정관련황당 규제에 대한 을의 항변, 2017.9.18.; 씨엘오, 물류자회사 '갑질'에 휘청이는 3PL과 선사, 2017.5.11.; 한국해운신문, 대기업 물류자회사 갑질 방지법 발의, 2017.2.10.; 해운산업신문, 대기업 물류자회사 갑질 방지를 위한 해운법 개정안 발의, 2017.2.10.; 쉬핑투데이, 갑질 방지 위한 해운법 개정 발의, 2017.2.13.; 해양한국, 대기업 물류자회사 '갑질 방지' 국회 나서다, 2017.2.15.

210) 코리아쉬핑가제트, "2자물류기업 운임인하 강요·계약변경 슈퍼갑질 심각", 2017.3.8.

211) 씨엘오, 화주·2PL 물류 갑질 여전... "억울해도 말 못해", 2018.3.18.

212) 뉴스토마토, 일감 몰아주기, 해운업도 예외 아니다, 2017.6.20.

213) 해양한국, 대기업 물류자회사 '갑질 방지' 국회 나서다, 2017.2.15.; 해운산업신문, 김영무 선협 부회장 "대기업 물류자회사, 3자 물류 금지해야", 2017.3.8.; 쉬핑투데이, '해상수송시장 공정한 경쟁환경 조성 위한 국회 정책세미나' 개최, 2017.3.8.; 코리아쉬핑가제트, "2자물류기업 운임인하 강요·계약변경 슈퍼갑질 심각", 2017.3.8.

214) 쉬핑투데이, '해상수송시장 공정한 경쟁환경 조성 위한 국회 정책세미나' 개최, 2017.3.8.; 한국해운신문, "2자물류, 국가적으로 엄청난 손해", 2017.3.9.; 해운산업신문, 김영무 선협 부회장 "대기업 물류자회사, 3자 물류 금지해야", 2017.3.8.; 코리아쉬핑가제트, "2자물류기업 운임인하 강요·계약변경 슈퍼갑질 심각", 2017.3.8.; 에너지경제, "해운-물류업 간 공정거래 구축, 경쟁보다 산업 측면 고려해야", 2018.3.29.; 파이낸셜뉴스, 대기업 3자물류 금지.. "칸막이 설치" vs "중소해운사 살리기", 2018.3.29.; 한국해운신문, 대기업 물류자회사 갑질 방지법 발의, 2017.2.10.; 쉬핑투데이, 갑질 방지 위한 해운법 개정 발의, 2017.2.13.

215) 메트로신문, 올해 해양수산분야 최대 이슈는?… KMI, 분야별 top5 뉴스 선정, 2018.12.23.

216) 이인애, "New Start 해운재건 5개년 계획 연간 50~60척 선박건조 지원", 해양한국 2018.2., 제19~20쪽.

217) 선사들이 선박을 건조할 때 후순위 대출을 하는 은행에게 대출금지급 보증을 해주는 기능이 해양진흥공사의 가장 큰 기능이다. 선사가 보유하는 선박을 매각 후 임대

하는 경우(sale and lease back) 정부가 그 선박을 매입하는 등 투자를 하게 된다.
218) 쉬핑뉴스넷, 김인현 해수부 정책자문위원회 위원장(고려대 로스쿨 교수), 2018.8.2.
219) 현대해양, 한국해양진흥공사 출범 의의와 향후 과제, 2018.8.2.
220) 부산일보, 해양진흥공사, 반년 만에 '현금 바닥', 2018.12.4.
221) 인사이트, '자본금 5조 원' 해양진흥공사 내년 7월 출범, 2017.12.30.; 더벨, 해양진흥공사, '해운사 지원용' 자금조달 어떻게?, 2018.8.7.
222) 해양진흥공사는 해운재건을 위한 현금이 없어 현대상선이 발주한 초대형 컨테이너선 20척에 들어가는 3조1541억 원 등을 지원하기 위해 약 3조 원 규모의 공사채 발행을 검토 중인 것으로 전해졌다. 본말이 전도된 셈이다(아주경제, '해운업 재건' 골든타임이 흘러간다, 2018.10.8.).
223) 뉴스토마토, 한진해운 침몰 3년…해운 코리아 재건은 여전히 '막막', 2018.8.29.
224) 더벨, 해양진흥공사, 해운재건 종잣돈 '공사채'로 조달, 2018.8.6.
225) 더벨, 해양진흥공사, '해운사 지원용' 자금조달 어떻게?, 2018.8.7.
226) 부산일보, 해양진흥공사, 반년 만에 '현금 바닥', 2018.12.4.
227) 원양컨테이너선사는 선복량과 해외 터미널의 보유 규모에 따라 수익성이 판가름 난다(뉴스토마토, 한진해운 침몰 3년…해운 코리아 재건은 여전히 '막막', 2018.8.29.). 원양컨테이너선사는 화물 운송의 안정성과 정시성을 갖춰야 하는데 이를 위해서는 주요 거점의 항만터미널 확보가 필수적이다. 해양진흥공사는 선사가 저렴한 비용으로 항만 터미널을 확보해 원가 구조를 개선할 수 있도록 하는 지원도 추진할 계획이다(이데일리, "한진해운 후유증 심각..현대상선에 6조 지원", 2018.10.5.).
228) 한국경제, 한국해양진흥공사 출범에 거는 기대, 2018.7.18.; 코리아쉬핑가제트, 2022년까지 한국해운 51조 산업으로 끌어올린다, 2018.4.6.
229) 용인신문, 해운재건 본격 착수, 선화주 상생 추진에 박차, 2018.4.6.
230) 해양수산부는 2020년까지 벌크선 140척 컨테이너선 60척 이상 신조 발주가 예상된다고 밝혔다(코리아쉬핑가제트, 2022년까지 한국해운 51조 산업으로 끌어올린다, 2018.4.6.).
231) 이데일리, 현대상선 지원 앞둔 김영춘 "해운재건 방안 검토", 2018.10.5.
232) 한국경제, '해운재건 5개년 계획'이 성공하려면", 2018.4.11.
233) 한국경제, 8兆 투입해 선박 200척 발주… 해운·조선 재건 시동, 2018.4.5.; 파이낸셜투데이, 해운산업 부활 위한 정책발표, "국내 해운산업 매출 51조 원까지 늘리겠다", 2018.4.6.
234) 아주경제, 농해수위, 정부 안일한 해운업 지원 대책 질타, 2018.10.29.
235) 김태한, "한국 해운산업의 발전 전략에 관한 연구", 한양대학교, 석사학위, 2017, 제

59쪽.
236) 조선비즈, 한진해운 사태 2년…여전히 표류 중인 한국 해운, 2018.9.12.
237) 이데일리, 해운업계 과당경쟁 땐 공멸..서로 뭉치고, 몸집 키워라, 2018.10.15.
238) 업다운뉴스, 현대상선이 '혈세 먹는 하마' 된 이유는?, 2018.11.27.; 중앙일보, 영업력 떨어지는 현대상선, 배 20척 늘린다고 살아날까, 2018.11.27.
239) 중앙일보, 산은, 책임 미루고 … 구조조정 컨트롤타워는 공백, 2018.11.27.
240) 아주경제, 김영무 선주協 부회장 "해운업 재건, 여러 방안 모색해야", 2018.10.22.
241) 아주경제, "관료주의가 망친 해운업…'프로페셜널리즘' 갖춰야", 2018.10.24.
242) 아주경제, 국적화물 적취율 최하위, 해운재건 정책은 공회전, 2018.9.7.
243) 한국해운신문, 메가컨선 확보만 하면 한국해운재건?, 2018.3.22.
244) 내일신문, 수출기업 "한국선사 가격·IT경쟁력 필요", 2018.10.24.
245) 머니투데이, "3년간 선박 200척 발주"…해수부, 해운경쟁력 회복 총력전 선포, 2018.4.5.
246) 한국경제, 8兆 투입해 선박 200척 발주… 해운·조선 재건 시동, 2018.4.5.
247) 서울경제, 우수 선사·화주 인증받으면 항만시설 사용료 최대 반값, 2018.11.1.
248) 한국해운신문, "3~4년짜리 컨테이너 정기계약 체결하자", 2017.6.28.; 해운산업신문, 해운재건 본격 착수, 선화주 상생 박차, 2018.4.5.; 코리아쉬핑가제트, "국적선사는 공급망 확대 국적화주는 최소화물 보장", 2018.10.23.
249) 한국해운신문, "컨테이너 장기운송 계약 제도화 필요", 2018.11.2.
250) 코리아쉬핑가제트, 2022년까지 한국해운 51조 산업으로 끌어올린다, 2018.4.6.
251) 한국해운신문, 선사 "적자운항" VS 화주 "高운임", 2017.6.23.
252) 배영진, "한진해운 사태 관련 언론의 역할 분석", 한국해양대학교, 석사학위, 2018, 제14쪽; 이환구, 하영석, "국내 컨테이너선사의 경쟁력요인 비교 분석", 해운물류연구 제33권 제1호(통권 93호) 2017.3., 제144~145쪽.
253) 씨엘오, 잃어버린 해운산업 20년에 대한 변명, 2018.11.7.; 서울경제, 2018 유통·물류 트렌드는 '로지스틱스 에코체인', 2018.2.5.
254) 서울경제, 우수 선사·화주 인증받으면 항만시설 사용료 최대 반값, 2018.11.1.; 현대해양, '해운재건'? 제도적 장치 없이는 '해운답보', 2018.6.1.
255) 미디어펜, 정부 '해운업 재건' 외쳤지만…업계 '반신반의', 2018.4.5. 국제신문, 현대상선 세계 10위 선사로…적취율 10% 높이기 과제, 2018.4.5.
256) 해운법 제28조(운임의 공표 등), 해운법 제31조(외항화물운송사업자의 금지행위).
257) 이비엔, 해수부장관, 해운업 불황 극복 위한 선사 간담회 개최, 2015.12.3.; 코리아쉬핑가제트, 해운사·화주, 운임공표제 힘겨루기 본격화, 2016.8.12.

258) 매일경제, 무역업체 80% "해상운임 공개 후 가격부담 늘었다", 2017.5.1.
259) 이인애, "New Start 해운재건 5개년 계획 연간 50~60척 선박건조 지원", 해양한국 2018.2., 제22쪽.
260) 현대해양, 양창호 KMI 원장 "세계 해운업계가 거는 기대에 부응할 것", 2018.7.2.
261) 한국해운신문, 컨테이너 운임공표제 확대 시행, 2016.3.14.
262) 해사신문, 올해 국가물류실시계획에 해운·항만 분야는 어떤 내용 담았나, 2018.6.27.
263) 국적선사들은 해상운임은 0달러를 받으면서 터미널할증료(THC) 등의 부대운임을 깎아주는 방식으로 마이너스운임을 화주에게 제공하고 있었다.
264) 코리아쉬핑가제트, 해운사·화주, 운임공표제 힘겨루기 본격화, 2016.8.12.
265) 코리아쉬핑가제트, 한중항로/ 마이너스운임 역사적 퇴출 '운임공표제 효과', 2016.12.23.
266) 코리아쉬핑가제트, 한중항로/ 화주들, 운임공표제에 '물량 몰아주기'로 맞서, 2016.7.22.
267) "한진해운 정상화와 현대상선 합병이 살 길", 해양한국 2016.10., 제124쪽.
268) 강미주, "해운시장 왜곡하는 2자물류사, 법적 대응 강화해야", 해양한국 2017.4, 제107쪽; 뉴스웨이, 김영무 선협 부회장 "대기업 물류자회사, 3자 물류 처리 배제해야", 2017.3.8.; 코리아쉬핑가제트, 해운법 개정안, 본질은 '경제민주화'다, 2017.8.25.; 미디어펜, 국내 물량 줄고 해외선 이중과세…'엎친 데 덮친' 해운업계, 2018.6.19.; 한국해운신문, 대기업 물류자회사 갑질 방지법 발의, 2017.2.10.; 쉬핑투데이, 갑질 방지 위한 해운법 개정 발의, 2017.2.13.; 해양한국, 대기업 물류자회사 '갑질 방지' 국회 나서다, 2017.2.15.; 물류신문, "역내항로 서비스 국적선사 너무 많다", 2018.1.26.; 미디어펜, 정부 '해운업 재건' 외쳤지만…업계 '반신반의', 2018.4.5.
269) 아주경제, 국적화물 적취율 최하위, 해운재건 정책은 공회전, 2018.9.7.; 국내 해운선사들의 적취율이 세계 최하위 수준인 것으로 나타났다. 경쟁국인 중국, 일본 등에 비해 최대 30% 포인트 이상 낮은 수준이다.
270) 코리아쉬핑가제트, '대기업 물류자회사 내부거래 제동' 해운 일감 몰아주기 규제법 발의, 2018.10.30.
271) 아주경제, 황주홍 위원장, 제3자물류 활성화 위한 '해운법' 개정안 발의, 2018.10.25.
272) 한국해운신문, 2자물류 횡포 방지법 국회 발의, 2018.11.26.
273) 에너지경제, "해운-물류업 간 공정거래 구축, 경쟁보다 산업 측면 고려해야", 2018.3.29.
274) 아주경제, 2자물류기업 '독식' 어떻게 풀까, 2018.5.25.
275) 한국해운신문, 선사 "적자운항" VS 화주 "高운임", 2017.6.23.

276) 코리아쉬핑가제트, 해운법 개정안, 본질은 '경제민주화'다, 2017.8.25.
277) 세계무역기구(世界貿易機構, World Trade Organization, WTO)는 회원국들간의 무역 관계를 정의하는 많은 수의 협정을 관리 감독하기 위한 기구이다. 세계 무역 장벽을 감소시키거나 없애기 위한 목적을 가지고 있다. 이는 국가 간의 무역을 보다 부드럽게, 자유롭게 보장해 준다(위키백과).
278) 이데일리, "정부, 조선업계 살리려면 해운업계부터 살려야", 2018.10.15.
279) 김임향, 김태운, "한진해운파산선고 이후 미국파산회생법원을 고려해서 본 시사점", 공공정책연구 제34집 1호 2017.8.31, 제59쪽.
280) 참여와혁신, 12월 4주 주요 제조업 전망, 2018.12.24.; 신아일보, 일본에 EU까지 韓 조선업 견제…우리나라 대응은?, 2018.12.20.
281) 머니투데이, 韓日, 조선업 지원 관련 WTO 분쟁 양자협의 실시, 2018.12.19.
282) 아시아타임즈, 日-EU WTO 제소 공동전선…韓 조선업계 "난감 하네", 2018.12.17.; 주간경향, '마지막 처방' 조선산업 회생할까, 2018.12.10.
283) 주요 구조조정 대상항로는 동남아와 한일 구간이다. 한중항로는 한중 양국정부의 인허가 절차를 거쳐 항로를 개설하는 항권 개념으로 운영되기 때문에 노선 구조조정이 불가능하다.
284) 프라임경제, 한국해운연합, 2단계 구조혁신 합의서 서명, 2018.4.3.
285) 한국해운연합에는 고려해운, 남성해운, 동영해운, 동진상선, 두우해운, 범주해운, SM상선, 장금상선, 천경해운, 태영상선, 팬오션, 한성라인, 현대상선, 흥아해운 등 14개 국적선사가 참여했다.
286) 한국해운연합의 계약기간은 2018년 1월부터 2020년까지 3년간이다.
287) 코리아쉬핑가제트, 한국해운연합 출범..한일·동남아 구조조정 돌입, 2017.8.8.
288) 더벨, 한국해운연합, 해운동맹과 다른 점은, 2017.8.9.
289) 코리아쉬핑가제트, 한국해운연합 출범..한일·동남아 구조조정 돌입, 2017.8.8.
290) 아시아투데이, "대한민국 해운산업 살려달라" 한국선주협회 국회 정책간담회, 2018.8.30.
291) 조선비즈, '하나' 강조하며 뭉치는 일본 선사…흩어지는 한국 해운, 2018.1.31.
292) 프라임경제, 한국해운연합, 2단계 구조혁신 합의서 서명, 2018.4.3.
293) 이데일리, 해운업계 과당경쟁 땐 공멸..서로 뭉치고, 몸집 키워라, 2018.10.15.
294) 해양한국, '한국해운연합(KSP)'을 보는 해외 시선, 2017.8.30.
295) 해운산업신문, 해운재건 본격 착수 선화주 상생 추진. 2018.4.6.
296) 코리아쉬핑가제트, 한국해운연합 경영컨설팅 수락…통합엔 '갸우뚱', 2018.11.19.; 현재 한중항로에 선박을 운항하고 있는 컨테이너선사는 한국 15개사 중국 20개사로

중국이 한국을 앞선다. 한중항로가 개방될 경우 중국은 현재보다 선사 수를 더 늘려서 시장 장악에 나설 가능성이 높다는 의견이 많다.

297) 한국해운신문, "급변하는 근해항로, 국적선사 통합이 해답", 2018.4.25.
298) 조선비즈, 한진해운 사태 2년…여전히 표류 중인 한국 해운, 2018.9.12.
299) 항로는 운송 상의 역할에 따라 간선항로(幹線航路)와 지선항로(支線航路)로 분류되고 있다.
300) 김현진, "글로벌 선사간의 인수 합병을 통한 얼라이언스 재편과 국내 해운사들의 경쟁력 제고를 위한 방법에 관한 연구", 중앙대학교, 석사학위, 2016, 제5쪽.
301) 이환구, 하영석, "국내 컨테이너 선사의 경쟁력요인 비교 분석", 해운물류연구 제33권 제1호(통권 93호) 2017.3., 제158쪽.
302) 이환구, 하영석, "국내 컨테이너선사의 경쟁력요인 비교 분석", 해운물류연구 제33권 제1호(통권 93호) 2017.3., 제144~145쪽.; 한국해운신문, "급변하는 근해항로, 국적선사 통합이 해답", 2018.4.25.
303) 뉴스토마토, 국내 중견 해운업계, 글로벌 해운공룡 침투에 울상, 2018.12.11.
304) 데일리안, 통상분쟁, 환경규제, 글로벌 과잉 '삼중고', 2018.12.13.
305) 코리아쉬핑가제트, "내년 컨시장 수급 안정화 전망", 2018.10.22.
306) 김태한, "한국 해운산업의 발전 전략에 관한 연구", 한양대학교, 석사학위, 2017, 제14쪽; 미디어펜, 한진해운 그후…'코리아 브랜드' 신뢰도 추락, 2018.3.29.
307) 쉬핑뉴스넷, 김인현 해수부 정책자문위원회 위원장(고려대 로스쿨 교수), 2018.8.2.
308) 아주경제, 국적화물 적취율 최하위, 해운재건 정책은 공회전, 2018.9.7.; 국내 해운선사들의 적취율이 세계 최하위 수준인 것으로 나타났다. 경쟁국인 중국, 일본 등에 비해 최대 30% 포인트 이상 낮은 수준이다.
309) 강미주, "해운시장 왜곡하는 2자물류사, 법적 대응 강화해야", 해양한국 2017.4, 제107쪽; 뉴스웨이, 김영무 선협 부회장 "대기업 물류자회사, 3자 물류 처리 배제해야", 2017.3.8.; 코리아쉬핑가제트, 해운법 개정안, 본질은 '경제민주화'다, 2017.8.25.; 미디어펜, 국내 물량 줄고 해외선 이중과세…'엎친 데 덮친' 해운업계, 2018.6.19.; 한국해운신문, 대기업 물류자회사 갑질 방지법 발의, 2017.2.10.; 쉬핑투데이, 갑질 방지 위한 해운법 개정 발의, 2017.2.13.; 해양한국, 대기업 물류자회사 '갑질 방지' 국회 나서다, 2017.2.15.; 물류신문, "역내항로 서비스 국적선사 너무 많다", 2018.1.26.; 미디어펜, 정부 '해운업 재건' 외쳤지만…업계 '반신반의', 2018.4.5.
310) 업다운뉴스, 현대상선이 '혈세 먹는 하마' 된 이유는?, 2018.11.27.
311) 더벨, 해양진흥공사, '해운사 지원용' 자금조달 어떻게?, 2018.8.7.
312) 코리아쉬핑가제트, 글로벌 해운경쟁 극복을 위한 국가시스템을 마련하자,

2016.11.10.
313) 보복행위로 물량을 외국선사에게 모두 넘기는 것도 불공정행위에 해당할 여지가 있다.
314) 부담금은 공익사업의 추진을 위한 재원을 국민으로부터 마련한다는 점에서 조세와 유사하지만 부과목적, 부과대상, 부과기준 등에서 조세와는 구분되는 개념이다. 먼저 부담금은 특정 공익사업과 관련하여 부과하는 금전지급의무인데 비하여 조세는 국가 또는 지방자치단체의 일반수입을 목적으로 한다. 또한 부담금은 당해 사업과 특별한 관계가 있는 자에게 부과되는데 반해 조세는 특정사업과 관계없이 일반 국민 또는 주민에게 부과한다. 마지막으로 부담금은 사업소요 경비, 사업과의 관계 등을 기준으로 하여 부과하는 반면, 조세는 담세능력을 기준으로 하여 부과한다는 점에서 부담금은 조세와는 명확히 구분된다(오영민, 전준오, "우리나라 부담금 제도의 합리성 분석: 현행 부담금의 적정성과 부담금운용평가의 실효성을 중심으로", 한국정책학회 춘계학술발표논문집 2017, 제49쪽).
315) 장태주,「행정법개론」(제7판), 법문사, 2009, 1265면; 김동희,「행정법Ⅱ」(제15판), 박영사, 2009, 368면; 김성수,「개별행정법」(제2판), 법문사, 2004, 604면; 박균성,「행정법론(하)」(제3판), 박영사, 2005, 339쪽.
316) 이상민, "개발부담금제도에 관한 연구", 한양대학교, 석사학위, 2010, 제8~9쪽.
317) 총 90개 부담금을 소관 부처별로 구분하면, 환경부 20개, 국토교통부가 15개, 산업통상자원부 9개, 금융위원회가 8개, 문화체육관광부, 농림축산식품부, 해양수산부가 각각 7개, 기획재정부, 과학기술정통부, 외교부, 고용노동부, 산림청, 중소벤처기업부가 각각 2개, 교육부, 행정안전부, 보건복지부, 식품의약품안전처, 원자력안전위원회가 각각 1개의 부담금을 2019년에 운용할 계획이다(기획재정부, 2019년도 부담금운용종합계획서, 2018.9., 제4쪽).
318) 기획재정부, 2019년도 부담금운용종합계획서, 2018.9., 제8쪽.
319) 기획재정부, 2019년도 부담금운용종합계획서, 2018.9., 제137쪽.
320) 손상자부담금은 특정의 공익사업에 손궤를 주는 사업이나 행위를 한 자에게 그 시설의 유지 또는 수선에 필요한 비용의 충당을 위하여 부과하는 부담금이다.
321) 헌법재판소 2002.9.19.자 2001헌바56 결정; 헌법재판소 2003.7.24.자 2001헌바96 결정.
322) 홍정선, 행정법원론(하), 박영사, 2014, 592쪽.
323) 전형적인 수익자부담금이 이에 해당한다.
324) 이상민, "개발부담금제도에 관한 연구", 한양대학교, 석사학위, 2010, 제13쪽.
325) 헌법재판소 2004.7.15.자 2002헌바42 결정.
326) 박상희, "부담금의 법적 문제", 공법학연구 6(3), 2005.12,, 제460~461쪽.

327) 길용원, "부담금규제의 조세법적 고찰", 조세와 법 7(1), 2014, 제7~9쪽.
328) 헌법재판소 2004.7.15.자 2002헌바42 결정.
329) 쉬핑투데이, '해상수송시장 공정한 경쟁환경 조성 위한 국회 정책세미나' 개최, 2017.3.8.; 한국해운신문, "2자물류, 국가적으로 엄청난 손해", 2017.3.9.; 해운산업신문, 김영무 선협 부회장 "대기업 물류자회사, 3자 물류 금지해야", 2017.3.8.; 코리아쉬핑가제트, "2자물류기업 운임인하 강요·계약변경 슈퍼갑질 심각", 2017.3.8.; 에너지경제, "해운-물류업 간 공정거래 구축, 경쟁보다 산업 측면 고려해야", 2018.3.29.; 파이낸셜뉴스, 대기업 3자물류 금지.. "칸막이 설치" vs "중소해운사 살리기", 2018.3.29.; 한국해운신문, 대기업 물류자회사 갑질 방지법 발의, 2017.2.10.; 쉬핑투데이, 갑질 방지 위한 해운법 개정 발의, 2017.2.13.
330) 헌법재판소 1998.12.24.자 98헌가1 결정.
331) 헌법재판소 1998.12.24.자 98헌가1 결정.
332) 헌법재판소 1998.12.24.자 98헌가1 결정.
333) 헌법재판소 1998.12.24.자 98헌가1 결정.
334) 씨엘오, 물류자회사 '갑질'에 휘청이는 3PL과 선사, 2017.5.11.; 코리아쉬핑가제트, 해운법 개정안, 본질은 '경제민주화'다, 2017.8.25.
335) 헌법재판소 1998.12.24.자 98헌가1 결정.
336) 헌법재판소 2008.11.27.자 2007헌마860 결정.
337) 코리아쉬핑가제트, 해운법 개정안, 본질은 '경제민주화'다, 2017.8.25.; 해양한국, 대기업 물류자회사 '갑질 방지' 국회 나서다, 2017.2.15.
338) 판토스 현대글로비스 삼성SDS 삼성전자로지텍 롯데글로벌로지스 한익스프레스 효성트랜스월드 등 2자물류 자회사 7개사의 종사자는 총 3,140여 명으로 1인당 매출액은 76억 2천만 원에 달한다. 반면 해운업계와 중소포워딩시장에는 각각 2만 8천명 6만 2천 명이 근무하고 있으며, 1인당 매출은 13억 5천만 원 6천만 원에 불과하다. 매출은 2자물류기업이 23조 9,181억 원으로 중소포워딩업계(3조 5,823억 원)보다 7배 이상이나 많았다. 2자물류기업들의 매출 대비 일자리 창출 성과가 저조한 셈이다(코리아쉬핑가제트, "2자물류기업 운임인하 강요·계약변경 슈퍼갑질 심각", 2017.3.8.).
339) 헌법재판소 2003.7.24 자 2001헌바96 결정.
340) 강미주, "해운시장 왜곡하는 2자물류사, 법적 대응 강화해야", 해양한국 2017.4, 제109~110쪽.
341) 박상희, "각종 부담금 제도의 분석과 개선방안연구", 한국법제연구원, 1994, 21쪽.
342) 한국해운신문, 선사 "적자운항" VS 화주 "高운임", 2017.6.23.

343) 아주경제, 국적화물 적취율 최하위, 해운재건 정책은 공회전, 2018.9.7.
344) 헌법재판소 1998.12.24.자 98헌가1 결정.
345) 강미주, "해운시장 왜곡하는 2자물류사, 법적 대응 강화해야", 해양한국 2017.4, 제108쪽; 뉴스웨이, 김영무 선협 부회장 "대기업 물류자회사, 3자 물류 처리 배제해야", 2017.3.8.; 씨엘오, 물류자회사 '갑질'에 휘청이는 3PL과 선사, 2017.5.11.
346) 뉴데일리, 해운업계 vs 법조계, '대기업 3자물류 금지 법안' 입장차 재확인, 2018.3.29.; 아주경제, 2자물류社 횡포에 동력잃은 해운업, 2018.5.24.
347) 기획재정부, 2019년도 부담금운용종합계획서, 2018.9., 제4, 8쪽.
348) 운임공표제란 선사들이 신고한 운임과 다른 운임으로 서비스를 제공할 경우 과징금 부과 등을 통해 시장의 거래 질서를 확립하는 제도이다.
349) '우수 선화주 인증제도'는 우수 선화주 인증을 받은 업체에 대해서는 선화주 공통으로 인증 등급에 따라 항만시설 사용료를 30~50%까지 감면해주고, 통관절차를 간소화하여 통관시간을 줄여주며, 보증료율을 인하해 주는 등 인센티브를 제공하는 제도이다.
350) 보복행위로 물량을 외국선사에게 모두 넘기는 것도 불공정행위에 해당할 여지가 있다.
351) 강미주, "선화주간 상호 지분출자와 장기운송계약 필요", 해양한국 2017.7., 제95~96쪽.
352) 연합뉴스, "한진해운 사태 경제적 자살…부산항 국적선사 보호 없는 고아", 2017.8.31.; 국제신문, 정부조직 개편이 능사는 아니다, 2017.2.13.
353) 백승하, "국내 제3자 물류의 문제점 진단과 개선방안에 관한 연구", 한국해양대학교, 석사학위, 2015, 제31쪽.
354) 더벨, 해양진흥공사, 해운재건 종잣돈 '공사채'로 조달, 2018.8.6.
355) 뉴스토마토, 한진해운 침몰 3년…해운 코리아 재건은 여전히 '막막', 2018.8.29.
356) 더벨, 해양진흥공사, '해운사 지원용' 자금조달 어떻게?, 2018.8.7.
357) 부산일보, 해양진흥공사, 반년 만에 '현금 바닥', 2018.12.4.
358) 아시아뉴스통신, 김성찬 의원 대표발의 '해운법' 개정안 본회의 통과, 2018.11.23.
359) 노선호, "국적선 적취율 제고, 해운업 위기극복 핵심", 해양한국 2018.5.. 제92쪽.
360) 조선비즈, '하나' 강조하며 뭉치는 일본 선사…흩어지는 한국 해운, 2018.1.31.
361) 이데일리, 해운업계 과당경쟁 땐 공멸..서로 뭉치고, 몸집 키워라, 2018.10.15.
362) 아주경제, "해운업, 철저한 자기반성과 뼈 깎는 구조조정 필요", 2018.4.4.
363) 더벨, 국적 원양선사 키워 해운업 재건을, 2018.10.22.
364) 조선비즈, 프랑스·독일 힘 합칠까…해운 사상 최대 지각변동 조짐, 2018.7.11.; 미디어펜, 한진해운 그후…'코리아 브랜드' 신뢰도 추락, 2018.3.29.
365) 코리아쉬핑가제트, "지금처럼 어려울 땐 통합이 우리의 과제", 2018.11.14.; 현대해양,

한국해양진흥공사 설립 후 초대형선 확보가 시급하다, 2018.2.5.
366) 미디어펜, 한진해운 그후…'코리아 브랜드' 신뢰도 추락, 2018.3.29.; 미디어펜, 흥아·장금상선 통합…구조조정 성과 '아직', 2018.4.12.
367) 이데일리, 해운업계 과당경쟁 땐 공멸..서로 뭉치고, 몸집 키워라, 2018.10.15.
368) 코리아쉬핑가제트, "통합 못하겠다면 다른 생존전략이라도 찾아라", 2018.11.27.
369) 뉴스토마토, 국내 중견 해운업계, 글로벌 해운공룡 침투에 울상, 2018.12.11.
370) 이데일리, 해운업계 과당경쟁 땐 공멸..서로 뭉치고, 몸집 키워라, 2018.10.15.
371) 물류신문, "역내항로 서비스 국적선사 너무 많다", 2018.1.26.
372) 더벨, 해양진흥공사 "KSP 통합 컨설팅 받아라", 2018.11.13.; 코리아쉬핑가제트, "통합 못하겠다면 다른 생존전략이라도 찾아라", 2018.11.27.
373) 더벨, 한국해운연합, 해운동맹과 다른 점은, 2017.8.9.
374) 미디어펜, 흥아·장금상선 통합…구조조정 성과 '아직', 2018.4.12.
375) 뉴스토마토, 한진해운 침몰 3년…해운 코리아 재건은 여전히 '막막', 2018.8.29.
376) 매일경제, 김영무 선주협회 부회장 "조선 살리려 외국선사 돕다가 韓 해운산업 빈사상태 빠졌다", 2018.9.20.
377) 아시아투데이, "대한민국 해운산업 살려달라" 한국선주협회 국회 정책간담회, 2018. 8.30.; 뉴스토마토, 한진해운 침몰 3년…해운 코리아 재건은 여전히 '막막', 2018.8.29.
378) 선사들이 선박을 건조할 때 후순위 대출을 하는 은행에게 대출금지급 보증을 해주는 기능이 해양진흥공사의 가장 큰 기능이다. 선사가 보유하는 선박을 매각 후 임대하는 경우(sale and lease back) 정부가 그 선박을 매입하는 등 투자를 하게 된다.
379) 쉬핑뉴스넷, 김인현 해수부 정책자문위원회 위원장(고려대 로스쿨 교수), 2018.8.2.
380) 김인현, "한진해운 회생절차에서의 해상법 및 도산법적 쟁점", 상사법연구 제36권 제2호 (2017), 제45쪽.
381) 한국경제, 정기선사 하역보험 도입해야, 2016.10.19.; 현대해양, 한진해운 사태 2주년, 재발 방지 하려면..., 2018.9.7.
382) 현대해양, '해운재건'? 제도적 장치없이는 '해운답보', 2018.6.1.
383) 조선일보, 무인선박으로 해운산업 재도약을, 2016.11.21.
384) 코리아쉬핑가제트, "불황기엔 화주가, 호황기엔 선사가…", 2018.10.4.

Part 02. 세월호 참사

1) '2018년도 연안여객선업체 현황', 한국해운조합, 2018, 제3쪽
2) 이것은 우리 국민 10명 중 3명 이상이 매해 이를 이용하는 수치에 해당하며, 대국민 연안여객 수요는 세월호 침몰 사고 직후인 2014년을 제외하고는 최근 5년간 연평균 1.9%의 증가율을 보이며 지속적으로 증가하고 있다.
3) '2018년도 연안여객선업체 현황', 한국해운조합, 2018, 제5~6쪽
4) 대중교통(大衆交通, Public Transportation)은 일반 대중이 이용할 수 있는 교통 서비스를 제공하는 모든 교통시설 및 수단을 포괄적으로 지칭한다. 한편 우리나라 대중교통의 육성 및 이용 촉진에 관한 법률 제2조에서는 대중교통을 대중교통수단 및 시설에 의해 이루어지는 모든 교통체계로 규정하고, 대중교통수단은 일정한 노선과 운행시간표를 갖추고 다수의 사람을 운송하는 데 이용되는 운송수단으로 정의하고 있다.
5) 대중교통의 육성 및 이용 촉진에 관한 법률 제2조(정의)에서 사용하는 용어의 정의는 다음과 같다
   1. '대중교통'이라 함은 이 법에 의한 대중교통수단 및 대중교통시설에 의하여 이루어지는 교통체계를 말한다.
   2. '대중교통수단'이라 함은 일정한 노선과 운행시간표를 갖추고 다수의 사람을 운송하는 데 이용되는 것으로써 다음 각목의 어느 하나에 해당하는 운송수단을 말한다.
   가. 여객자동차운수사업법 제3조 제1항 제1호의 규정에 의한 노선여객자동차운송사업에 사용되는 승합자동차(이하 '노선버스'라 한다)
   나. 도시철도법 제2조 제2호에 따른 도시철도 중 차량
   다. 철도산업발전기본법 제3조 제4호의 규정에 의한 철도차량 중 여객을 운송하기 위한 철도차량
   라. 그 밖에 대통령령이 정하는 운송수단(조문에서 위임한 사항을 규정한 하위법령이 없음)
6) 정부 재정 여건상 여객선을 대중교통수단으로 법제화하여 충분한 지원 근거를 마련하기 어려운 상태인 것으로 보인다.
7) 한국해운조합, '2018년도 연안여객선 업체 현황', 한국해운조합, 2018, 제14쪽
8) 세월호는 처음 일본에서 1994년 5997t으로 진수된 뒤 589t에 해당하는 시설물을 증설한 이후 2012년 수입돼 다시 5층 증축과 더불어 239t 분량의 객실이 추가되었다. 선박 상단의 무게가 상당히 증가해 무게중심도 올라갔다. 이 같은 수직 증축은

무게중심 원상회복 능력 또한 떨어뜨리게 한다.
(http://www.sisafocus.co.kr/news/articleView.html?idxno=96281)

9) https://ko.wikipedia.org/wiki/%EC%B2%AD%ED%95%B4%EC%A7%84%ED%95%B4%EC%9A%B4

10) 내항여객운송사업체 수는 2013년 63개사에서 2017년 58개사로 감소 추세를 보이고 있으며, 이는 고유가, 물가 상승에 따른 인건비 상승, 안전관리 강화로 인한 선박검사비용 상승 등 운항원가 비용 부담으로 인해 영세한 연안여객선사의 존립이 점점 어려워지는 것으로 분석된다.

11) '2018년도 연안여객선업체 현황', 한국해운조합, 2018, 제55쪽

12) 2015년 말 기준, 연간 총매출액은 2900억 원(업체당 55억 원)이며 영업이익은 257억 원(업체당 4억 8,000만 원)에 불과하여 수익성이 낮은 수준이다.

13) '2018년도 연안여객선업체 현황', 한국해운조합, 2018, 제56쪽

14) http://mbn.mk.co.kr/pages/news/newsView.php?category=mbn00009&news_seq_no=1780732

15) http://news.khan.co.kr/kh_news/khan_art_view.html?artid=201404202131205&code=940202; http://tvdaily.asiae.co.kr/read.php3?aid=1398046927687383016

16) http://news.naver.com/main/read.nhn?mode=LSD&mid =sec&sid1=101&oid=001&aid=0006870719

17) 금융감독원 전자공시시스템 자료에 따르면 2009년 청해진해운은 20억 원 가깝게 영업이익을 냈지만, 급격히 사정이 나빠지며 2011년과 2013년에는 영업손실을 기록한 것으로 나타났다. 2010년부터 2013년까지 영업적자와 흑자를 오가며 연평균 1억 원의 영업손실을 냈으며, 특히 지난해 손실액은 7억 8,500만 원으로 2003년 이래 가장 큰 적자 폭을 기록했다. 이 같은 적자는 매출액이 59억 원에 달하는 것에 비해 매출원가가 70억 원을 넘기 때문인 것으로 조사되었다.; (http://www.sisafocus.co.kr/news/articleView.html?idxno=96281)

18) 한국선원복지고용센터(2017), 한국선원통계연보

19) http://www.etoday.co.kr/news/section/newsview.php?idxno=904270

20) http://news.heraldcorp.com/view.php?ud=20140507000230&md=20140510005707_BL

21) 우리나라 현행법 체계 하에서는 법인에 대해 주형으로서 부과할 수 있는 형벌은 벌금 밖에 없으며, 대부분 기업범죄에 대한 처벌규정은 양벌규정으로 되어 있다. 이러한 양벌규정의 형식은 통상 "법인의 대표자나 법인 또는 개인의 대리인, 사용인, 그 밖의 종업원이 그 법인 또는 개인의 업무에 관하여 ○○조에 해당하는 위반행위를 하면 그 행위자를 벌하는 외에 그 법인 또는 개인에게도 해당 조문의 벌금형을 과(科)한다. 다

만, 법인 또는 개인이 그 위반행위를 방지하기 위하여 해당 업무에 관하여 상당한 주의와 감독을 게을리하지 아니한 경우에는 그러하지 아니하다"고 규정되어 있다.
22) 김용준, '해양사고의 형사법적 문제점 및 그 개선 방안', 학위논문(박사), 고려대학교 대학원, 2015, 제157쪽
23) 세월호 참사도 이러한 현실 때문에 발생했으나 개정법은 이러한 문제점을 개선하지 못했다.
24) 김재윤, '기업의 가벌성에 관한 독일의 논의 분석', 형사정책연구 제15권 제2호, 2004, 41~44쪽; 민홍범, '법인의 형사책임에 관한 연구', 학위논문(석사), 한양대학교 행정대학원, 2007, 71~72쪽
25) 해양사고에 대한 궁극적 책임이 해운기업 간부들에게 있다는 사실이 밝혀지거나 추정되더라도, 우리나라 법체계의 내재적 문제점으로 인해 해운기업 간부들을 입증곤란 등의 이유로 기소조차 하기 어려운 것이 대다수 경우이다.
26) 이인규, '양벌규정에 관한 고찰', 법학연구/36, 부산대학교 법학연구소, 1995, 237쪽
27) 김용준, 앞의 논문, 제158쪽
28) 장한철, '환경범죄의 책임주체에 관한 고찰', 한양법학/31, 한양법학회, 2010, 100쪽; 유병규, '기업범죄 수사의 효율성 제고 방안', 연구총서, 한국형사정책연구원, 2003, 223쪽
29) 피삼경, '기업범죄의 통제방안에 대한 연구', 학위논문(석사), 고려대학교 대학원, 2004, 60~61면.
30) 이주희. '양벌규정의 실효성 확보에 관한 고찰: 법인에 대한 벌금형 중과를 중심으로'. 법학연구 47, 한국법학회, 2012, 252쪽; 서용준, '현대위험사회에서의 형법의 새로운 과제와 기능', 학위논문(석사), 인천대학교 일반대학원, 2014, 61쪽
31) 김용준, 앞의 논문, 66~67쪽
32) 프랑스 신형법 제121-2조
① 국가를 제외한 법인은 제121-4조 내지 제121-7조(정범, 미수, 공범처벌 및 공범의 규정)의 구별에 따라 법인의 기관 또는 대표가 법인의 이익을 위해 행한 범죄에 관하여 형사상 책임이 있다.
② 전항의 규정에도 불구하고 지방자치단체 및 그 연합기구는 위임 협약의 대상이 되는 공공 서비스 제공(예컨대 대중교통수단의 운영, 물의 공급, 학교 급식의 공급 등)의 업무 수행 중에 이루어진 범죄에 관하여만 형사상 책임이 있다.
③ 법인의 형사책임은 제121-3조 제4항 규정의 유보하에 동일한 사실에 대해 정범 또는 공범이 되는 자연인의 형사책임을 배제하지는 아니한다[조재호, '기업범죄에 대한 효율적 대처 방안 연구', 학위논문(박사), 성균관대학교 일반대학원, 2011,

116~117쪽 재인용].
33) 프랑스 신형법 제131-39조
① 법률이 규정하는 경우 법인에 선고할 수 있는 중죄 또는 경죄의 특별형벌은 다음 각호 중 하나 또는 수개로 한다.
1. 범죄를 목적으로 하여 법인이 설립된 때 또는 중죄나 자연인이 죄를 범할 경우에 5년 이상의 구금형에 처하는 경죄를 범할 목적으로 그 설립 취지를 일탈한 때에는 법인의 해산
2. 직업활동이나 사회활동 중 하나 또는 수개에 대한 영구적 또는 5년 이하의 직접 또는 간접적(업무) 수행의 금지
3. 5년 이하의 사법감시
4. 범죄행위에 제공된 기업의 영업소 중 하나, 수개 또는 전부에 대한 영구적 또는 5년 이하의 폐쇄
5. 영구적 또는 5년 이하의 공계약 배제
6. 영구적 또는 5년 이하의 기업자금 공모 금지
7. 5년 이하의 수표 발행 금지 또는 신용카드 사용 금지. 다만 발행인이 지급인으로부터 자금을 회수하기 위한 수표 및 지급 보증된 수표는 그러하지 아니하다.
8. 범죄행위에 제공했거나 제공하려고 한 물건 또는 범죄로 인해 생긴 물건의 몰수
9. 언론 출판물이나 시청각 매체에 의한 판결의 게시나 공고
② 전항 제1호 및 제3호에 규정된 형은 형사책임을 추급할 수 있는 공법상의 법인에 대해서는 적용하지 아니하며, 정당, 정치단체 또는 노동조합에 대해서도 동일하다. 전항 제1호에 규정된 형은 종업원, 대의기관에는 적용하지 아니한다.
34) 김용준, 앞의 논문, 자세한 내용은 67~76쪽, 177~178쪽 참조.
35) 세월호 선체조사위원회 2018.5.25.일자 제1차 종합보고서작성기획단회의 회의 자료
36) 파일럿 도어는 열려 있지 않았던 것으로 확인되었다.
37) 과적 상태에서의 항해 횟수 및 초과운임에 관한 사실은 공소사실에 기재된 내용이다 [광주지방법원 2014.11.11. 선고 2014고합180, 2014고합384(병합) 판결].
38) 해양안전심판원 특별조사부, 여객선 세월호 전복사고 특별조사 보고서, 해양안전심판원, 2014, 122쪽
39) 목포지검 2014.5.3, 안기○ 해무이사 신문조서대법원 2014.8.25, 신보식 선장 제11회 공판조서
40) 광주지방법원은 "세월호의 원래 선장 신보식은 2014.2.경 세월호 선상회의가 끝난 후 해무팀장 박희○에게 '화물이 많이 실리고 있으니 조치를 취해주십시오'라고 건의했으나, 해무팀장 박희○은 이러한 원래 선장 신보식의 말을 안전관리 담당자 안기○

에게 전달했을 뿐 그 후 어떠한 시정 조치가 이루어졌는지에 관하여 확인하지 않았다. 또한 선박 설비의 설치 및 수리는 해무팀의 업무에 해당하므로 해무팀에서 선박의 고박 장비를 준비해야 하나 해무팀장 박희○은 선원들이나 물류팀 직원으로부터 요청을 받기 전까지 선박 설비를 점검하여 보강하는 등의 조치를 한 적이 없다"고 판시했다(광주지방법원 2014고합197, 209(병합), 211(병합), 447(병합) 제67쪽).

41) 원래 선장이 직접 또는 청해진해운의 해무팀을 통해 시정을 요구했으나 받아들여지지 않은 사실이 인정된다. 피고인 선장 이○○은 정년퇴직을 한 후 청해진해운의 계약직 직원으로 근무하면서 세월호 선장들이 휴가를 갈 때만 선박을 운항하는 대리선장에 불과했기 때문에 화물 과적 및 고박 부실을 조장하는 청해진해운의 업무 관행을 바로잡기 어려웠던 사실도 인정된다[광주고등법원 2015.4.28. 선고 2014노490 판결; 광주지방법원 2014.11.11. 선고 2014고합180, 2014고합384(병합) 판결].

42) 안전관리담당자는 선박의 안전을 담당하는 해무팀의 업무를 총괄했다.

43) 청해진해운의 해무팀은 선박의 안전에 관한 사항을 담당했다.

44) 광주지방법원 2014고합197, 209(병합), 211(병합), 447(병합) 제64쪽

45) 목포지검 2014.5.24, 안기○ 해무이사 신문조서.

46) 광주지법 2014.8.28, 박진○ 선장 공판조서

47) 김태일, '한국의 재난관리 실태와 문제점 연구: 세월호를 중심으로', 학위논문(석사), 한양대학교 기업경영대학원, 2014, 88쪽; 이선우·심기보·전지영·오정화·이선미·김연웅·양유현, '세월호 참사의 원인과 대책', 한국재난정보학회 학술대회, 한국재난정보학회, 2014, 401~402쪽

48) 목포지검, 2014.5.8, 안기○ 해무이사 신문조서목포해경, 2014.5.1, 김정○ 물류차장 신문조서

49) 광주고등법원 및 광주지방법원은 "해운법에 근거한 청해진해운의 운항관리규정에 의하여 안전관리담당자는 선박관련 종사자에 대한 교육계획을 수립·시행하여 분기 1회 이상 교육을 실시해야 하고, 선장은 선사 안전관리담당자의 교육계획을 토대로 선박 직원의 교육계획을 수립·시행하여 비상시에 대비한 선내비상훈련을 매 10일마다 실시해야 하며, '해상 인명 안전훈련 및 대응훈련'은 매 10일, '해양사고 대응훈련' 중 선체 손상 대처 훈련, 인명사고 시 행동요령은 매 6개월, 비상 조타훈련은 매 3개월, '기름 유출 대처훈련'은 매월 실시해야 한다.피고인 김한○은 2013.8.1. 해무팀의 업무를 총괄하는 피고인 안기○을 세월호의 안전관리담당자로 임명했는 바, 피고인 박희○은 선박의 안전운항을 위한 선원의 교육·훈련 업무를 담당하는 해무팀 팀장으로서 피고인 안기○의 지휘를 받아 교육과 훈련이 제대로 실시되도록 관리·감독을 해야 하고, 피고인 신보식은 세월호 선장으로서 세월호에 승선하는 선원들에 대

해 위와 같은 교육을 규정대로 실시했어야 함에도 불구하고 피고인 신보식은 2014년의 경우 2월경에 '해상 인명 안전훈련 및 대응훈련'의 하나인 소화훈련만 1회 실시하는 등 평소 세월호 선원에 대한 안전교육 및 해양사고 대응훈련을 규정대로 실시하지 않고, 피고인 안기○과 피고인 박희○은 이를 제대로 관리·감독하지 않았다"고 판시했다(광주고등법원 2014노509 판결 제25쪽 및 제67쪽, 광주지방법원 2014고합197, 209(병합), 211(병합), 447(병합) 제13~14쪽).

50) 외항선에 대한 선박의 안전운항 등을 위한 관리체제는 안전관리체제인 반면, 내항선에 대한 선박의 안전운항 등을 위한 관리체제는 운항관리규정인데, 그 취지나 역할은 실질적으로 거의 유사하다고 할 것이다.
51) 여객선 안전관리지침 제2조(정의) 5호
52) 해양안전심판원 특별조사부, 앞의 보고서, 122쪽
53) 광주고등법원 2014노509 판결 제57쪽
54) 이호춘, 류희영, '연안여객 안전 지원을 위해 해상여객안전공단(가칭) 설립 필요', KMI 동향분석 83호, 2018, 제8쪽
55) 해당 법 조항 : 해운법 제4조(사업 면허), 제8조 제2호의 2(결격 사유), 제19조 제2항 제1호의 2 신설(면허의 취소 등), 제11조의 3 신설(여객선 이력관리 및 안전정보의 공개), 제19조(면허의 취소 등), 제21조의 2, 4, 5 신설(운항관리규정의 작성, 심사 및 준수), 제22조(여객선 안전운항관리), 제37조의 2 신설(내항여객선 현대화계획), 제41조의 3(유류세 보조금의 지급정지 등), 제57조(벌칙), 제57조의 2 신설(벌칙), 제59조(과태료)
56) 해당 법 조항 : 선원법 제7조 2항~4항(출항 전의 검사 보고 의무 등), 제9조(선장의 직접 지휘), 제11조 제2항 및 제3항 신설(선박 위험시의 조치), 제15조(비상 배치표 및 훈련), 제25조의 2(쟁의행위의 제한), 제44조 제3항(선원 명부의 공인), 제45조 제4항 신설(선원수첩), 제63조(안전운항을 위한 선박소유자의 의무), 제64조 제5항 신설(자격 요건을 갖춘 선원의 승무), 제66조의 2(여객선 선장에 대한 적성심사 기준), 제82조 제7항(선박소유자 등의 의무), 제83조 제3항 신설(선원의 의무 등), 제107조(선원정책기본계획의 수립 등), 제161조(벌칙), 제162조(벌칙), 제167조 제3호 신설(벌칙), 제173조 제1항 제10호의 2 신설(벌칙), 제179조(과태료)
57) 해당 법 조항 : 선박안전법 제7조 제2항(건조검사), 제8조 제2항(정기검사), 제9조 제3항(중간검사),제10조 제2항(임시검사), 제11조 제2항(임시항해검사), 제12조 제2항(국제협약검사), 제15조 제2항(선박검사 후 선박의 상태 유지), 제20조(지정사업장의 지정), 제21조(지정사업장의 지정 취소 등), 제46조(공단의 사업), 제74조(결함 신고에 따른 확인 등), 제75조(보고·자료·제출 명령 등), 제80조(수수료), 제76조의 2 신설(선박

58) 검사관), 제83조(벌칙), 제84조(벌칙), 제85조(벌칙), 제86조(벌칙), 제89조(과태료)
58) 김용준, 앞의 논문, 제120~121쪽, 134쪽
59) 선원법 제7조 제4항, 제172조
60) 선원법 [시행 2018.5.29.] [법률 제15129호, 2017.11.28., 일부개정]
61) 선원법 제15조(비상배치표 및 훈련 등) ① 다음 각 호의 어느 하나에 해당하는 선박의 선장은 비상시에 조치하여야 할 해원의 임무를 정한 비상배치표를 선내의 보기 쉬운 곳에 걸어두고 선박에 있는 사람에게 소방훈련, 구명정훈련 등 비상시에 대비한 훈련을 실시하여야 한다. 이 경우 해원은 비상배치표에 명시된 임무대로 훈련에 임하여야 한다. 〈개정 2013.3.23., 2015.1.6.〉제179조(과태료) ① 다음 각 호의 어느 하나에 해당하는 자에게는 500만 원 이하의 과태료를 부과한다. 〈개정 2015.1.6.〉
1. 제15조 제1항에 따른 비상 대비훈련을 실시하지 아니한 선장
62) 선원법 제11조, 제161조, 제12조, 제162조
63) 나윤수·이경민, '선장의 법적지위', 원광법학/20, 원광대학교 법학연구소, 2004, 109쪽
64) 선박안전법 [시행 2018.5.1.] [법률 제15002호, 2017.10.31., 일부 개정]
65) 김인현, '국제안전관리규약(ISM Code)이 해상법과 해상보험에 미칠 영향', 한국해법학회지/20, 한국해법학회, 1998, 191쪽
66) 김인현, 앞의 논문, 192~193쪽
67) 김인현, 앞의 논문, 195~196쪽
68) 김용준, 앞의 논문, 94~95쪽
69) Sean T. Connaughton, "Shielding your ISM code documents", The International Journal of Shipping Law, Vol. 3, 1998, p.259, 263; Craig H. Allen, "The ISM Code and Shipowner Records: Shared Safety Goals vs. Industry's Privacy Needs", University of San Francisco Maritime Law Journal, Vol.11, No.1, p.13; G.P. Pamborides, International Shipping Law Legisaltion And Enforcement, Kluwer Law International, 1999, 161p~162p.
70) Liang Chen, "Legal and Practical Consequences of not complying with ISM Code", Maritime Policy & Management, Vol. 27, No.3, 2000, 223p.
71) 해운법 제21조의 5 제1항
72) 외항화물선이나 외항여객선은 ISM Code를 국내법으로 수용한 해사안전법 제46조에 따른 안전관리체제의 적용을 받는 반면, 내항여객운송사업(내항정기여객운송사업과 내항부정기여객운송사업)에 종사하는 선박소유자는 해사안전법 제46조에 따른 안전관리체제의 적용을 받지 않고 내항여객선과 관련하여 해운법 제21조에 기해

작성된 운항관리규정의 규율을 받는다. 이와 같은 선박의 안전관리시스템에 대한 현행법 체계가 이원화된 법체계적인 차이점 이외에도 영세한 내항여객선보다 무한 경쟁에 놓여 자발적인 서비스 품질 향상을 도모하는 외항선에 대한 해양사고가 발생할 가능성이 낮은 현실적인 차이점도 있다. 그러나 외항선사의 안전관리체제를 규율하는 해사안전법 및 내항선사의 운항관리규정을 규율하는 해운법에서의 각 문제점 및 개선 방안을 동일 선상에 놓고 고찰할 필요가 있다고 사료된다. 왜냐하면 외항선사의 안전관리체제 및 내항선사의 운항관리규정에 포함되어야 할 사항으로 보고의 문서화, 부적합 사항에 대한 자율적 시정 조치의 시행, 비상사태 발생 시의 대책 수립을 요구하는 것은 마찬가지이며, 그 요구사항이 거의 유사하기 때문이다. 또한 세월호 참사 이후 해운법은 해사안전법의 '안전관리책임자' 제도를 받아들여 안전관리체제와 유사한 내용의 운항관리규정 수립·시행을 도모하는 규정을 신설했다(해운법 제21조의 5 제1항). 이러한 점들에 비추어볼 때 양 안전관리시스템의 취지 및 기능은 거의 동일하며, 운항관리규정은 간략화된 안전관리체제라고 볼 수 있다. 더 나아가 최근 현금 유동성에 어려움을 겪는 외항선사도 영세한 내항선사와 마찬가지로 경비 절감을 위해 선박 안전에 소홀할 수 있는 가능성도 배제할 수 없는 바, 국민의 생명을 담보하는 선박 안전을 충분한 법적 통제가 아닌 무한경쟁에 의한 자발적 서비스 품질 향상에만 일임하는 것은 부적절하다(그 이외의 필요성에 대한 자세한 내용은 김용준, 앞의 논문, 111~116쪽 참조).

73) 해사안전법 [시행 2018.5.18.] [법률 제15606호, 2018.4.17., 일부 개정]
74) 해사안전법 시행규칙 [시행 2017.7.28.] [해양수산부령 제251호, 2017.7.28., 타법 개정]
75) 해운법 [시행 2018.5.1.] [법률 제15011호, 2017.10.31., 타법 개정]
76) 해운법 시행규칙 [시행 2018.1.11.] [해양수산부령 제273호, 2018.1.11., 일부 개정]
77) 여객선 안전관리책임자 교육에 관한 규정 [시행 2018.1.15.] [해양수산부고시 제2018-7호, 2018.1.15., 제정]
78) https://www.kst.or.kr/frt/contents.do?strCurMenuId=453
79) The International Safety Management Code for Shipping Companies; 국제안전관리규약
80) 해사안전법 제46조, 제47조, 해운법은 간략화된 안전관리체제 운영방식을 사용하고 있다.
81) 해사안전법 제46조 제5항, 해운법 제21조의 5 제1항
82) 수사 진행 시 참고인 지위에 있는 안전관리책임자는 고용주인 경영진을 위하여 수사에 협조하지 않기 때문에 오히려 선사의 부당한 지시 또는 불감항 상태에 대한 보고 묵살 사실을 밝히는 것은 거의 불가능하고, 오로지 선장·선원들만 무거운 형사처벌

을 받을 수밖에 없는 시스템으로 운영되고 있다.

83) G.P. Pamborides, "International Shipping Law Legisaltion And Enforcement", Kluwer Law International, 1999, p150.

84) Sean T. Connaughton, "Shielding your ISM code documents", The International Journal of Shipping Law, Vol. 3, 1998, 259p, 263p; Craig H. Allen, "The ISM Code and Shipowner Records: Shared Safety Goals vs, Industry's Privacy Needs", University of San Francisco Maritime Law Journal, Vol.11, No.1, 13p; G.P. Pamborides, "International Shipping Law Legisaltion And Enforcement", Kluwer Law International, 1999, 161p~162p.

85) 김용준, 앞의 논문, 125~126쪽

86) ISM Code에는 직접 처벌 규정을 둘 수 없으므로 ISM Code를 국내법으로 수용하여 제정할 때 ISM Code 기준 위반자에 대한 처벌 규정을 추가할 수 있다. 즉, ISM Code를 위반한 관련 책임자에 대하여 형사제재를 부과할지 여부 및 그 정도는 ISM Code를 국내법으로 수용하는 개별 국가의 입법 재량에 달려 있다(Aleka Mandaraka-Sheppard, "Modern Maritime Law and Risk Management 2nd Ed.", Informa, 2009, 338p).

87) 해사안전법 제46조 제5항, 해운법 제21조의 5

88) 안전관리체제 및 안전관리책임자 제도는 IMO 협약 당사국인 우리나라, 영국, 노르웨이가 의무적으로 ISM Code를 국내법으로 수용한 것이기 때문에 그 내용은 거의 동일하다. 단지 ISM Code를 위반한 관련 책임자에 대하여 형사제재를 부과할지 여부 및 그 정도는 ISM Code를 국내법으로 수용하는 개별 국가의 입법 재량에 달려 있을 뿐이다. 따라서 이 논문에서 논의하는 영국이나 노르웨이의 입법례가 우리나라 실정에 부합하는지 여부 문제는 발생하지 않으며, 이는 단지 입법자 결단의 문제에 속할 뿐이다.

89) 해사안전법 제46조 제5항, 해운법 제21조의 5 제1항

90) Section 8 Designated person

(1) The company shall designate a person who shall be responsible for monitoring the safe and efficient operation of each ship with particular regard to the safety and pollution prevention aspects.

(2) In particular, the designated person shall—

(a) take such steps as are necessary to ensure compliance with the company safety management system on the basis of which the Document of Compliance was issued; and

(b) ensure that proper provision is made for each ship to be so manned, equipped and maintained that it is fit to operate in accordance with the safety management system and with statutory requirements.
(3) The company shall ensure that the designated person—
(a) is provided with sufficient authority and resources; and
(b) has appropriate knowledge and sufficient experience of the operation of ships at sea and in port, to enable him to comply with paragraphs (1) and (2) above.

91) Section 19 Offences and penalties
(1) Any contravention of regulations 4, 5, or 8 by a company shall be an offence punishable on summary conviction by a fine not exceeding the statutory maximum, or on conviction on indictment by imprisonment for a term not exceeding 2 years, or a fine, or both.
(4) Any contravention of regulation 8(2) by the designated person shall be an offence punishable on summary conviction by a fine not exceeding the statutory maximum, or on conviction on indictment by imprisonment for a term not exceeding 2 years, or a fine, or both.

92) Section 58 Breach of the company's duties in respect of Safety Management System Any person who, on behalf of the company, willfully or negligently substantially fails to establish, implement and develop a safety management system in accordance with section 7 and regulations issued pursuant to the provision shall be liable to fines or imprisonment for a term not exceeding two years.

93) ISM Code를 직접 수용하여 입법한 해사안전법 제46조상의 안전관리체제는 ISM Code의 요구사항을 의무적으로 반영하여 해운기업이 자신의 특성에 맞게 자율적으로 수립하는 선박의 안전운항을 위한 자기규제인 바, 이를 법문에 구체적이고 명확하게 규정하기는 기술적으로 어렵다. 그러나 그 기준이 ISM Code에 상세하게 규정되어 있기 때문에 예측가능성이 충분히 있는 바, 영국의 시행령 제1561호 제8조(안전관리책임자) 제(2)항(a)에서도 이와 동일한 형태로 규정한 것이다.

94) 3년 이하의 징역 또는 3,000만 원 이하의 벌금에 처한다.
95) 1년 이하의 징역 또는 1,000만 원 이하의 벌금에 처한다.
96) 2년 이하의 징역 또는 2,000만 원 이하의 벌금에 처한다.
97) 해운법 제21조의 5 제1항에서 안전관리책임자 제도를 수용한 것은 간략화된 ISM

Code(안전관리체제 수립비용 절감을 목적으로 간략한 ISM Code 제도로 운영하나 취지는 같음)인 운항관리규정의 시행을 위하여 ISM Code 제도를 직접적으로 수용한 것이고, 위 개선 방안은 선사가 작성한 선박 안전 관련 자치법규를 실효적으로 시행하기 위한 연결 고리인 안전관리책임자 제도에 대한 것인 바, 개선방 안의 내용이 동일하게 적용될 것이다.

98) 해운법 제21조의 5 제1항
99) 선원법 제11조·제161조·제12조·162조, 선원법 제7조·제164조, 선박안전법 제74조·제84조 제11호
100) 따라서 단순한 행정상의 제재 수단만으로는 해양 인명사고 발생 시 참고인 자격으로 수사에 협조하지 않는 안전관리책임자로부터 수사기관이 실체적 진실을 밝히기 어렵기 때문에 안전관리체제의 목적을 달성하기 어렵다.
101) 세월호 참사에 대한 형사사건과 관련하여 청해진해운 해무팀의 이사와 대리는 법정에서 사고 전날 출항 시에 피고인들로부터 화물과 관련하여 문제가 있다는 보고를 받지 못했다고 진술했다. 또한 세월호의 화물 적재를 담당했던 육상직원은 법정에서 세월호의 선원들로부터는 화물 적재와 관련된 시정 요구나 이의 제기를 받은 적이 없다고 진술했다[광주지방법원 2014.11.11. 선고 2014고합180, 2014고합384(병합) 판결].
102) 대법원 1972.10.10. 선고 72도1974 판결
103) Sean T. Connaughton, "Shielding your ISM code documents", The International Journal of Shipping Law, Vol. 3, 1998, p.259, 263. Craig H. Allen, "The ISM Code and Shipowner Records: Shared Safety Goals vs. Industry's Privacy Needs", University of San Francisco Maritime Law Journal, Vol.11, No.1, p.13; G.P. Pamborides, International Shipping Law Legisaltion And Enforcement, Kluwer Law International, 1999, 161p~162p.
104) 위 신설되는 조항은 안전관리책임자에 대해서는 안전관리체제 시행에 대한 직접적 강제 수단이라는 성격을 갖지만, 경영진에 대해서는 책임 소재 명확화를 통한 심리적 강제 수단이라는 성격을 갖게 된다.
105) 안전관리체제 위반에 대한 형사제재 필요성(형벌의 필요성이나 당벌성)에 관하여서는 김용준, '해양사고의 형사법적 문제점 및 그 개선 방안', 학위논문(박사), 고려대학교 대학원, 2015, 146~157쪽을 참조할 수 있다.
106) 예컨대, 안전관리책임자가 고용인인 선박소유자를 위하여 고의로 안전관리체제에서의 투명성을 확보할 수 있는 문서화 의무를 이행하지 않거나 해양사고시 참고인의 자격으로 수사에 협조하지 않음으로써 수사기관이 실체적 진실을 밝히기 어렵게 하는

폐단을 상정할 수 있다.

107) G.P. Pamborides, "International Shipping Law Legisaltion And Enforcement", Kluwer Law International, 1999, 150p

108) 더 나아가 다음 사항들의 입법 보완도 입법정책적으로 고려할 수 있다. 1) 자신의 임무를 이행한 안전관리책임자에 대하여 선사가 불이익한 처우를 할 수 없도록 보호하는 규정을 신설할 필요도 있을 것이다(유사한 취지의 규정으로 선원법 제129조 제2항 참조). 2) 현행법은 선박소유자가 안전관리책임자를 두도록 의무규정을 두고 있으나, 안전관리책임자의 실명도 특정시킬 것을 명시하는 규정의 신설이 명확성 원칙에 부합할 것이다. 3) 안전관리대행업자(해운법 제21조의 5 제2항)에게 위탁하는 방법으로 안전관리체제 시행·준수에 대한 책임이 면탈되지 않도록 안전관리체제의 시행 주체는 안전관리책임자로 하고 안전관리대행업자는 안전관리체제 수립 등을 보조하는 역할만 하도록 입법 보완하거나, 안전관리대행업자도 안전관리체제 시행과 관련하여 안전관리책임자와 동일한 직무 및 형사책임을 부담하도록 규정하는 것을 고려할 수 있다. 4) 해양사고 발생 시 보존된 안전관리체제 시행에 관한 문서들이 도난, 손상, 은폐되지 않도록 선장 및 안전관리책임자가 이를 보존하도록 하는 의무규정을 신설할 수 있을 것이다(Sean T. Connaughton, "Shielding your ISM code documents", The International Journal of Shipping Law, Vol. 3, 1998, 270p).

109) 이러한 문서화절차는 책임 소재를 명확히 하는 기능을 하기 때문에 해양사고 발생시 관련 책임자들이 이 문서를 변조, 폐기하려고 시도할 개연성이 높다. 이를 방지하기 위해 선박 및 육상에서 모두 문서화 절차를 진행하여 해양 인명사고에 대한 수사 진행 시 양 문서를 대조할 수 있도록 하는 것도 효과적일 것이다.

110) 개정법에서는 해운법 제21조의 5 제1항에서 안전관리책임자 제도를 신설했을 뿐 이를 구체화하는 규정이 없는 바, 안전관리책임자 제도를 실효성 있게 운영하기 위한 제도 보완은 해사안전법에서와 마찬가지로 동일하게 필요하다.

111) ISM Code는 해운기업의 육·해상 안전관리와 관련된 모든 업무의 수행 절차를 문서화하고 그에 따라 시스템 활동을 수행할 것을 요구하며, 시스템 활동 결과를 기록하고 서류를 철함(Filing)으로써 그러한 기록 내용을 쉽게 검색할 수 있도록 할 것을 요구한다(ISM Code 11.1조, 이옥용, 'ISM Code에 따른 안전관리 시스템활동의 실태분석', 한국항해항만학회지/26, 한국항해항만학회, 2002, 247~248쪽). 이러한 문서화절차는 해양사고가 발생할 경우 선박의 불감항성에 대한 보고가 이루어지지 않은 것인지 또는 보고를 받았음에도 불구하고 경영진이 보고를 묵살하고 시정 조치를 하지 않은 것인지 등의 사실관계 및 책임관계를 밝혀주는 역할을 한다.

112) 해사안전법에서는 안전관리책임자 임무가 법정되어 있으나 지나치게 추상적으로 규

정되어 있고, 해운법에서는 안전관리책임자 임무가 법정되어 있지 않다.
113) Craig H. Allen, "The ISM Code and Shipowner Records: Shared Safety Goals vs. Industry's Privacy Needs", University of San Francisco Maritime Law Journal, Vol.11, No.1, 12p
114) Sean T. Connaughton, "Shielding your ISM code documents", The International Journal of Shipping Law, Vol.3, 1998, 259p, 263p, 268p; Craig H. Allen, "The ISM Code and Shipowner Records: Shared Safety Goals vs. Industry's Privacy Needs", University of San Francisco Maritime Law Journal, Vol.11, No.1, 13p; G.P. Pamborides, "International Shipping Law Legisaltion And Enforcement", Kluwer Law International, 1999, 161p~162p.
115) Syamantak Bhattacharya, "The effectiveness of the ISM Code: A qualitative enquiry", Marine Policy, Vol.36, No.1, January 2012, 532p
116) 따라서 현행법 아래에서는 사실상 안전관리체제 수립 여부에 대한 심사만 이루어지는 것과 다를 바가 없다.
117) 안전관리체제에 포함되어야 할 사항에 '안전관리책임자로부터 보고를 받는 시정 조치 책임자를 실명으로 특정할 것'을 추가하는 것이 있다. 안전관리책임자 및 안전관리담당자를 지정하기 위한 자격 기준을 해사안전법 시행령 제16조 별표 3에서 명시적으로 규정한 것과 마찬가지로, 시정 조치 책임자의 자격 요건도 시정 조치에 관한 의사결정권이 부여된 지위에 있는 자로 그 기준을 한정할 필요가 있다. 그리고 안전관리체제에 대한 인증심사 시 안전관리책임자의 실명·자격 요건 및 보고를 받는 시정 조치 책임자의 실명·자격 요건이 기준에 부합하는지 엄격하게 확인하여 인증심사 합격 여부를 판단하도록 해야 할 것이다. 만일 해운기업이 위 실명·자격 요건의 기준에 부합하지 않는 안전관리체제를 수립할 경우 인증심사에서 불합격시켜 선박 운항을 제한함으로써 강제력을 확보할 수 있을 것이다. 이와 같이 책임 소재가 명확한 안전관리 시스템이 구축될 경우 시정 조치 책임자의 선박 안전에 관한 심리적 압박 및 책임감이 강화되어 안전관리체제의 원래 취지대로 실효성이 담보되고, 현행 안전관리체제 제도의 운영상에 나타난 미비점을 개선할 수 있을 것이다.
118) 위 보조항로 운항 결손액에는 '보조사업자의 귀책 없는 사유로 인한 1,000만 원 이상의 대수선에 대한 수리비'를 사업비로서 사후 정산하나, 보조항로의 수가 일반항로에 비해 적고 사후정산 요건도 비교적 엄격하여 선박안전관리비용의 의미가 있다고 보기는 어렵다고 할 것이다.
119) http://mbn.mk.co.kr/pages/news/newsView.php?category=mbn00009&news_seq_no=1780732

120) 구체적으로 연도별로 보면 2011년 99.99%, 2012년 99.96%, 2013년 99.96%, 2014년 99.52%, 2015년 99.18%, 2016년(8월 현재) 99.28%로 높은 합격률이 집계되었음에도 불구하고 선박 해양사고는 2013년 이후 매년 늘어 연도별로 2013년 903건, 2014년 1,083건, 2015년 1,452건이었고, 2016년 8월까지 932건이 발생해 2015년 수준에 육박할 것으로 보인다.
121) http://www.sedaily.com/NewsView/1L2NI6LD8U
122) 선박 안전기술공단이 2017.10.경 국회 농림축산식품해양수산위원회에 제출한 국정감사 자료에 따르면 지난 2011년과 2012년의 선박검사 합격률은 각각 99.98%와 99.96%를 기록했으나 이 기간 선박 결함으로 인한 사고 비율이 같은 조사 기간 6.8%에서 12.1%로 크게 높아졌고, 지난 4년여 동안 선박검사 과정에서 공단 직원 4명이 관리 감독 부실 및 검사점검표를 허위로 작성한 사실 등이 드러나 징계를 받기도 했다. (http://www.munhwa.com/news/view.html?no=2014042201070243054002)
123) http://www.pressian.com/news/article.html?no=119305
124) http://www.newstomato.com/ReadNews.aspx?no=698192
125) http://www.edaily.co.kr/news/news_detail.asp?newsId=02282886609537184&mediaCodeNo=257&OutLnkChk=Y
126) http://www.pressian.com/news/article.html?no=119305
127) 여객선 운항관리 업무가 해운사 이익단체인 한국해운조합으로부터 공공기관인 선박 안전기술공단(KST)으로 이전되었고, 운항관리자가 종전 74명에서 106명으로 늘었으며, 전국 연안여객선의 입·출항 현황을 확인할 수 있는 여객선 운항관리 시스템 'KST-POS'도 구축했다. 현재 전국 11개 운항관리센터에서 101개 항로, 168척의 여객선 운항을 관리·감독하고 있다. 여객운송사업자가 해양사고를 낼 경우 다시는 면허를 발급받지 못하고, 사고 후 구조 조치 등을 소홀히 한 선장과 승무원의 경우 가중처벌을 할 수 있도록 했다. 안전 규정 위반 사업장에 부과되는 과징금을 최대 3,000만 원에서 10억 원으로 인상했다. 또 선박의 과적을 막기 위해 선박 선적 화물차량은 화물적재량을 증명하는 계량증명서를 제출받고, 화물차를 선박에 선적하도록 해운법이 개정됐다. 이 밖에 선박의 블랙박스인 항해기록장치(VDR) 설치 의무를 확대하고, 내년부터 노후 선박을 친환경 선박으로 교체할 경우 보조금을 지급하는 등 해양 선박사고를 예방하기 위한 다양한 정책들이 있다.
128) http://www.newsis.com/ar_detail/view.html/?ar_id=NISX20170919_0000099275